U0621959

高等工程教育创新理论与实践

崔玉祥　艾　红　著

教育部人文社科专项任务项目（工程科技人才培养研究，12JDGC004）

科学出版社

北　京

内 容 简 介

本书根据我国建设创新型国家及新型工业化发展的新要求,把高等工程教育创新放在国家创新体系大系统中,以国家创新驱动发展战略需求为逻辑起点,以观念创新为先导,初涉体制机制创新这一"深水区",在纵深方向对改革人才培养模式、改革课程体系、建立产学研合作实践教学体系等方面开展深入研究。书中分别对高等工程教育理念创新、高等工程教育管理体制与运行机制创新、高等工程教育人才培养模式创新、高等工程教育人才培养体系创新、高等工程教育教学体系创新、高等工程教育产学研合作人才培养机制构建、创新型工程科技人才培养体系构建、高等工程教育教师培养体系构建、高等工程教育人才培养质量评价体系构建等方面进行了深入的阐述。

本书可供从事高等教育研究及管理的专家学者,以及致力于高等工程教育研究的教师、研究生阅读和参考。

图书在版编目(CIP)数据

高等工程教育创新理论与实践/崔玉祥,艾红著. —北京:科学出版社,2015
ISBN 978-7-03-043616-0

Ⅰ.①高… Ⅱ.①崔…②艾… Ⅲ.①高等教育-工科(教育)-教学研究
Ⅳ.①G642.0

中国版本图书馆 CIP 数据核字(2015)第 045589 号

责任编辑:裴 育 王晓丽 / 责任校对:郭瑞芝
责任印制:张 倩 / 封面设计:蓝正设计

科 学 出 版 社 出版
北京东黄城根北街 16 号
邮政编码:100717
http://www.sciencep.com

三河市骏杰印刷有限公司印刷
科学出版社发行 各地新华书店经销

*

2015 年 2 月第 一 版 开本:720×1000 1/16
2015 年 2 月第一次印刷 印张:17 1/2
字数:334 000
定价:95.00 元
(如有印装质量问题,我社负责调换)

前　　言

实现中华民族伟大复兴的中国梦，坚持走中国特色新型工业化、信息化、城镇化、农业现代化道路，需要"突出培养造就创新型科技人才，努力造就一批世界水平的科学家、科技领军人才、工程师和高水平创新团队，注重培养一线创新人才和青年科技人才"。人才培养，高等教育责无旁贷；工程科技人才培养，高等工程教育责任担当。2010年6月，教育部启动了"卓越工程师教育培养计划"，旨在主动适应国家战略要求，积极服务行业企业需求。面向工业界，面向世界，面向未来，培养造就一大批具有理论与实际相结合的知识结构，科学与技术相融合的工程实践能力，科学与人文精神相渗透的综合素质的创新型工程科技人才，为建设创新型国家及新型工业化发展奠定坚实基础，增强我国的核心竞争力和综合国力。

"适应新型工业化发展需要的工程科技人才培养体系研究"项目，通过对我国高等工程教育现状的深入调查分析，重点从三个层面开展研究：一是理论层面，高等工程教育创新的时代要求、高等工程教育观念创新；二是制度层面，高等工程教育体制机制创新、高等工程教育培养体系创新；三是实践层面，高等工程教育培养模式创新、高等工程教育教学体系创新、高等工程教育教师培养体系构建、高等工程教育人才培养质量评价体系构建。

本书把工程科技人才培养放在社会大环境中进行思考与探索，通过查阅大量文献资料，对学校和企业的实地调查研究，访谈专家学者和学生，分别对高等工程教育理念创新、高等工程教育体制机制创新、高等工程教育人才培养模式创新、高等工程教育人才培养体系创新、高等工程教育教学体系构建、高等工程教育产学研合作人才培养机制构建、高等工程教育教师培养体系构建、工程科技人才培养质量评价体系构建八个专题进行深入研究，研究取得的成效及成果主要有以下五个方面。

（1）明确高等工程教育在我国经济发展和工业化进程中的定位及目标。高等工程教育是为国家新型工业化发展培养具有完整科学知识结构、突出工程实践能力、强烈改革创新精神的工程科技人才。

（2）高等工程教育观念创新。在大工程观和全面工程教育观念的指导下，把高等工程教育作为一个开放系统，建立广泛的外部联系。建立以政府政策牵动，学校作为教育的主体，企业参与培养工程科技人才的联合体或战略联盟，把培养人才作为全社会的责任。以此建立适应我国新型工业化发展需要的高等工程教育人才培养体系和模式。

（3）高等工程教育体制机制创新。从高等工科院校内部管理体制与运行机制的基本概念入手，剖析管理体制与运行机制存在的问题，找到内部管理体制与运行机制创新的途径。构建高等工程教育产学研合作人才培养的体制；构建一个加大政府政策引导性投入、高校与企业共同投入、广泛吸收民间资本的多元化投资体制；构建高等工程教育产学研合作人才培养的机制体系，形成高等工科院校与行业企业产学研合作协同育人的有效机制。

（4）高等工程教育培养模式创新。基于对今后工程人才培养模式发展趋势与我国工程教育中存在问题的认识，提出构建创新型工程人才培养模式的理论基础与基本原则。围绕"多元交叉"，从人才培养目标、课程体系构建、教学方式与手段、教师培养与教师队伍建设、教育评价等几个方面，构建多维立体的创新型工程科技人才培养模式。

（5）工程科技人才培养实践创新。项目研究成果在国家"卓越工程师教育培养计划"试点专业——哈尔滨理工大学自动化专业实行。校企联合建立学生实践基地及联合实验室，探索行业参与校企协同培养模式，加强学生工程素养，提升学生工程应用能力。

高等工程教育的根本任务是通过教育实践与工程实践培养工程科技人才，产学研合作教育是培养创新型工程科技人才的必由之路。实现高等工程教育创新、提高高等工程教育质量的有效途径，就是要建立由国家政策主导的高校与科研院所及行业企业联合，产学研合作培养工程科技人才制度与机制体系、实践教学与课程体系，构建高校与企业相互依存、相互补充的产学研合作工程科技人才培养工程实践体系。全面推进高等工程教育真正走向"开门办学"道路，使高校与科研院所、企业成为人才培养、科学研究、技术创新的共同体，最终形成一个有效的校企协同产学研紧密结合的工程科技人才培养的教育平台及其运行体系。

由于高等工程教育过程是一项长效性的系统工程，人才培养需要一个周期性的循环，其成果和效应都会滞后，所以实践性研究还较欠缺，这也就使得理论创新有一定的局限性。工程科技人才培养是政府、高校、社会、行业企业共同协作的系统工作，是以政府为主导、高校为主体、社会和行业企业积极参与的系统工程。因此，打破体制机制的壁垒，实现政府政策主导下校企协同高等工程教育创新体系尚需要进一步研究和探讨。

崔玉祥

2014 年 9 月

于哈尔滨理工大学

目　　录

前言

基　础　篇

第1章　高等工程教育研究的基本概念 ……………………………………………… 3

1.1　工程与高等工程教育 …………………………………………………………… 3

　　1.1.1　工程的概念 ……………………………………………………………… 3

　　1.1.2　工程教育 ………………………………………………………………… 4

　　1.1.3　高等工程教育 …………………………………………………………… 5

1.2　体制与机制 ……………………………………………………………………… 5

　　1.2.1　体制的含义 ……………………………………………………………… 5

　　1.2.2　机制的含义 ……………………………………………………………… 6

1.3　管理体制与运行机制 …………………………………………………………… 6

　　1.3.1　管理体制 ………………………………………………………………… 6

　　1.3.2　运行机制 ………………………………………………………………… 6

　　1.3.3　高等工科院校管理体制与运行机制 …………………………………… 7

　　1.3.4　体制与机制的关系 ……………………………………………………… 7

1.4　创新与创新型工程科技人才 …………………………………………………… 8

　　1.4.1　创新的含义 ……………………………………………………………… 8

　　1.4.2　创新型工程科技人才 …………………………………………………… 8

1.5　人才培养模式与人才培养体系 ………………………………………………… 11

　　1.5.1　模式的含义 ……………………………………………………………… 11

　　1.5.2　人才培养模式 …………………………………………………………… 11

　　1.5.3　人才培养体系 …………………………………………………………… 12

1.6　产学研合作与产学研合作教育 ………………………………………………… 13

　　1.6.1　产学研合作 ……………………………………………………………… 13

　　1.6.2　产学研合作教育 ………………………………………………………… 13

1.7　高等工程教育专业认证 ………………………………………………………… 14

　　1.7.1　认证及工程教育专业认证 ……………………………………………… 14

　　1.7.2　国际工程教育专业认证协议简介 ……………………………………… 15

参考文献 ……………………………………………………………………………… 16

第2章　高等工程教育研究综述 ···························· 18

  2.1　高等工程教育体制与机制研究 ·························· 18

    2.1.1　国内高等工程教育体制与机制研究 ··············· 18

    2.1.2　国外工程教育管理体制与机制研究 ··············· 24

  2.2　工程科技人才培养模式研究 ························ 27

    2.2.1　国内工程科技人才培养模式研究 ················ 27

    2.2.2　国外工程科技人才培养模式研究 ················ 29

  2.3　产学研合作教育研究 ···························· 31

    2.3.1　国内产学研合作教育研究 ····················· 32

    2.3.2　国外产学研合作教育研究 ····················· 37

  2.4　高等工程教育课程体系研究 ························ 40

    2.4.1　国内高等工程教育课程体系研究 ················ 40

    2.4.2　国外高等工程教育课程体系研究 ················ 42

  2.5　产学研合作人才培养体制与机制研究 ················ 44

    2.5.1　国内产学研合作人才培养体制与机制研究 ········ 44

    2.5.2　国外产学研合作人才培养体制与机制研究 ········ 47

  2.6　创新型工程科技人才培养体系研究 ················· 49

    2.6.1　国内创新型工程科技人才培养体系研究 ·········· 49

    2.6.2　国外创新型工程科技人才培养体系研究 ·········· 51

  2.7　高等工程教育教师培养体系研究 ··················· 53

    2.7.1　国内高等工程教育教师培养体系研究 ············ 53

    2.7.2　国外高等工程教育教师培养体系研究 ············ 57

  2.8　高等工程教育人才培养质量评价体系研究 ··········· 60

    2.8.1　国内高等工程教育人才培养质量评价体系研究 ···· 60

    2.8.2　国外高等工程教育人才培养质量评价体系研究 ···· 62

  参考文献 ······································· 64

第3章　王大珩教育与科学技术思想的研究 ··············· 68

  3.1　卓育人才的大工程教育观 ························ 68

    3.1.1　教学、研究、生产三结合的教育思想 ············ 68

    3.1.2　亦能亦德全面发展的人才观 ··················· 69

  3.2　科学与教育结合培育工程科技人才 ················· 72

    3.2.1　基础科学与工程技术结合的工程教育理念 ········ 72

    3.2.2　大工程项目中培养高层次工程科技人才的战略思维 ····· 74

  3.3　德学双馨润育科技英才 ·························· 76

    3.3.1　民族危亡中立志科学救国的爱国情怀 ············ 76

3.3.2　崇尚科学的人生中养成严谨的治学作风 ……………… 76

3.3.3　凡人小事中更显伟大学者的高尚情操 ……………… 77

参考文献 ……………………………………………………… 78

理　论　篇

第4章　高等工程教育理念创新 ……………………………… 83

4.1　全面工程教育理念 ………………………………………… 83

4.1.1　新工业革命呼唤全面工程教育 ……………………… 83

4.1.2　全面工程教育理念的内容 …………………………… 84

4.2　工程观与高等工程教育观念 ……………………………… 86

4.2.1　工程观的界定 ………………………………………… 87

4.2.2　大工程观的提出 ……………………………………… 87

4.2.3　大工程观的表述 ……………………………………… 89

4.2.4　大工程观的含义及特征 ……………………………… 90

4.3　高等工程教育人才培养观 ………………………………… 94

4.3.1　人才培养理念 ………………………………………… 94

4.3.2　人才培养目标理念 …………………………………… 95

4.3.3　人才培养过程理念 …………………………………… 96

4.3.4　大工程观视域的高等工程教育 ……………………… 100

参考文献 ……………………………………………………… 102

第5章　高等工程教育体制机制创新 ………………………… 103

5.1　高等工科院校管理体制与运行机制存在的问题 ………… 103

5.1.1　"行政化"的管理体制 ……………………………… 103

5.1.2　"学院式"的办学体制 ……………………………… 104

5.1.3　"条块化"的内部管理体制 ………………………… 105

5.1.4　单一的学术评价制度 ………………………………… 106

5.2　深化综合改革及完善治理结构 …………………………… 107

5.2.1　完善高等学校决策体制 ……………………………… 107

5.2.2　规范校长依法治校 …………………………………… 109

5.2.3　健全教职工代表大会制度加强民主监督 …………… 111

5.2.4　建立教育资源共享的校内资源管理体制 …………… 114

5.3　建立科学的学术评价制度 ………………………………… 116

5.3.1　明晰评价主体 ………………………………………… 116

5.3.2　规范评价程序 ………………………………………… 116

5.3.3　坚持评价标准 ………………………………………… 117

5.3.4　恪守学术道德 ·· 117

5.4　建立面向社会需求的开放办学机制 ······························· 118

5.4.1　加强校企互动融合 ·· 118

5.4.2　跟踪企业需求找课题 ·· 118

5.4.3　积极推进校企合作 ·· 118

5.4.4　建立合理利益机制 ·· 119

5.5　产学研合作教育的机制创新 ······································· 119

5.5.1　产学研合作教育的动力机制 ···································· 120

5.5.2　产学研合作教育的运行机制 ···································· 121

5.5.3　产学研合作教育的保障机制 ···································· 123

参考文献··· 125

第6章　高等工程教育人才培养模式创新·· 126

6.1　工程人才培养模式演变 ··· 126

6.1.1　近现代工程人才培养模式演变 ·································· 126

6.1.2　当前工程人才培养的典型模式 ·································· 130

6.1.3　工程人才培养模式发展趋势 ···································· 135

6.2　多元交叉工程人才培养模式 ······································· 137

6.2.1　工程教育人才培养模式存在的问题及原因 ···················· 138

6.2.2　构建多元交叉工程人才培养模式的基本原则 ·················· 139

6.2.3　多元交叉创新型工程人才培养模式的理论基础 ················ 140

6.2.4　多元交叉工程人才培养模式的培养目标 ······················ 144

6.2.5　多元交叉工程人才培养模式的课程体系 ······················ 145

6.2.6　多元交叉工程人才培养模式的教学方法与教学手段············ 147

6.3　多元交叉工程人才培养模式的教师队伍建设 ······················· 149

6.3.1　树立终身学习的理念 ·· 150

6.3.2　培育基本的教育素养 ·· 150

6.3.3　培养创新精神与工程实践能力 ···································· 151

6.3.4　建立科学的选拔和考评机制 ······································ 151

6.4　多元交叉创新型工程人才培养模式的教育评价 ····················· 151

6.4.1　评价对象要体现多元化 ·· 151

6.4.2　教育评价注重过程评价 ·· 152

6.4.3　评价方法多元化 ·· 152

6.5　产学研合作教育模式 ··· 152

6.5.1　校内外实训基地建设 ·· 152

6.5.2　订单式培养 ·· 153

　　　6.5.3　工学交替模式 ·· 153
　参考文献·· 155
第7章　高等工程教育课程体系创新································· 157
　7.1　高等工程教育课程体系创新的基本原则 ················ 157
　　　7.1.1　适应人才培养目标的根本需要 ····················· 157
　　　7.1.2　体现学科专业整体的继承和发展 ·················· 158
　　　7.1.3　突出学校人才培养特色 ····························· 159
　　　7.1.4　体现学生主体发展的最终价值 ····················· 161
　7.2　建构模块化课程体系 ···································· 162
　　　7.2.1　层次化课程体系结构 ······························· 162
　　　7.2.2　模块化课程体系结构 ······························· 163
　　　7.2.3　"平台＋模块"课程体系结构 ······················ 164
　7.3　拓展与整合课程体系 ···································· 164
　　　7.3.1　加强人文与社会科学课程 ·························· 165
　　　7.3.2　注重知识结构的系统性和知识点布局的全面性 ····· 165
　　　7.3.3　处理好通识教育课程与专业教育课程的关系 ········ 166
　　　7.3.4　能力的培养贯穿于整个课程体系 ·················· 168
　7.4　课程体系的优化 ·· 169
　　　7.4.1　处理好必修课与选修课的关系 ····················· 169
　　　7.4.2　加强实践课程模块的建设 ·························· 171
　　　7.4.3　重视课外学习的补充作用 ·························· 172
　　　7.4.4　构建与国际接轨的课程体系 ······················· 173
　　　7.4.5　校企合作开发课程和教材建设 ····················· 173
　7.5　教学内容与教学方法手段的改革更新 ··················· 174
　　　7.5.1　课程教学内容与教学方法手段改革的原则 ·········· 174
　　　7.5.2　改革基础课程教学内容 ····························· 175
　　　7.5.3　改革专业课程教学内容 ····························· 175
　　　7.5.4　改革教学方法与教学手段 ·························· 177
　参考文献·· 178

实　　践　　篇

第8章　高等工程教育教学体系的构建··························· 181
　8.1　高等工程教育教学体系构建的基本原则 ················ 181
　　　8.1.1　基础化原则 ··· 181
　　　8.1.2　综合化原则 ··· 181

　　　8.1.3　理论与实践相结合原则 …………………………………………… 182
　　　8.1.4　产学研一体化原则 ……………………………………………… 182
　8.2　高等工程教育教学体系的基本框架 ……………………………………… 182
　　　8.2.1　加强基础理论的教学体系 ………………………………………… 183
　　　8.2.2　大专业小学科的教学体系 ………………………………………… 183
　　　8.2.3　强化实践的教学体系 …………………………………………… 185
　8.3　理论教学体系构建 ……………………………………………………… 186
　　　8.3.1　教学体系结构 …………………………………………………… 186
　　　8.3.2　教学内容 ………………………………………………………… 188
　　　8.3.3　教学改进实施 …………………………………………………… 190
　8.4　实践教学体系构建 ……………………………………………………… 190
　　　8.4.1　实践教学体系环境要求 …………………………………………… 191
　　　8.4.2　实践教学体系结构 ……………………………………………… 191
　　　8.4.3　实践教学内容 …………………………………………………… 192
　　　8.4.4　实践教学实施平台建设 …………………………………………… 194
　8.5　教学体系运行保障系统 ………………………………………………… 197
　　　8.5.1　优化配置课程结构 ……………………………………………… 197
　　　8.5.2　科学设置课程评价体系 …………………………………………… 198
　　　8.5.3　强化政策保障体系 ……………………………………………… 200
　参考文献 ……………………………………………………………………… 201
第9章　高等工程教育产学研合作人才培养体制与机制构建 ………………… 203
　9.1　高等工程教育产学研合作人才培养体制构建 …………………………… 203
　　　9.1.1　树立产学研合作协同育人的理念导向 …………………………… 203
　　　9.1.2　建立产学研合作人才培养政策法规 ……………………………… 206
　　　9.1.3　设置产学研合作人才培养组织机构 ……………………………… 208
　　　9.1.4　建立产学研合作人才培养投资体制 ……………………………… 209
　　　9.1.5　完善产学研合作中介服务体系 …………………………………… 210
　9.2　高等工程教育产学研合作人才培养机制构建 …………………………… 212
　　　9.2.1　动力机制 ………………………………………………………… 212
　　　9.2.2　选择机制 ………………………………………………………… 213
　　　9.2.3　运行机制 ………………………………………………………… 214
　　　9.2.4　激励机制 ………………………………………………………… 217
　9.3　产学研合作人才培养体制机制实施 ……………………………………… 218
　　　9.3.1　学校内部环境建设 ……………………………………………… 218
　　　9.3.2　社会外部环境建设 ……………………………………………… 219

参考文献 ··· 221

第10章　高等工程教育教师培养体系构建 ··············· 222

10.1　高等工程教育教师的特征规格 ····················· 222
10.1.1　多维知识结构 ································· 222
10.1.2　工程实践能力 ································· 224
10.1.3　创新意识与创新能力 ······················· 225
10.1.4　工程教育教学能力 ························· 226
10.1.5　社会责任感与敬业精神 ····················· 227
10.1.6　社会适应能力 ································· 228

10.2　高等工程教育教师培养的基本途径 ············· 229
10.2.1　高等工程教育教师的遴选与聘任 ··········· 229
10.2.2　构建"双师型"教师队伍 ··················· 231
10.2.3　校企合作协同培养教师 ····················· 232

10.3　高等工程教育教师培养体系构架 ················· 234
10.3.1　专业知识和工程设计能力培养 ··············· 234
10.3.2　工程教育实践能力培养 ····················· 235
10.3.3　工程教育教学基本功培养 ··················· 236
10.3.4　科学研究与技术创新能力培养 ··············· 238

10.4　高等工程教育教师培养体系的运行与实施 ······· 239
10.4.1　高等工程教育教师培养的制度保障 ··········· 239
10.4.2　高等工程教育教师培养的政策激励 ··········· 242
10.4.3　高等工程教育教学团队的培育 ··············· 244

参考文献 ··· 247

第11章　工程科技人才培养质量评价体系构建 ········· 249

11.1　构建工程科技人才培养质量评价体系的基本原则 ···· 249
11.1.1　科学性原则 ··································· 249
11.1.2　可行性原则 ··································· 249
11.1.3　可操作性原则 ································· 250
11.1.4　可持续性原则 ································· 250
11.1.5　主体多元性原则 ······························· 251

11.2　工程科技人才培养质量评价体系构成要素 ······· 251
11.2.1　人才培养定位 ································· 251
11.2.2　专业培养方案 ································· 252
11.2.3　课程体系改革 ································· 252
11.2.4　教学方法改革 ································· 252

　　11.2.5　行业企业合作 ································· 253

　　11.2.6　教师队伍建设 ································· 253

　　11.2.7　学校内部管理 ································· 253

　　11.2.8　政策机制导向 ································· 254

11.3　工程科技人才培养质量过程监控 ·············· 254

　　11.3.1　选定质量监控点 ······························ 254

　　11.3.2　评价监控点质量 ······························ 255

　　11.3.3　比较质量评价结果 ···························· 255

　　11.3.4　分析质量问题原因 ···························· 255

　　11.3.5　纠正偏差改进质量 ···························· 255

11.4　工程科技人才培养质量评价的方法和途径 ········· 256

　　11.4.1　教学规范性检查 ······························ 256

　　11.4.2　专家现场听课 ································· 256

　　11.4.3　阶段性检查 ·································· 257

　　11.4.4　学生评教 ···································· 257

　　11.4.5　座谈会 ····································· 258

11.5　工程科技人才培养教学质量评估 ··············· 259

　　11.5.1　教学质量监控组织机构 ························· 259

　　11.5.2　教学质量评估系统 ···························· 261

　　11.5.3　教学质量评估信息管理系统 ····················· 263

　　11.5.4　教学质量评估监控反馈系统 ····················· 263

参考文献 ··· 264

后记 ·· 265

基　础　篇

　　基础篇由高等工程教育研究的基本概念、高等工程教育研究综述、王大珩教育与科学技术思想的研究等构成。

　　本篇对全书运用的高等工程教育研究的工程与高等工程教育、体制与机制、创新与创新型工程科技人才、人才培养模式与人才培养体系、产学研合作与产学研合作教育、高等工程教育专业认证等专业术语及其核心概念进行确证性研究与界定。探究著名科学家、教育家王大珩院士精深的科学教育思想。对国内外工程科技人才培养过程中的人才培养模式与课程体系、产学研合作人才培养体制与机制、创新型工程科技人才培养体系、高等工程教育教师培养体系、高等工程教育人才培养质量评价体系进行了比较研究与评述。为全书提供清晰的概念，奠定坚实的理论基础。

第1章　高等工程教育研究的基本概念

高等工程教育创新理论与实践问题的研究，其核心概念是工程与高等工程教育、体制与机制、创新与创新型工程科技人才、人才培养模式与人才培养体系、产学研合作与产学研合作教育。首先要对这些基本概念进行清晰界定，才能够深入研究高等工程教育创新问题。

1.1　工程与高等工程教育

1.1.1　工程的概念

英语中"工程"一词的词根 engine 源于拉丁文 ingenerare（意为"创造"），而英语中 engine 这一动词的最初含义是"发明、设计"。《中国大百科全书》给出的工程的定义是应用科学知识使自然资源最佳地为人类服务的专门技术，有时也指具体的科研或建设项目。

比较世界不同时期较为权威的工具书及文献对工程的定义，得出的结论是：工程是运用科学与数学的原理，通过艺术的手段改造自然、造福人类的社会活动过程。工程是人类综合应用科学理论和技术手段，改造世界、创造财富的实践活动，是物质领域中的活动，一般是科技创新的实体或对旧的实体进行改造，使之具有新的功能和价值。工程的内容既包括建设项目、技术改造、科研开发等活动，也包括它们的前期工作，如规划、战略、设计等活动。工程与科学的最根本差别是分析与综合。工程师的兴趣在于组合人力物力，制造出要求的结果或这种结果的合理复制品。这是一个综合的过程，即把事物配置在一起以实现一个确定目的。科学家的主要兴趣在于探讨在给定原因下有什么样的结果发生，在于探讨自然现象是什么和为什么。

从上述定义中可以总结出工程有以下基本特征：

（1）实践性。工程所要解决的问题均来源于生产生活实际，工程就是工程师应用科学理论和技术手段改造客观世界的活动。

（2）系统性。工程是人们通过研究、设计、制造等一系列活动对资源加以改造、开发、分析和利用，分析解决问题，从而产生人的因素与物的因素综合作用的结果。

（3）复杂性。一项工程的完成，需要诸多领域知识的有效融合，同时也涉及伦理道德、经济文化、各学科知识的综合运用。

需要指出的是，工程一词是一个动态发展的概念，伴随着科学技术的发展而不断变化，内涵得到不断扩展。例如，在很长一段时期内，工程仅指向物质生产领域，如今它已扩展到经济管理、计算机科学、教育等多个领域。随着科学技术的进步和社会生产力的发展，工程领域不断扩大，工程活动不断延伸，工程定义不断演进，但其内在的实践性始终未变。为了人类生活得更好，创造、发明、设计和建造仍是现代工程的基本含义。美国麻省理工学院认为，现代工程概念应为：工程是关于科学知识和技术的开发与应用，以便在物质、经济、人力、政治、法律和文化限制内满足社会需要的一种有创造力的专业。

综上，工程就是按照人类的目的而使自然界人工化的过程，是组织设计和建造人工物以满足某种明确需要的实践活动。可以认为，工程就是为了满足人类某种明确需要，在政治、经济、环境、人文和社会等因素的制约下，进行科学知识和技术的开发与应用，利用和改造自然的实践性和创造性活动。

1.1.2　工程教育

关于工程教育内涵的界定，学界一直处于探讨之中。早在 1925 年美国就开始使用工程教育（engineering education）一词，同一时期的欧洲却找不到与之直接对应的词。这一时期，在欧洲使用得更多的词是技术教育（technical education），常被用来指对技术、工业类专业人才的培养过程。技术教育在德国或其他欧洲国家用得非常宽泛，它主要指对不同种类、不同层次以及与工业有关人才的培养过程。后来，还有一个相似的概念——科技教育（technology education），它是指学生学习科学技术知识的过程，一般通过学生参加各种不同程度的实验室工作来达到学习目标。

随着工业的发展，工程教育的含义也逐渐得以充实。在美国，工程教育是指中学、学院和大学等不同层次的院校，为那些以从事工程职业为目的的求学者或为普及科学技术知识，通过科学、数学和动手实践，以增进学习者对技术职业的兴趣而进行的教育教学活动。美国的工程教育一般从 K-12 的技术教育课程开始，一直延续到学院和大学的技术教育活动中，明确分为高、中、低三个层次。

可见，工程教育是教育的一个科类，是人类历史发展的产物，其发展史本身就是人类解决自身发展所遇到的问题的过程。工程教育广义上讲是培养人的一种社会现象，是传递生产经验和社会生活经验的必要手段；狭义上讲就是主要依托学校教育的工程人才培养活动。

工程教育是以技术科学为主要学科基础，注重培养工程技术人才，并突出创新意识与实践能力的专门教育。总的来看，工程教育是一个动态的范畴，它会随着社会的发展和科技的进步而不断发生变化。

1.1.3　高等工程教育

高等工程教育是高等教育的重要组成部分，它是以技术科学为主要学科基础，以培养工程技术人才为主要内容，并突出创新精神和实践能力的工程科学技术教育。高等工程教育以高等工科院校为主要培训场所，培养能将科学技术转化为现实生产力的工程师，直接为国家和地方经济建设服务，同时，在这一过程中，大学也直接参与工程科学技术的研发，从而推动科技进步。

我国著名的水利水电工程专家、两院院士张光斗教授认为：高等工程教育作为高等教育的一个分支，属于技术教育范畴，是自然科学、工程技术科学理论和现代生产技术实践相结合的工程科学技术教育。高等工程教育的主要任务是培养将科学技术转化为现实生产力以解决实际工程问题的工程科技人才。

工程的特性决定了高等工程教育的特性。工程是指通过科学和数学的某种应用，使自然界的物质和能源的特性能够通过各种结构、机器、产品、系统和过程，以最短的时间和精而少的人力做出高效、可靠且对人类有用的东西。工程是一种人造物后又作用于人的活动，其开始、经过、最后都离不开社会。因此，高等工程教育的一大特性就是社会化。

高等工程教育具有实践性和交叉性的本质特征。工程教育是工程与教育交叉构成的，一方面具有教育的属性，其目的主要是关心人的发展和社会进步。另一方面又具有工程的属性，其教育内容必须通过工程加以规定和充实。高等工程教育是顺应工业社会和科学技术发展需要，以技术科学为其主要学科基础，面向工程的实际应用，以培养善于将科学技术转变为生产力的工程师为目标。

1.2　体制与机制

1.2.1　体制的含义

"体制"一词原是生物学上的概念，指生物器官的配置形式。《现代汉语词典》对体制的定义是：国家、国家机关、企业、事业单位等的组织制度。这个观点实际上是把体制置于广义的领导管理权限范畴内，看成被广泛使用的组织制度。如果把它用于教育领域，那么就很难客观地反映和概括现行教育领域的丰富内涵。按照《辞海》解释，体制指国家机关、企事业单位在机构设置、领导隶属关系和管理权限划分等方面的体系、制度、方法、形式等的总称，如政治体制、经济体制等。这个定义虽然比《现代汉语词典》前进了一些，但似乎仍主要局限于机构的设置、隶属关系和管理权限。

体制可以理解为国家的组织机构、管理体制、法律与制度的总和。它其实是人们解决问题的程序，首先设立解决问题的机构，然后制定解决问题的程序并实施，最后建立法律与制度来保证其顺利实施。例如，产学研合作的体制可以这样理解：为了实施产学研合作，各个主体都要设立专门的组织机构；然后研究具体的实施步骤，即管理体制；最后用法律的形式规定各方的权责利，保证产学研合作顺利实施。

1.2.2　机制的含义

"机制"一词来源于希腊文，意为机器的构造和动作原理。《现代汉语词典》对机制的定义是：泛指一个工作系统的组织或部分之间相互作用的过程和方式，如市场机制、竞争机制。机制从一般意义上讲，是指复杂系统结构各个组成部分相互联系、相互制约、相互作用的联结方式，以及通过它们之间的有序作用而完成整体目标，实现其基本功能的运行方式。机制主要体现在实践的层面，具体表现为实际工作模式、组织形式、体系等。概括地讲，机制就是系统的构成及其运行方式，或者说，机制是系统的构成和要素间的本质联系。

从狭义上讲，机制包含两层意思：其一，机器由哪几部分组成，为什么要由这些部分组成；其二，机器的工作原理，为什么要这么工作。从广义上讲，机制就可以理解为以一定的组成规律把事物各部分联系在一起，并以一定的运作方式使它们协调地运行。

1.3　管理体制与运行机制

1.3.1　管理体制

管理体制是一种综合性、系统性、目的性较强的管理制度，不仅包括管理机构设置、领导隶属关系和管理权限划分，而且包含其他相关的一系列一定时期内较为稳定的领导管理制度。这样，可以认为，管理体制是一个综合性的概念，是指国家机关、企事业单位等为了实现特定的管理目的而规定的管理机构设置、领导隶属关系和管理权限划分等一整套领导管理制度体系。

1.3.2　运行机制

运行机制要与某种体制相适应，即有什么样的体制就要求有什么样的运行机制与之相适应。运行机制是为达到某种特定管理目的，在某种体制或组织结构框架内实施的操作层面上一定时期内比较灵活的系统构成及其运作方式。这样，可以认为，运行机制是指在某种体制或组织机构下，系统或组织内部各要素之间相互联系、相互作用、相互制约的联结方式及建构起来的工作体制、管理制度、工作方式等。

1.3.3　高等工科院校管理体制与运行机制

高等工科院校管理体制是指高等工科院校的内部组织结构体系，包括管理机构的设置、隶属关系、权限划分及其组织运行方式等方面的制度。内部管理体制是高等工科院校管理功能的机构性静态体现。我国现行高等工科院校内部管理体制主要由政治领导、行政管理、学术管理三种权力构成，这三种权力支撑着学校有效地发展运转。高等工科院校管理体制侧重研究教授治学、校长治校的内部管理体制及教育资源共享的校内资源管理体制。

高等工科院校内部管理运行机制是指保证高等工科院校内部主要工作目标有效运作的基本程序与手段，具有维持、推动、反馈、调控、保障及促进工作系统发展等功能。内部管理运行机制是高等工科院校管理功能实现过程的规则性动态体现。我国高等工科院校内部管理运行机制主要由决策系统、执行系统、监督系统构成。高等工程教育应侧重研究产学研合作的开放办学机制及科学、合理、公正的学术评价制度。

1.3.4　体制与机制的关系

在出现“体制”的地方，往往都会出现“机制”一词。那么，体制与机制存在着何种关系？简单地说，体制是机制的载体，机制是体制的实现方式。从广义上讲，体制、机制都属于制度范畴，既相互区别，又必不可分。在二者的关系中，体制是基础，机制是保证。有什么样的体制就要求有什么样的机制与之相适应。反过来，机制的有序运行则能够促进体制的完善和发展。体制不明确，机制无从谈起；机制不优化，体制易流于形式。在体制与机制的研究中，较之宏观意义，微观层面的研究更为重要，而且创新的任务更重大，创新的针对性更突出。

体制的设定要考虑机制的运作，要有利于机制的创新，从而更好地实现工作目标。同时，在机制创新中遇到体制造成的不可克服的障碍，就要问责体制的合理性，推动体制改革的进程。与体制相比较，机制更具操作性、技术性，更加重“变”，更易于“变”。可以概括总结为，“体制决定机制，机制决定活力”，而人是促使体制与机制良性互动、促进体制与机制改革创新的最活跃的实体。因此，如何使体制、机制与人三者良性互动，点线面协调配合以推动高等工科院校内部管理体制与运行机制向纵深改革，破解当前发展难题，显得尤为必要。

1.4 创新与创新型工程科技人才

1.4.1 创新的含义

创新（innovation）一词源于拉丁文，词根 nova 表示"新的"之意，前缀 in 使之动词化，表示"更新"，即对原有东西加以更新改造。美籍奥地利经济学家熊彼特（Schumpeter）在其《经济发展理论》中将"创新"定义为"企业家对生产要素重新组合"，学界普遍认为这是最早提出的"创新"概念。此后，很多个人与组织都对"创新"的概念加以界定。美国管理学家罗宾斯认为，创新是指形成一种创造性思想并将其转换为有用的产品、服务或作业方法的过程。美国工业调查协会给出的定义是：创新是指实际应用的新材料、新设备、新工艺或某种正存在的事物以新的方式在实践中的有效应用，是把新思想、新行动、新事物、新工艺在社会中推广开来，并得到足够数量的人群认可的活动。《中国百科大辞典》的解释是：创新是指在经济活动中采用新材料、新的生产方法、新的推销方法或开发新市场。

目前最常见的关于创新的界定是：开发一种新事物的过程；采用新事物的过程；新事物本身。这三个范畴的定义是密切相关的。第一种定义是从开发者的角度提出的，强调开发过程的各个阶段和开发部门的特征，开发部门包括能激发创造力的组织、社会团体、个人。第二种定义是从接受者的角度来讲的，在特殊场合，创新的开发者和使用者可以是同一部门，如组织开发了一种供内部使用的新机器。第三种定义强调新事物本身，站在使用者的角度来定义创新。

可见，如果脱离语境谈创新是可以向多角度辐射的。创新不同于创造（creativity）。通常而言，创造是指以独特的方式综合各种思想或在各种思想之间建立起独特联系的能力。创新和发明也不是同义词。一般来说，发明是指研究活动的直接结果，而创新则强调其商业结果。人们对创新的通常理解是：创新是指主体为了实现一定的目的，把创造性的思想和知识应用于生产和经济活动的实践过程，是对事物整体或部分的变革。

1.4.2 创新型工程科技人才

关于创新型工程科技人才的概念，在国内外并没有统一明确的定义。创新型人才的概念是由我国明确提出的，但目前不同的学者基于自己的理解和需要各有定义。国外学者没有明确提出创新型工程科技人才的概念，而是将其融入对教育目的的阐述上。

英国的大学教育人才培养目标是绅士型领袖和学者。对于什么是绅士型领袖和学者，教育家纽曼将其定义为："学会思考、推理、比较辨别和分析，情趣高雅，判断力强，视野开阔的人。"英国古典大学，特别是牛津大学和剑桥大学，秉承纽曼教育理念，以挖掘学生的潜能、激发个体创新精神为高等教育的指导思想培养人才。

美国教育家赫钦斯认为，教育目的在于培养完人。麻省理工学院秉承的是帮助学生形成适应社会生活要求的理解能力、成熟个性及其他能力，并以此为宗旨，通过学习广泛的学科来形成对价值和社会目标的看法。在广泛学习的基础上，鼓励并引导学生进行某一领域内的学习。

联合国教科文组织要求人才培养具有创新性，但是教育目的仍然定位于培养"全人"和"完人"。报告《学会生存：教育界的今天和明天》指出：教育目的就是要培养出"完善的人"，即人的日臻完善。个体的人格具有丰富性和多样性，能够良好地融于社会、组成家庭，在技术生产领域内，具有创造性和发明性。

相比外国学者对创新型人才的要求，国内学者主要从创新意识、创新精神、创新能力三个方面来定义创新型人才。虽然国内外学者都强调创新型人才应该具备创新意识、创新能力、创新精神等素质，但国外学者更多的是将创新型人才作为一个整体的"完人"来培养，通过知识的传授、学习氛围的营造来激发个体的创新潜质，在人格的完善过程中使创新能力得以发挥。而国内学者偏向于将创新能力和创新精神作为人的某一方面的特质来培养，强调对个人知识能力、创新能力的培养，而对于整体人格的完善关注不够。

自麦克利兰对胜任素质模型的开创性研究以来，组织行为学家和心理学家对不同职业（职位）所需的特殊素质进行了大量研究。1996 年，世界 21 世纪教育委员会提出创新人才的七条标准：

（1）有积极进取的开拓精神；

（2）有崇高的道德品质和对人类的责任感；

（3）在急剧变化的竞争中，有较强的适应能力和创造能力；

（4）有宽厚扎实的基础知识和广泛联系实际、解决实际问题的能力；

（5）有终身学习的本领，适应科学技术综合化的发展趋势；

（6）有丰富多彩的个性；

（7）有与他人协调和进行国际交往的能力。

此外，一些学者也对创新型人才的素质特征给出了他们的理解。美国学者认为，创新型人才的才智体现为发展的完整性、健全性、非压抑性。日本学者指出，创新型人才就是能构思和创作有价值的东西，有创造力的人。还有学者认为，健康的身心素质，远大的志向，强烈的责任心，爱国为民的人生观、价值观，求真务实与独立思考的精神是创新型人才的素质特征。

工程人才的概念应该是一个完整的人才层次谱系，既有大量经过系统的教育和实践训练，具备了特定领域内的专门知识和技能的专业人才，也有具备领袖能力和工程职业权威性的拔尖人才。每个层次的人才都应在发现、解释和解决实际问题上具备一定的知识和能力，而他们的区别主要取决于知识和技能的丰富程度，对此，可以依靠"专业水平"来区分。

白春礼主编的《杰出科技人才的成长历程——中国科学院科技人才成长规律研究》一书，将相关机构对创新型工程人才胜任能力模型研究结果进行了综合，归纳出这类人才具备以下素质：

（1）在思想品德素质方面，通常具有唯物主义世界观、人生观、价值观，具有崇高的理想和坚定的信念，能够坚持原则。有较高的职业道德、献身科学的精神、强烈的社会责任感和家庭美德、个人修养等。能够在法律和制度范围内享受自己的权利，履行自己的义务。

（2）在文化与专业素质方面，一般都博学多才，广泛涉猎自然科学、人文社会科学知识，具有广博的专业及相关领域知识基础，以及较高的文化素养和高雅的艺术审美情趣等。

（3）在身心素质方面，拥有健康的体魄，能抵抗疾病，承受繁重的工作和艰苦环境的考验。创新型科技人才心理素质表现为优良的创造个性品质，如具有坚定的意志、明确的奋斗目标、浓厚的兴趣、独立思考和批判的精神，勤奋、严谨等。

归纳各家之言，创新型工程科技人才的定义与特征可以从创新精神、创新能力和创新人格三个方面来界定。

创新精神是创新型工程科技人才的灵魂，主要包括好奇心和求知欲、对新异事物的敏感、对真知的执著追求等。具有强烈创新精神的人总是拥有一种渴望认识世界的激情，拥有追求知识、追求发明和发现的强烈愿望。

创新能力是创新型工程科技人才的本质力量所在，创新能力可以分为知识水平与能力结构两个方面。一方面，创新者要有扎实的基础知识，有厚实的人文底蕴与科学素养，有较宽的知识面；另一方面，还要有应用知识的能力，即较强的实践能力、丰富的实践经验与理性的创新思维能力。

创新人格是创新型工程科技人才合理的智力因素与非智力因素交互作用在创新实践中形成的超越自我的人格，其中非智力因素在创新人格中居于主导地位。美国心理学家戴维斯于1980年在第22届国际心理学大会上概括出创新人格十个方面的特征：独立性强；自信心强；敢于冒风险；具有好奇心；有理想抱负；不轻信他人意见；富有幽默感；易于被新奇事物所吸引；具有艺术的审美观；兴趣爱好既广泛又专一。

总之，创新型工程科技人才在独立性、好奇心、观察力、思维力、意志力、批判精神、动手能力、知识储备、超越欲望上都强于一般人。他们具有面向世界、面向未来的长远眼光，有理想、有道德，满怀创新意识和创新能力，拥有广博的知识与非常强的动手能力，人文素养良好、社会责任感强、朴实无华、乐观向上、勤奋认真、理性严谨。

综上所述，创新型工程科技人才应该是全面发展的，拥有广博深厚的知识、独立的人格，既能充分运用所学知识和创造性的思维，提出解决问题的新方法、新创意，设计新产品和改进开发新技术，创造出物质财富，又能以新颖的精神方式来解决内心的困惑与冲突，使自己处于一种饱满的精神状态造就健全的人格，从而创造出精神财富。

1.5　人才培养模式与人才培养体系

1.5.1　模式的含义

"模式"一词频频出现于各研究领域中，但未形成统一界定。《辞海》对模式的定义是：模式亦称范式，指可以作为范本、模本、变本的式样。《现代汉语词典》的解释是：某种事物的标准形式或使人可以照着做的标准样式。在教育领域，模式是指为了突出所研究问题的主要的、基本的特征，从而获得对其本质的认识而对其所进行的概括和简明表述。反观当前工程教育界的"2＋1＋1人才培养模式"、"复合型人才培养模式"、"订单式人才培养模式"等提法，分别是从学年分配、人才培养目标、人才培养方式角度命名的。

1.5.2　人才培养模式

工程人才培养模式是指在现代高等工程教育人才培养理念和现有制度下，建立起比较稳定的工程人才培养活动的结构框架和活动程序。它涉及工程人才培养目标、教学理念、课程体系、教学内容、教学方法手段、专业设置等多个方面，是一项系统工程。还有学者认为，人才培养模式是指在一定教育思想理论指导下，为受教育者构建什么样的知识、能力、素质结构，以及怎样实现这种结构的方式。包括人才培养目标、培养规格和基本培养方式等具体的教育标准，它决定了所培养的人才的基本特征，集中体现了办学方的教育思想和教育观念。就具体操作而言，人才培养模式包括专业设置、培养目标、培养规格、培养方案、培养途径等几个要素。

从广义上讲，人才培养模式至少应包括人才培养目标、教育制度、人才培养过程、教育评价这四个方面。人才培养目标是指要培养什么样的人才，它统领着人才培养模式的构建。教育制度是有关人才培养的重要规定、程序及实施体系,是人才培养得以按规定实施的重要保障与基本前提。人才培养过程是人才培养模式的具体实施过程,包括专业设置、课程体系、培养方式与方法等要素。教育评价是人才培养模式的关键,贯穿整个人才培养的重要环节。它通过搜集人才培养过程中各方面的信息,依据一定的标准、运用评价技术对人才培养的质量与效益做出客观的衡量和科学的判断,并对培养目标、培养制度、培养过程进行监控与及时反馈和调节。从狭义上讲,人才培养模式就是指人才培养目标、课程体系、教学方式与手段、教师培养与教师队伍建设、教育评价等几个方面。

综上所述,人才培养模式就是指在发展的教育理论指导下,按照特定的培养目标和人才规格,以相对稳定的教学内容和课程体系、管理制度和评估方式,实施人才教育过程的总和。具体包括四层含义:培养目标和规格;为实现一定的培养目标和规格的整个教育过程;为实现这一过程的一整套管理和评估制度;与之相匹配的科学的教学方式、方法和手段。

1.5.3 人才培养体系

体系是指若干有关事物互相联系、互相制约而构成的一个整体。人才培养是一个复杂的系统工程,由多因素组成,在人才培养过程中,各因素相互之间的联系构成一定的结构,从而形成一定的体系。人才培养体系是指在一定的教育观念和理念的指导下,协调人才培养过程中的各方因素,使其成为一个相互作用、密切联系的整体,从而共同实现特定的教育目的和人才培养规格。

教育体系是指互相联系的各种教育机构的整体或教育大系统中的各种教育要素的有序组合。从大教育观的角度来看,教育体系有广义和狭义之分。广义的教育体系,除教育结构体系外,还包括教育反馈体系、课程教材体系、教育管理体系、师资培训体系等。这些体系相对于教育结构体系,称为服务体系。狭义的教育体系,仅指各种类型的教育构成的学制,或称教育结构体系。

高等工程教育人才培养体系就是在确立创新型工程科技人才培养规格的基础上,根据各类创新型工程科技人才应具备不同素质与能力的基本要求,构架由课程体系、教学体系、教师培训交流体系、教学质量评估监督体系和保障实施体系组成的创新型工程科技人才培养体系。

工程人才培养是一个庞大的系统工程,需要全社会及全员参与大力推进。尤其是在当前高等工程教育改革及提高高等教育质量的背景下,工程人才培养更需要政府部门、教育科研部门、工业企业乃至全社会从全局出发,统筹考虑,使现代教育环境中的每个培养环节与各种要素相互配合,形成一个相互协调、彼此促进、可持续发展的一体化人才培养体系。从知识、能力和素质等方面对学生进行整体培养,培育出能够真正适应经济和社会发展的工程技术人才。

1.6　产学研合作与产学研合作教育

1.6.1　产学研合作

产学研合作本身有着深厚的思想渊源和广泛的实践内容，因此，国内外学者对产学研合作概念的界定并没有统一的定义。产学研合作可以从以下几个方面进行描述。

从字面上进行分析，它是由"产"、"学"、"研"三个要素进行的一种合作。"产"即产业界，主要指各类产业中以技术创新为依托的现代企业和企业家；"学"即学术界，指各类高等院校中的人才、知识和技术成果；"研"即科研界，主要指应用性科研院所、科研人员和研究成果。

从合作的目的上进行分析，产学研合作是企业、高校、科研院所三方或两方为了满足各自的市场需求和共同利益联合起来，采取各种合作方式方法，所进行的人才培养、产品研发、生产销售、咨询服务等合作活动。这种合作是建立在各取所需、优势互补的基础之上的，在合作的过程中，充分发挥合作各方的资源优势，获取协同效应。

1.6.2　产学研合作教育

产学研合作教育在国际上称为"合作教育"，最先开始于英、美等发达国家，与传统教育模式的根本区别在于它与经济社会的紧密联系，因此一开始就受到发达国家的广泛关注，经过一个多世纪的发展，已经形成了比较系统、全面的合作教育模式。

产学研合作教育聚集学校、企业等相关单位的优势资源，配置并充分用于人才培养过程中，实现学生综合素质培养、实践能力提升等目标，将学生的课堂学习与有偿、有计划、有指导的实习经历结合在一起，从而将学生的学业目标和职业目标联系在一起。

需要指出的是，产学研合作教育是产学研合作在人才培养方面的具体体现，而不是通常所指的产学研合作。产学研合作的内涵要大于产学研合作教育，产学研合作是企业、学校、科研院所在人才培养、科技研究、产品研发、科研成果转化等领域的广泛合作，而产学研合作教育的侧重点是人才培养。

产学研合作教育是从整体上把握产学研结合的实践指向与历史趋势，形成理性的辩证整合与引导机制，在产学研结合的结构性框架下思考产学研的教育责任，在产学研结合的动态性框架下思考产学研的互动与互惠，达成产学研结合的共识与核心，用产学研结合的手段，实现提高产学研结合的教育性，进而实现提高人才培养质量的目标。为社会培养人才是产学研结合的崇高理念，提高产学研结合的教育性的根本在于保障学生共享产学研结合的创新成果，产学研合作多方共赢的根本在于共享人才培养成果。

1.7　高等工程教育专业认证

1.7.1　认证及工程教育专业认证

1. 认证

按照《现代汉语词典》的解释，认证是指"证明产品、技术成果等达到某种质量标准的合格评定。通常由国家质量监督机构或其授权的质量评定机构进行验证"。按照国际标准化组织（ISO）和国际电工委员会（IEC）的定义，认证是指由国家认可的相关机构证明一个组织的产品、服务、管理体系符合相关标准、技术规范（TS）或其强制性要求的合格评定活动。

在教育领域，美国高等教育认证机构（CHEA）认为：认证是高等教育为了教育质量保证和教育质量改进而详细考察高等院校或专业的外部质量评估过程。美国联邦教育部（USED）认为：认证是认证机构颁发给高校或专业的一种标志，证明其现在和在可预见的将来能够达到办学宗旨和认证机构规定的办学标准。

2. 专业认证

专业认证一般有两种理解：一是个人专业技术任职资格认证的简称；二是教育机构专业教育水平认证的简称。专业认证的第一种理解，英语为 professional certification, trade certification, or professional designation，是指某个具有公信力的政府单位、企业、组织以某种标准进行检定通过后，颁发给个人以证明其拥有某项技能或者符合担任某种执业资格的文件。从这个角度理解，专业认证也可翻译成证照，它强调的是对个人某种专业能力的认可，相当于职业资格注册制度。专业认证的第二种理解，是指对某教育机构所设的专业的教育水平、培养出的人才质量的认证，即专业教育水平认证。

专业认证由专门职业协会会同该专业领域的教育工作者一起进行，为相关人才进入专门职业界从业的预备教育提供质量保证。专业认证主要对专业学生培养目标、质量、师资队伍、课程设置、实验设备、教学管理、各种教学文件及原始资料等方面的评估，指向一所学校的具体专业。

在国际上，专业人员出国深造或出国服务应持有经过专业认证的学位和经过注册的专业资格，还要得到对方国家对我国高等教育专业认证和专业人员注册制

度的认可，才能得到便捷、平等、无歧视的对待。专业认证正是应对这一问题的
解决办法。专业认证为跨国人才的专业学位和职业资格提供有国际认可的质量评
估与认证，并为我国高等教育与国际接轨架起了一座坚固的桥梁。在我国成功加
入《华盛顿协议》以后，我国工程教育专业认证的国际互认变得格外重要。

3. 工程教育专业认证

工程教育专业认证属于专业认证的第二种理解。工程教育专业认证是指政府
指定认可的认证机构或社会团体对高等学校工科专业的认证工作。高等工程教育
专业认证制度是在工程专业教育领域对其教育质量进行评价而制定出来的规则、
程序和规范，旨在使工程教育达到一定质量标准。

工程教育专业认证是一种高等教育质量保障活动，这项活动起源于美国。而
美国的工程教育专业认证是从医学领域开始的。1847 年，美国医学协会建立了
一个专门负责医学教育的委员会，其目的就是保护本行业的发展，与行业低质量
的专业教育做斗争。这种专业认证制度在一些医学院校的推行，不仅有效保证了
医学院校的人才培养质量，增强了医学院的竞争力，也大大促进了其他专业积极
开展认证工作。例如，商科、教育、法律、工程、林业等专业领域效仿医学专业
的认证方法，相继成立了本专业的专业认证团体或专业认证机构。在美国，只有
经过可靠的认证机构所认证的学校或专业才是被公众承认的，认证关系到学校的
生存。如果学校或专业没有通过适当的认证，在获取资助、奖学金、学分或学位
被其他通过认证的高校认可、被其他国家接受、被社会认可等方面均会遇到
困难。

1.7.2　国际工程教育专业认证协议简介

在工程教育专业国际互认方面，目前以美国、英国等为代表的英语国家互认
体系有《华盛顿协议》、《悉尼协议》、《都柏林协议》和《首尔协议》，适用于全
球范围。其中《首尔协议》是计算机类的，《华盛顿协议》签署最早，缔约方最
多，知名度最高。

1. 华盛顿协议

《华盛顿协议》签订于 1989 年，是美国、英国、加拿大、爱尔兰、澳大利
亚、新西兰等 6 个国家的民间工程专业团体发起和签署的。《华盛顿协议》主要
针对国际上本科工程学历（一般为四年）资格互认，确认由签约成员认证的工程
学历基本相同，并建议毕业于任一签约成员认证的课程的人员均应被其他签约国
（地区）视为已获得从事初级工程工作的学术资格。《华盛顿协议》规定任何签约
成员须为本国（地区）政府授权的、独立的、非政府和专业性社团。1989 年以

来，《华盛顿协议》的影响不断扩大，继最初的 6 个成员之后，中国香港、南非、日本、新加坡、中国台湾、韩国、马来西亚、土耳其和俄罗斯相继成为正式成员；此外，还有德国、孟加拉国、印度、巴基斯坦、斯里兰卡等 5 个临时成员。截至 2012 年，签约的正式成员和临时成员共 20 个。2013 年 6 月 19 日，在韩国首尔召开的国际工程联盟大会上，《华盛顿协议》全会一致通过接纳中国为该协议签约成员，中国成为《华盛顿协议》组织第 21 个成员。

2. 悉尼协议

《悉尼协议》签订于 2001 年，是国际学历互认的权威协议之一。《悉尼协议》主要是针对国际上学期为三年的工程技术人员的学历资格的互认。《悉尼协议》由代表本国（地区）的民间工程专业团体发起和签署，目前成员有澳大利亚、加拿大、爱尔兰、新西兰、南非、英国、中国香港等 7 个国家和地区。

3. 都柏林协议

为适应经济全球化发展的需要，20 世纪 80 年代美国等一些国家发起并开始构筑工程教育与工程师国际互认体系，其内容涉及工程教育及继续教育的标准、机构的认证，以及学历、工程师资格认证等诸多方面。《都柏林协议》签订于2002 年，主要针对学期一般为两年、层次较低的工程技术人员的学历认证，目前正式会员有加拿大、爱尔兰、南非和英国。

参 考 文 献

白春礼. 2007. 杰出科技人才的成长历程——中国科学院科技人才成长规律研究 [M]. 北京：科学出版社
辞海编辑委员会. 2000. 辞海 [M]. 上海：上海辞书出版社
冯增俊. 2002. 教育创新与民族精神创新 [M]. 福州：福建教育出版社
雷环，汤威颐，Crawley E F. 2009. 培养创新型、多层次、专业化的工程科技人才——CDIO 工程教育改革的人才理念和培养模式 [J]. 高等工程教育研究，(5)：29-34
李明华，等. 1997. 精神文明建设机制论 [M]. 广州：广州出版社
李正，林凤. 2007. 从工程的本质看工程教育的发展趋势 [J]. 高等工程教育研究，(2)：19-25
梁拴荣. 2011. 创新型人才概念内涵新探 [J]. 生产力研究，(10)：19-21
刘国钦，彭健伯. 2004. 创新人才的培养 [M]. 成都：四川人民出版社
孙建霞，柳新华. 2000. 创新：奔向成功 [M]. 北京：经济科学出版社
王健吉. 2013. 产学研合作教育的探索与实践 [M]. 北京：中国社会科学出版社
王沛民，等. 1994. 工程教育基础——工程教育理念和实践的研究 [M]. 杭州：浙江大学

出版社

叶澜. 2000. 深化中国高等学校内部管理体制与运行机制改革的研究报告 [J]. 教育发展
　　研究，(5)：11-17

尤建新，陈守明，林正平. 2008. 高级管理学 [M]. 3 版. 北京：高等教育出版社

张光斗，王冀生. 1995. 中国高等工程教育 [M]. 北京：清华大学出版社

张庆久. 2013. 工程教育专业认证相关概念及主要协议解析 [J]. 学理论，(5)：262-263

张文修，王亚杰. 2001. 中国工程硕士教育的实践与发展 [M]. 北京：清华大学出版社

赵萍. 2010. 教学型高校本科课程体系构建研究——在高等教育大众化视野下 [D]. 长春：
　　东北师范大学

中国百科大辞典编委会. 1990. 中国百科大辞典 [M]. 北京：华夏出版社

中国社会科学院语言研究所词典编辑室. 2005. 现代汉语词典 [M]. 5 版. 北京：商务印
　　书馆

朱高峰. 2007. 创新与工程教育 [J]. 高等工程教育研究，(1)：1-5

庄寿强. 2008. 创新与创造之异同 [J]. 中国科技术语，(5)：38-40

Amabile T M. 1988. A model of creativity and innovation in organizations [M] //Staw B M,
　　Cummings L L. Research in Organizational Behavior. Stanford：JAI Press，(10)：126

Everitt W L. 1980. The phoenix—A challenge to engineering education [J]. IEEE Transac-
　　tions on Education，23 (4)：509-531

Robbins S P, Coulter M. 2004. 管理学 [M]. 7 版. 孙建敏，黄卫伟，王凤彬，等译. 北
　　京：中国人民大学出版社

第 2 章　高等工程教育研究综述

2.1　高等工程教育体制与机制研究

20 世纪 90 年代以后，我国高等教育的发展是在改革开放进一步深入，市场经济体制逐步确立的环境下进行的。这一时期，高等教育管理体制改革不断深入，逐步建立起与社会主义市场经济体制相适应的高等教育管理体制与机制。

2.1.1　国内高等工程教育体制与机制研究

1. 我国高等教育管理体制改革历程

我国 20 世纪 90 年代之前的高等教育体制是在 50 年代初步建立、60 年代逐步定型的。在 1963 年中共中央、国务院发布的《关于加强高等学校统一领导、分级管理的决定（试行草案）》中，指出了试行中央和省、市、自治区两级管理的制度，并对其分工做出了具体的规定。到 1965 年，调整后的全国高校共有434 所，其中教育部直接管理 34 所，中央有关业务部门管理 149 所，省、市、自治区管理 251 所。至此，我国高等教育中的"条"（中央各业务部门）"块"（地方政府）分别办学、两级管理的模式与格局基本形成。1977 年恢复高考后，高等学校逐步恢复了"中央统一领导，中央和地方两级管理"的高等教育领导管理体制。这一高等教育体制在保证新中国成立后的国民经济发展和专门建设人才的培养方面发挥了巨大作用，尤其是各类高等工程院校为国家的经济发展和现代基础工业建设培养了大量高级工程人才。

但是，在高等教育进一步发展过程中，体制固有的弊端逐渐凸显，并日益阻碍着包括高等工程教育在内的各类高等教育的发展。特别是进入 20 世纪 90 年代后，随着我国经济体制的转轨与社会的转型，高等教育体制的弊端及由此而导致的人才培养中的缺陷日益暴露。这些弊端主要表现为以下方面：①中央主管部门权力过分集中，高校缺乏办学自主权，无法面向社会自主办学，同时也不能满足经济建设和社会发展的需要，不利于发挥地方办学的积极性；②单一的由国家举办高等教育的体制对高等学校包办得过多，致使国家难以负担高等教育发展的全部经费，限制了社会力量投资办学的积极性，制约了高等学校主动服务于经济建设与社会发展需要的主动性；③计划经济体制下，高校形成了部门管理、条块分割、中央与地方分散办学、各类学校与专业重复设置的诸多弊端。到 1992 年，中国内地共有高校 1053 所。其中，中央部门（包括教育部和其他业务部委）所属院校 358 所，地方所属院校 695 所。许多院校尤其是部门和行业所属院校专业设置重复，高等学校各自为政并形成了封闭的行业体系，分别为中央和地方培养本行业的专门人才，造成了大学生就业过程中的结构型失业。此外，专业设置重复并且划分过细、单科性院校过多的现状依旧存在。从高校的人均规模看，1992 年全国高校在校生的平均规模只有 2161 人，其中，约 1/3 的高校不足千人。1991 年工科院校的在校生的平均规模为 2764 人，虽然高于全国平均规模，但与 3000～4000 人的国际大学平均规模相比，在校生规模仍然偏低，导致了人才培养与高等教育资源的严重浪费。

新中国成立以来，政府曾几度尝试对高等教育管理体制进行"下放"或"上收"的改革，但直到 20 世纪 90 年代，高等教育体制的改革只是在解决高等学校的领导关系上进行尝试，并没有从根本上解决高等学校的办学自主权和促进条块分割机制的有机结合。这种办学体制既阻碍了中国社会主义市场经济建设对高等学校依法自主办学的要求，也不符合世界本科高等教育综合化发展的趋势。因此，变革原有高度集中和僵化单一的高等教育管理体制，成为高等教育体制改革与人才培养模式改革的关键。

针对这种状况，时任国务院副总理李岚清在 1998 年国家教委召开的全国高等教育管理体制改革座谈会上指出：我国当时高等教育体制的主要弊端是在低水平上重复设置高等学校和专业，教育资源不能优化配置和充分利用，造成很大浪费，从而影响了整体教育质量和办学效益。高等教育体制改革的目的正是优化教育资源配置，提高教育质量和办学效益，以适应社会主义现代化建设的需要。实际上，我国高等教育体制的改革早在 1985 年就已启动。1986 年，中共中央发布了《关于教育体制改革的决定》，提出了高等教育体制改革的要求。然而，由于社会经济、企业改革及人事制度各项配套的改革刚刚启动，与教育体制改革相配套的外部条件并未成熟，20 世纪 90 年代之前，高等教育体制的改革并未获得突破性进展。1992 年邓小平视察南方谈话与党的十四大召开后，中央明确提出了建立社会主义市场经济体制的要求，此后在整个 90 年代，高等教育体制改革在试点的基础上逐步推开。1992 年 12 月，国家教委下发了《关于加快和积极发展普通高等教育的意见》，其中明确指出："高等教育体制改革的方向是，逐步实行中央与省（自治区、直辖市）两级管理、两级负责的以地方为主的管理体制"，"在中央与地方的关系上，中央管理部门要简政放权，加强地方政府的管理职能，中央主要负责大政方针、宏观规划和监督检查、对地方所属高等学校的具体政策制度的制定和实施，以及对学校的领导和管理，责任和权力均交给地方，进一步加强省、自治区、直辖市对设在本地区的国务院各部门所属高等学校的协调作用"。1993 年，中共中央又发布了《中国教育改革和发展纲要》，要求加快高等教育改革的步伐。自此，在中央政府直接领导和参与下，我国高等教育史上第二次体制改革与院校调整运动得以正式启动。与 50 年代初的第一次高等教育改革时强调集中统一、行业和部门分别管理高等学校的做法相反，这次改革致力于突破部门与行业办学的封闭体制，将管理权力下放到各省和自治区，并且给高校更多的办学自主权。如果说 80 年代中期以后，高等学校的改革致力于从院校内部突破学习苏联时期形成的专门化教育模式，试图通过拓宽专业，改革内部以专业为中心的教学组织，提供跨学科培养人才的平台。那么 90 年代中后期，则进一步从外部管理体制改革和内部的教学改革入手，解除大学内部各专业学科融合和人才培养体制上的障碍，从而为综合性大学的出现和高素质人才的培养提供制度上的保障，使人才培养模式的创新成为可能。

在 1994 年以后几年中，国家教委分别在上海、南昌、北戴河、扬州召开了四次全国高等教育体制改革座谈会，提出按照"共建、合并、划转、合作和协作"的办学形式，推进高等教育管理体制的改革。

"共建"是指在投资渠道不变的情况下，实行中央部门和省、自治区、直辖市人民政府双重领导，共同建设和管理高等学校的体制。共建最早是由中央业务部门与省级地方政府共建共管一批高校，而后共建的形式又扩展到中央不同业务部委之间及部委与地方政府之间的共建。最有影响的当属教育部与 7 省（市）共建高校，包括与北京市共建北京大学、清华大学，与安徽省共建中国科学技术大学，与浙江省共建浙江大学，与黑龙江省共建哈尔滨工业大学，与陕西省共建西安交通大学，与上海市共建复旦大学、上海交通大学，与江苏省共建南京大学，而后更多的高校实行了共建。这一举措不但改变了高等学校单一的隶属关系，在一定程度上打破了条块分割的格局，实现一定程度上的条块有机结合，而且增强了省级政府对本省高等学校的统筹管理能力，适应了地方经济对高校发展的需求。例如，上海市著名的工科类院校同济大学和上海交通大学，与上海市共建后，每年面向上海市的招生和就业人数达到了 50％左右，不但有效地调动了地方办学的积极性，而且密切了高校与地方企业的联系，使高校培养的人才更加符合区域经济发展的需要。

"合并"是指有关高校为避免同类学科的重复设置而进行的调整，属于联合办学的最高形式。例如，四川大学与成都科技大学、华西医科大学合并成立新的四川大学，江西大学与江西工业大学合并成立南昌大学，上海工业大学等四校合并成立新的上海大学，原机械工业部所属哈尔滨科学技术大学、哈尔滨电工学院和哈尔滨工业高等专科学校合并组建哈尔滨理工大学等。1998 年，浙江大学、杭州大学、浙江农业大学、浙江医科大学合并组建新的浙江大学，使 50 年代调整时期的多科工业大学恢复了综合大学的传统，为高等教育管理体制改革找到了新的突破点。此后，中央工艺美术学院并入清华大学；华中理工大学与同济医科大学、武汉城市建设学院合并成立华中科技大学。通过适当合并，我国高校中单科性院校过多、学科与专业重复设置和办学规模过小的状况得到了极大改善，大部分合并高校经过磨合期后得到了快速发展。

"划转"就是将部分通用性较强、地方建设十分需要的业务部门所属院校，转交国家或地方教育行政部门领导和管理。例如，原国家经贸委所属的广州外国语学院和对外贸易经济合作部所属的广州外贸学院、上海外贸学院，分别转由广东省和上海市人民政府领导和管理。这类大学转由地方管理后，对加强地方统筹、改变中央部门和地方政府在同一地方重复办学而严重浪费教育资源和调整高校布局，具有重要的作用。

"合作"是指距离相近、层次相当的不同科类院校，在原隶属关系和投资渠道不变、自愿互利的基础上，实现资源共享、优势互补与学科交叉及协同发展，以达到共同提高办学水平和效益的新型办学形式。参与合作的高校在教学、科研方面相互联合，学生可以互选一定的课程并承认学分、相互开放实验室和图书馆、共同组织学生活动与科技产品研发等，因此在学生的培养和资源的利用上实现了优势互补和互利共赢。例如，北京地区最早合作办学的是中关村地区的清华大学、北京理工大学、北京航空航天大学、北京邮电大学、北京交通大学、中国人民大学、北京师范大学等"大学联合体"。以后更多的高校加入了合作办学共同体，从而打破了高校各自封闭的人才培养体系，提高了人才培养质量。

"协作"是企业或企业集团和科研单位参与高校办学，以实现产学研结合培养人才的办学形式。例如，攀枝花钢铁集团、重庆钢铁集团、长安汽车集团等17个企业集团参与重庆大学的办学，胜利油田石油管理局参与中国石油大学（华东）的办学等。协作办学不但使高校找到了启动内部活力的突破口，也使企业获得科研与技术支持，提高了企业效率。高等学校通过与企业的结合，真正实现了教学、科研与生产的结合，既为学校拓宽了投资渠道，增加了经费投入，也为毕业生提供了就业渠道，实现了高校与企业互利双赢的目的。

经过连续7年的共建、划转、合并和调整，高等教育管理体制改革取得了实质性的进展。原有的以教育部和中央各业务部门集中管理高等教育的体制得到较大改观，新型的中央与省、自治区和直辖市人民政府分级管理、分工负责，以省、自治区、直辖市人民政府统筹为主，条块有机结合的体制框架初步形成。中央部委所属院校从1994年的367所减少到2001年的111所，减少了70%；地方管理的高校由1994年的613所增加到2001年的1114所（包括普通全日制专科学校在内），增加了近50%。中央权力的逐步下放和地方权力的逐步增多，使高等学校内部自主权的增加成为可能。这种管理体制上的变革，为高等教育的发展和人才培养模式改革扫清了制度上的障碍。据统计，到2003年年底，共有708

所高等学校（包括493所普通高校和215所成人高校）参与了这次新中国成立以来第二次大的院校合并与调整运动，结果组成了302所新高校（包括278所普通高校和24所成人高校）。而其中被合并或调整最多的是工科类院校，参加合并的著名工科院校有清华大学、浙江大学、上海交通大学、华中科技大学、哈尔滨工业大学、同济大学、重庆大学、西安交通大学、中南大学、武汉科技大学等。通过这次高等教育管理体制的改革和院校调整，20世纪50年代初借鉴苏联形成的高等教育管理体制终于在世纪之交有所突破。这不但奠定了中国高等教育在21世纪改革与发展的基础，使高等学校的办学规模日益提高。同时，也为我国21世纪高等学校人才培养模式创新和教育质量提高提供了良好的政策与制度环境。

2. 我国高等工程教育机制改革探索

我国第二次高等教育体制改革的成功，形成了与社会主义市场经济体制相适应的高等工程教育体制，经济社会的发展和新型工业革命的发展对我国高等工程教育的机制改革又提出了新课题。高等工程教育以市场需求为导向，适应新型工业化发展需要，走由政府牵动校企协同产学研合作的发展路径，成为历史的必然选择。中国工程院朱高峰院士针对中国高等工程教育在体制、机制诸方面存在的与社会需求脱节、办学趋同化、工程实践环节减少等问题，提出解决这些问题的出路就是创新工程教育体制机制并使之融入社会。

北京交通大学查建中教授指出：我国工科高校在办学机制上大多是关门办学，与产业和社会发展脱节，严重影响人才培养的质量，不能满足我国产业升级和整体经济可持续发展的需要，要以"做中学、产学合作及工程教育国际化"的办学机制作为深入改革我国工程教育的重要战略，使工程教育能为产业培养大量高素质的工程师和技能型人才。哈尔滨工业大学王树国教授认为：我国高等工程人才培养模式存在的问题源于深层体制问题，如工程教育目标模糊不清、工程教育的本科阶段和研究生阶段缺乏协调、教学成为科研的附属物、商业活动冲击科研和教学、工程教育的计划模式挥之不去，提出我国高等工程教育创新的方向为体现工程特性、突出案例教学、强化实践环节、增加团队作业、增设跨学科课程、开展创业教育、引入业界师资和发掘网络潜力。

我国的高等工程教育在体制机制上的创新要实现产学研相结合，就要加强工科院校与社会、企业的广泛联系，使工科院校在学习、教学过程中与工业企业和社会尽快建立合作关系，根据市场的需求及时调整专业，实行校企联合。需要对高等工程教育体制机制实践层面的创新展开深入研究，按照市场经济发展的要求，遵循教育规律，探索高等工程教育体制机制改革的深层次理论与实践问题。

2010年7月，党中央、国务院召开了21世纪第一次全国教育工作会议，颁发了《国家中长期教育改革和发展规划纲要（2010—2020 年）》，确定"优先发展、育人为本、改革创新、促进公平、提高质量"的方针，描绘了我国未来教育改革的宏伟蓝图，指明了教育事业科学发展的新方向，开启了我国从教育大国向教育强国、从人力资源大国向人力资源强国迈进的历史新征程。

按照规划要求启动"卓越工程师教育培养计划"（简称卓越计划），推进高等工程教育体制机制的深化改革。2010 年 6 月 23 日，教育部在天津大学召开"卓越计划"启动会，联合有关部门和行业协会，共同实施卓越计划。目标是培养造就一大批创新能力强、适应经济社会发展需要的高质量的各类型工程技术人才，全面提高我国工程教育人才培养质量，努力建设具有世界先进水平、中国特色社会主义的现代高等工程教育体系。卓越计划的主要任务是创立高校与行业企业联合培养人才的新机制；创新工程教育的人才培养模式；建设高水平工程教育教师队伍；扩大工程教育的对外开放；制订卓越计划人才培养标准。

2011 年 1 月 8 日，《教育部关于实施卓越工程师教育培养计划的若干意见》正式发布，提出要以实施卓越计划为突破口，促进工程教育改革和创新，全面提高我国工程教育人才培养质量，促进我国从工程教育大国走向工程教育强国。明确了卓越计划的指导思想、主要目标、基本原则、实施领域、组织管理、组织实施及教育部的支持政策，对卓越计划的实施做出了全面部署。

卓越计划的主要内容是培养卓越工程师后备人才，坚持面向工业界、面向世界、面向未来。面向工业界，就是主动适应工业界的需求，为中国特色新型工业化发展服务，为国家经济社会可持续发展服务。面向世界，就是要服务"走出去"战略，为工业界开拓国际市场提供源源不断的具有国际竞争能力的工程技术人才。面向未来，就是要有战略眼光和前瞻意识，培养能够满足未来社会发展需要、能够适应和引领未来工程技术发展方向的工程师。教育部在以下五个方面采取措施推进该计划的实施。

（1）创立高校与行业企业联合培养人才的新机制。企业由单纯的用人单位变为联合培养单位，高校和企业共同设计培养目标，制订培养方案，共同实施培养过程。

（2）以强化工程能力与创新能力为重点改革人才培养模式。在企业设立一批国家级"工程实践教育中心"，学生在企业学习一年，"真刀真枪"做毕业设计。

（3）改革完善工程教师职务聘任、考核制度。高校对工程类学科专业教师的职务聘任与考核要以评价工程项目设计、专利、产学合作和技术服务为主，优先聘任有在企业工作经历的教师，教师晋升时要有一定年限的企业工作经历。

（4）扩大工程教育的对外开放。国家留学基金优先支持师生开展国际交流和海外企业实习。

（5）教育界与工业界联合制定人才培养标准。教育部与中国工程院联合制定通用标准，与行业部门联合制定行业专业标准，高校按标准培养人才。参照国际通行标准，评价卓越计划的人才培养质量。

　　进入 21 世纪以后，党中央、国务院做出了走中国特色新型工业化道路、建设创新型国家、实施人才强国等一系列重大战略决策，加快推动工程教育改革发展和体制机制改革创新。国际科技竞争、人才竞争日趋激烈，对教育特别是工程教育提出了严峻的挑战。我国的高等工程教育要强化主动服务国家战略需求、主动服务行业企业需求的意识，确立以德为先、能力为重、全面发展的人才培养观念，创新高校与行业企业联合培养人才的机制，改革工程教育人才培养模式，提升学生的工程实践能力、创新能力和国际竞争力，构建布局合理、结构优化、类型多样、主动适应经济社会发展需要、具有中国特色的社会主义现代工程教育体系，推动我国向工程教育强国迈进。

2.1.2　国外工程教育管理体制与机制研究

　　21 世纪的经济是人才竞争的经济，自主创新是各国技术经济竞争的核心，人才是关键。这些给高等工程教育的创新提出新的课题，发达国家把创新人才培养放到了国际经济与技术竞争的首位，高等工程教育的改革与创新成为世界经济与科技竞争的先导。20 世纪 80 年代以后，高等教育的社会服务职能得到很大程度的发展，高校与社会的联系出现了实质性变化。这一时期高等教育机构不仅日益依赖并服务于社会，而且加强了与企业界的联系。为了加强这种联系，法国将"合同制"的概念引入高等教育机构，使高等教育机构、政府和市场更稳定且积极地联系在一起。英国则在这一时期将市场机制引入高等教育。德国在这一时期，为了迎合市场需要缩短了修业年限，也将竞争机制引入高校。20 世纪 80 年代，国际科技竞争促使美国高校在这一时期与企业的合作更为紧密，研究型大学以建立科学园为纽带，将高科技企业吸引到学校周围，地方公立大学与地方企业成立了相互作用的伙伴关系，社区学院也与企业结成伙伴关系。加拿大的大学在这一时期开始与公司合作开发技术，大学教授开始创办公司，公司也开始在大学附近建立起科技园。日本虽然一直以来都重视高等教育的社会功能，但是在这一时期，仍明显地表现出大学企业化，根据市场需要调整高等教育体系。

　　美国形成了政府主导和依托市场经济发展的高等工程教育的模式，奠定了美国现代工业以技术为导向的发展模式。面对当今科技迅猛发展的实际情况，许多大学根据自身的条件及社会需要在运行机制上推进"学科交叉计划"，其基础专业课程中设置了不少国际性课程，使课程设置带有明显的国际化倾向，同时把学校作为引进人才和技术、吸收世界文化精华的重要窗口和渠道，促进了美国高等工程教育的国际化。

　　美国的大学研究与工业部门保持着良好的互动合作关系。在加州地区，斯坦福大学、加州理工学院、加州大学等依托大学、研究机构，融教学、科研和生产为一体，形成了以大学、研究机构为轴心的教学、科研和生产结合体系，一跃成为闻名全球的"硅谷"电子工业基地。同时在学术领域，许多大学非常重视同行评估与监督。另外，美国许多大学已形成校董事会治校的制度，因此在耶鲁大学等校园里，无法遇见庞大的行政管理队伍，更看不到专门的行政大楼。此外，在当今美国大学中，评议会（又称教授会）制度已相当成熟。美国大学在评议会制度的基础上，已经形成了董事会领导、行政人员和教师合作管理的治理结构，这种治理结构既符合学术组织固有的特性，又反映出了时代的要求。

德国的工科院校注重大学、研究机构与企业的结合，从体制上面向社会、企业需求，主动调整以适应其高等工程教育的改革与创新。在用人机制方面，聘请工业界专家到校授课。在教学过程中，工业界专家将实际应用、实用经验与理论研究相结合，同时学生可以参与工程项目，这是未来优秀工程师的良性培养机制。同时，德国工科大学生到企业实习，与工程师交流，具有参与工程项目的实践经验。在很多情况下，根据企业的研究项目选题，校企共同指导论文，学生的论文在企业里完成。此外，德国的大学推行国际化的开放办学机制，与世界上越来越多的大学签订了学生交换协议，发展留学生交换项目，在国际教育领域处于领先的地位。

近年来，德国高等教育开始引入竞争机制，扩大高校办学自主权。现阶段加大高校办学自主权主要体现在增加经费使用的灵活性，如从经费分类管理向经费包干制度的探索；在有关法律条款上取消对学校的一些限制，减少行政对学校自主办学的干涉；扩大高校招生的自主权，促进高校之间的竞争和特色的形成。此外，德国许多州采取了签约制，即各高等院校与本州政府每年年初签订一份合约，合约规定了高校必须完成的既定目标和所获得的经费金额，高校可对经费部分实行包干，并自主进行科研人员的聘用，年底需向州政府提交报告。

英国在保持大学自治原则的同时，加强中央政府对高等教育的调控职能，在高等教育运行中引入市场机制，使高校沿着增强竞争能力与适应性的方向发展。从英国高等教育发展的实际情况看，这些改革在一定程度上既增强了政府对高校的调控能力，同时也加强了高校自身的"造血功能"，从而摆脱了经济投入上完全依赖国家的被动局面。但是市场机制并不能解决英国高等教育的所有问题，而且存在一些负面影响，因此英国政府并没有把高等教育完全交给市场，而是进行了积极的引导、干预和控制。所以，英国高等工程教育体系引入的市场并不是一种完全的市场，如英国学者保尔（Ball）所说的"教育中的市场并非纯粹的市场"，而是以哈耶克的"有节制的竞争"为基础的特别市场，即"政治市场"。

面对英国、美国、日本等国的激烈竞争，法国加强了高等教育国际化的措施。法国已经意识到必须努力使其高等教育体系在世界各国学生的眼中更具竞争力和吸引力。为此，法国在大学里设立了与国际接轨的院系，开设了国际化的课程，满足国际学生的需求，努力争取全球的注目。也正是基于高等教育国际化的传统，坚持大学的开放性成为法国政界和学术界的共识。20 世纪 90 年代以来，为了迎接国际竞争和国际化趋势，不断对高等教育进行改革。法国在构建欧洲高等教育共同体的进程中，一直是活跃的倡导者、积极的推动者和坚定的参与者。1996 年是法国高等教育的"改革年"，5 月，法国国民议会针对高等教育改革的主要问题，召开专门会议。时任教育部长贝鲁指出，要加强与欧盟国家及其他国家的国际合作。同年 6 月，法国教育制度未来全国咨询委员会提交了旨在促进学校教育现代化的报告，报告中指出：加强高等教育领域与欧盟国家和其他国家的国际合作。1998 年 5 月，全国高等教育委员会向政府提交了题为《建立高等教育的欧洲模式》的高等教育改革报告。其内容涉及教育目标、教育思想、知识创新、终身教育、产学合作、教育开放和教育模式等。报告从法国高等教育的历史和现状出发，针对未来的社会挑战和知识创新，提出深化改革法国现行高等教育的体制和模式，建立全面实施欧盟一体化所必需的欧洲教育模式。

日本把兴办教育作为立国之本，高等工科院校的建立和高等工程教育的发展逐渐促进了日本经济的发展，使日本成为一个新兴的资本主义工业国家。20 世纪 90 年代，日本经济开始进入低迷的状态。日本的高等教育体系表现出僵死、空洞，不再适合产业结构的发展，产业界及人民大众要求高等教育改革的呼声越来越大，而高等教育机构自身由于少子化带来的生源危机，以及僵死的行政制度，也强烈要求改革，要求更大的自主权。针对这一背景，90 年代以来，日本政府和高等教育自身不断审视原有的高等教育体系，进行改革调整。

日本以国立大学的重新组合作为大学结构改革的突破口，目的在于增强大学的实力和活力。日本的国立大学虽然为数不多，但是位于日本高等教育系统金字塔之首，不仅承担着学术研究、培养人才、促进地方经济发展的重大责任，而且是高等教育均衡发展和接受高等教育机会均等的重要保证。但是，当时有些国立大学规模小，缺乏竞争力，又面临生源危机。为了使高等教育在激烈的竞争环境中成为国家发展活力和国际竞争力的源泉，以国立大学再编与统合的方式，最大限度地整合教育资源，加快学科专业重组、复合和创新的步伐，壮大国立大学的实力和活力，提高办学效益和质量成为 20 世纪后期日本高等教育改革的重点。

苏联解体后，俄罗斯从中央集权的计划经济体制转向市场经济体制，俄罗斯联邦政府开始了高等教育管理体制的改革。《俄罗斯联邦教育法》规定，俄罗斯高校的管理原则是民主性、国家社会性和自主性，由此，高等学校的自主权得到了扩大。高等学校自主权力的扩大，为其更好的发展提供了重要保障。高等学校的自主权集中体现为高等学校自治和学术自由，《俄罗斯联邦高等教育和大学后职业教育法》第三条明确阐述了这种自治和自由的内涵，即高等学校可以根据法律和高等学校的章程自主地挑选和任用干部，开展教学、科研、财经和其他活动；高等学校就自己的工作向个人、社会和国家承担责任；高等学校的教学人员、科研人员和学生享有学术自由，其中包括教学人员按照个人兴趣爱好和需要获得知识的自由。这样，俄罗斯的高等学校开始"在自由中"生存。这种自由不但给俄罗斯高等学校带来更多的办学权力，而且使高等学校的办学责任得到加强。

在上述这些发达国家高等教育发展过程中，高等工程教育无论是哪种模式的运行体制机制，政府的干预和调控是一个显著的特征。不同的只是国家干预的程度差异，政府通过立法、行政、计划、评估等手段来引导、规范高等工程教育活动，对高等工程教育的发展进行积极监督。另外，市场作为影响高等工程教育发展的一个决定因素，其市场调节力量在传统高等工程教育发展过程中形成一定的张力，积极调节着高等工程教育的发展走向。

2.2　工程科技人才培养模式研究

2.2.1　国内工程科技人才培养模式研究

人才培养是高等教育最根本的使命和最本质的要求，也是高等教育质量的第一体现，是高校生存和发展的基础。近年来，高等工程教育把人才培养模式创新作为教育改革核心，坚持育人为本、德育为先、能力为重、全面发展，创新教育教学方法，强化实践教学环节，积极探索科学基础、实践能力和人文素养融合发展的人才培养模式，大力提升人才培养水平，取得了重要的阶段性成果，增强了大学生服务国家服务人民的社会责任感、勇于探索的创新精神和善于解决问题的实践能力。从各类工程科技人才培养的纵向维度和教育教学模式创新的横向维度，开展研究和探索。

国家主导的各类人才分层次培养模式的创新与研究主要有以下几种。

（1）探索拔尖创新人才培养模式。实施基础学科拔尖创新人才培养试验计划，在高水平研究型大学的数学、物理、化学、生物、计算机科学五个学科领域，探索青年英才培养机制，吸引最优秀的学生投身基础科学研究。目前，19所参与高校每年选拔 1000 名学生进入计划培养，初步形成了"一制三化"（导师制、小班化、个性化、国际化）的拔尖创新人才培养新模式。

（2）探索应用型、复合型人才培养模式。实施卓越工程师教育培养计划、卓越医生教育培养计划、卓越法律人才教育培养计划，开展农科教合作，以提高实践能力为重点，探索高等学校与有关部门、科研院所、行业企业联合培养人才新模式。目前，400 多所高校和 1000 多家企事业单位参与实施卓越计划，22 个部门（行业协会）共建大学生校外实践基地，科教协同、产学合作育人的机制逐步建立。

（3）探索高端技能型人才系统培养模式。通过实施高等职业学校提升专业服务能力项目等，完善工学结合、校企合作、顶岗实习的高技能人才培养模式。

（4）加快紧缺人才培养。主动适应国家战略需求和地方经济社会发展需要，优化专业结构，完善专业布局，加快紧缺人才特别是新兴学科、交叉学科人才培养。超前部署国家战略性新兴产业所需专业设置和人才培养工作，推动软件、微电子、动漫、新能源等紧缺专业和红色经典艺术教育、少数民族医药学、外语等特色专业的人才培养模式改革。

（5）推进以学院为基本实施单位的人才培养综合改革。在17所高校建立试点学院，以创新人才培养体制为核心，重点在招生制度、培养模式、管理方式、教师聘任四个方面进行综合性改革，形成创新人才培养的机制和氛围。

（6）推进省域高等教育人才培养综合改革。加强省级统筹，推动地方高校分类发展、人才分类培养，促进高等教育与区域经济社会发展紧密结合。

随着国家的政策引导，高等工程教育界的有识之士一直在寻求适合我国国情的工程科技人才培养模式。尤其是到20世纪末，工程人才培养模式研究开始进入成长期，以路甬祥、朱高峰、张光斗、王沛民、查建中为代表的一批专家学者，以及以华中科技大学、清华大学、北京航空航天大学、汕头大学为代表的一些高等工科院校，都成为积极参与者和先行实践者。2000年7月，以朱高峰院士为课题负责人，由清华大学、上海交通大学、北京航空航天大学等多所大学参与、中国工程院承担的"开发我国工程技术人员创新能力的对策研究"课题启动，历时三年。对企业工程技术人员创新能力开发进行调查，指出我国工程教育中存在如重理论轻实践、重计算推理轻实验论证、知识面过于狭窄、缺乏启发式与研究式的学习氛围等问题，进而提出改进人才培养模式的对策建议。

由北京工业大学等几所工科院校共同编写的《高校人才培养模式多样化：诠释与应对》一书，以地方高等工程教育多样化人才培养模式的研究为切入点，详细介绍了北京工业大学"实践教学一条线"的人才培养模式、浙江工业大学"回归工程"的人才培养模式及其他几所高校的人才培养模式。

北京交通大学教授、联合国教科文组织产学合作教学主持人查建中教授在产学研人才培养模式方面做了大量的研究。他在发表的"面向经济全球化的工程教育改革战略——产学合作与国际化"一文中提出：我国工科教育在理念、课程、教学、评估等多个方面都存在着与产业和社会发展脱节的问题，因此要以"做中学、产学合作、工程教育国际化"作为深入改革我国工程教育的重要战略，培养大量高素质的工程师和技能型人才。

安徽工业大学在高等工程教育的教学实践中总结出五种工程人才培养模式：

加强校企合作，实行全方位全过程的产学研结合模式；强化实践锻炼，加强工程教育与训练模式；结合典型工程实际，加强工程实践教学模式；结合教师科研、生产实践组织教学模式；建设校内实习基地，促进产学研结合模式。

此外，加拿大工程院院士、汕头大学常务副校长顾佩华教授领导的汕头大学教研团队在 CDIO 工程教育模式的基础上提出的 EIP-CDIO 模式；教育部高教司理工处处长李茂国在《中国工程教育全球战略研究》中提出的"包融"战略，即构建中国模式，"包融"世界体系，加入全球互认；浙江大学科教发展战略研究中心博士后柳宏志等基于浙江大学综合工程教育实践提出的综合工程教育模式等，都是我国当前高等工程教育人才培养模式理论研究的成果，代表了我国本科工程教育人才培养模式改革的最新动态。

推进高等工程教育人才培养模式改革，就是要遵循教育教学规律和人才成长规律，深化教育教学改革，创新教育教学方法，在高校内部实现拔尖学生选拔方式、因材施教模式和国际化培养方面的新突破，在高校外部实现高校与有关部门、科研院所、行业企业联合培养应用型、复合型人才机制上的新突破，形成各类人才辈出、拔尖创新人才不断涌现的局面，努力培养德智体美全面发展的社会主义建设者和接班人。

2.2.2　国外工程科技人才培养模式研究

国外本科工程人才培养模式方面的研究通常涵盖于整个工程教育研究之中，相对于国内大量的以人才培养模式为题的研究，国外这样的提法相对较少。德国和美国等工程教育强国在探讨工程人才培养时，非常强调通过培养个体的全面与自由发展来激发其创新精神、培养其创新能力，这与这些国家的文化传统、哲学思想、意识形态、民族特征等内部因素和外界环境是分不开的。与欧洲中世纪主要受到人文主义影响而不重视正规学校工程教育所不同的是，工业革命的浪潮使国外高等工程教育已经成为社会关注的热点。

当工业革命给世界带来深刻变革时，社会开始把目光投向工程领域，这种关注推动了高等工程教育的发展。许多有识之士开始围绕工程人才培养问题展开探讨，并开展了积极的教育实践。初期，处于教育一线的教授、学者是主要参与者，一些世界知名院校，特别是工科院校也积极参与其中；继而越来越多的教师、教育理论工作者、教育行政人员及热心于教育的企业家、政界人士都对这方面的研究投注了心血。探讨现代高等工程技术人才所应具备的素质，重构大学的人才培养理念与培养目标，构建科学的课程体系，尝试新的教学方法，完善评估体系等问题都成为研究的关注点。

"大工程教育"模式是美国工程教育 20 世纪 90 年代以来的主流思想。他们认为社会是一个不可分割的整体，在科学技术进步和经济发展的同时，不能忽略社会文化、环境、道德等其他方面的因素。由此呼吁工程教育回归其本来含义，把工程教育改革建立在学科基础上，更加重视工程实际及工程本身的系统性和完整性。因此，工程教育不仅应该让学生学习工程科学的知识和理论，还应该"让学生接触到大规模的复杂系统的分析和管理，这不仅是指对有关技术学科知识的整合，还包括对更大范围内经济、社会、政治和技术系统日益增进的了解"。这就要求工程教育的内容应重新进行调整和综合，打破学科壁垒，把被学科割裂开来的工程再还原为一个整体，要求高校以跨学科的视角进行课程设置，充分考虑学科之间合理的交叉融合，培养学生宽厚的工程知识背景。

美国的通识课程门类丰富，充分展示出科技与人、社会之间的关系，真正体现了融合科学教育、人文教育和工程专业教育为一体的大工程教育思想。美国的通识教育以庞大的选修课作为支撑，这不但是学生达到通识的必然基础，也为学生个性化的学习提供了条件。麻省理工学院培养工程科技人才的模式，体现在美国工程专业课程体系上的四个特点如下。

（1）为学生规定必须学习的基础知识课程。这些课程可以为工程领域内的一些专业提供更为广阔的专业知识，可以为学生在选择某一工程专业之前提供探究工程领域内各种问题的机会。

（2）以庞大的选修课程作为支撑，为学生提供综合知识背景。例如，麻省理工学院规定学生必须学习自然科学、社会科学、工程技术和信息交流等方面的19门课程，各类课程都有大量的选修课供学生选择。

（3）通过灵活多样的项目课程、实验课程加强学生实践能力的培养。

（4）注重学生个性并促进其创新能力发展。学生根据各自不同的知识结构、兴趣特长选择不同的课程和学习路径，自行组织课程和学习内容，如麻省理工学院的实验研究小组。

近年来，出于适应时代需求的考虑，针对学科设置、课程设置等方面的研究也在逐渐增加。美国在这方面的研究一向强调本科阶段的通识教育、共同基础及建立在共同基础之上灵活的主修、兼修、综合、多种学科交叉、双学位制等。最近，美国的高等工程教育研究中更多地加入了工程实践方面的探讨，以美国工程院院士 Crawley 教授为代表的一批学者通过对 CDIO 的运用与经验介绍，把20世纪80年代以来的回归工程实践运动推向了一个新的高潮，对世界工程教育领域产生了广泛影响。此外，产学研结合等合作模式也是美国工程教育界较为认可的模式，从中可以看到杜威"做中学"理论的影响。

传统的德国模式与美国模式是高等工程教育长期发展的结果，并在相当长一段时期内代表着世界高等工程教育的前沿水平。可以说，直至今日，它们仍然是很多国家效仿的对象。作为老牌工业强国，注重工程实践是德国高等工程教育的鲜明特色，其特色也大量反映于其教育研究中。此外，充分利用社会资源，使企业界与高校合作、对工程训练具体环节与细节的探讨等也是研究的重点。

德国主要是三段论课程模式与课程实践化的高等工程教育模式。德国埃斯林根应用技术大学的工程专业课程体系也是三段论模式。然而，德国的工程教育模式在世界上享有独特的声誉，是因为它的工程科技人才培养紧紧围绕工程实践性这个中心。德国工程专业的课程开发源于对企业现状、对技术与产品未来发展趋势的分析，并邀请一定的企业界人士共同参与设计，政府是企业与大学之间的纽带；工程专业的大学教授要求至少具有 5 年以上的工程实践经历，教师教学与工业界形成了自然联系的网络，在学生的学校教育和企业实践训练之间存在较好的结合。

德国工业大学的课程体系有两个思想渊源：一个是柏林洪堡大学崇尚理论研究的教育思想与巴黎理工大学强调技术科学理论体系化的结合；另一个则是源于18～19 世纪德国重商主义的坚定信仰，即科学在实际生活中的应用可以为国家带来财富。在这两个思想基础上，德国工业大学形成了既重视理论研究又密切联系工程实际的传统。如今，德国工业大学里的课程结构可能就是一种在理论和实践两极中寻求平衡的结果。学生必须圆满完成基础学习和主科学习，方可认为受到了理论及实践两方面完美的教育。

德国工业大学的基础学习主要包括自然科学，旨在发展学生的科学知识基础。基础学习的技术以通过前期考试为准。前期考试主要是检验学生是否在总体上理解了所学的基础科学知识，通过了前期考试方能进入主科学习。主科学习包括听课、实验室工作、小组课程设计和毕业设计等。这一阶段的可选课程不管是书目和种类都是大量的，实践环节比例也较大。研讨课及项目设计的题目要求很高，这是对学生解决实际问题能力的锻炼和考查，它们来自并将用于需要解决的实际问题。学生往往通过项目设计与工业界接触，亲身体验未来的工作环境。最后的主科考试主要考查学生对所学专业领域的学习和研究的程度。我国也可以借鉴此法，分别考查学生的理论学习和实践效果，以达到理论和实践的平衡。

实际上，作为世界上最为典型的两种工程科技人才培养模式，德国模式强调统一的必修要求，注重培养学生的工程设计能力、严谨务实的精神。而美国模式注重工程科学基础，强调多学科交叉、可选择性、主动性及创新思维的培养。德国模式重技术，以"术"为主。美国模式重科学，以"学"为主。而今这两种各具特色的工程科技人才培养模式存在互相向对方靠拢的趋势。

2.3　产学研合作教育研究

现代工程教育体系是以需求决定论为价值导向，以全方位的产学结合为生态基础，以国际化的现代工程师为主要培养目标的专业教育体系。通过全面的工程训练培养工程人才具备现代工程师的综合素质，必须开展全方位的产学研合作教育。全方位的产学研合作主要包括两个方面：一是产学研结合背景下的工程教育，形成产学研结合的现代工程教育的外部环境；二是贯穿于工程教育中的产学研结合，即产业界全方位、全过程地参与工程教育和教学的目标制订、规格设计、计划制订、过程实施、师资建设、质量监控等环节。构造产学研结合是工程教育的内部运作过程。目前，世界各国和地区都把产学研合作教育作为培养现代工程师的基本路径，并根据自身国情采取不同的策略和措施来大力推进。

2.3.1　国内产学研合作教育研究

根据我国工程教育产学研合作实践，结合社会形态发展，可以把新中国成立后的工程教育产学研合作培养人才的历史分成四个阶段：基本格局形成阶段（1949～1976 年）、恢复调整阶段（1977～1986 年）、制度化建设阶段（1987～2004 年）、拓展与深化阶段（2005 年至今）。

1. 产学研合作教育基本格局形成阶段

为了使高等工程教育更好地为生产建设服务，培养生产建设所急需的工程技术人才，国家通过改造旧教育及其课程体系、学习苏联工程教育经验和制定教育方针三大措施，初步形成了我国工程教育中产学研合作教育的基本格局。

（1）改革课程体系，把产学研合作教育引入课程。为了解决新中国成立初期高等学校课程"学用脱节"问题，1950 年 7 月教育部发布《关于实施高等学校课程改革的决定》，明确指出，课程的开设"应按照国家建设的实际需要"，"高等学校应与政府各业务部门及其所属的企业和机关建立密切的联系。高等学校的教师应与上述部门的工作、生产和科学研究作适当的配合；应该有计划地组织学生的实习和参观，并将这种实习和参观作为教学的重要内容"。自此，产学研合作教育正式进入我国高等教育的课程，成为人才培养模式的有机部分。

（2）学习苏联经验，把产学研合作教育引入教育实践。为了加速培养生产建设所急需的工程技术专门人才，我国学习苏联经验，把高等工程教育定义为专业教育。苏联工程教育非常重视学生参与社会实践，强调高校与企事业单位合作。具体表现为，苏联教育不仅重视基础理论，也非常重视基于项目的学习、生产实习、课程设计、毕业设计等实践教学。因此，学习苏联工程教育的经验也使我国高等教育，尤其是工程教育更加重视产学研合作教育，到工厂生产第一线现场教学成为我国工程教育教学方法的有机组成部分。

（3）制定教育方针与颁布"高校六十条"，正式确立产学研合作教育的地位和作用。1958 年，中共中央、国务院在《关于教育工作的指示》中提出"教育与生产劳动相结合"。1961 年，中共中央原则批准了《中华人民共和国教育部直属高等学校暂行工作条例（草案）》（简称"高校六十条"）。"高校六十条"提出，"高等学校的基本任务，是贯彻执行教育与生产劳动相结合的方针"，并对生产劳动进行了详细规定。"教育与生产劳动相结合"写入教育工作方针和"高校六十条"，意味着产学研合作教育成为我国工程教育人才培养的基本指针。1956 年盛行的教育、科研、生产三结合就是当时工程教育中产学研合作教育最主要的形式。各高校在此方面都展开了积极探索，取得了一批重要的科研成果，一些高校建成教学、科研、生产三结合基地，大大推动了高校教育教学改革。高校普遍认为，实行产学合作是贯彻党的教育方针的中心环节，是培养理论联系实际、脑力劳动与体力劳动相结合的新型建设人才的有效途径。

2. 产学研合作教育恢复调整阶段

1977 年，邓小平复出并主管科技和教育，直接推动了教育领域的"拨乱反正"与恢复整顿。当时最重要的事件：一是 1977 年 11 月《人民日报》发表文章正式否定了对十七年教育路线的"两个估计"；二是恢复已经中断了十年的高等学校统一考试招生制度；三是肯定"文化大革命"前（特别是 1961～1963 年）的一些高等教育政策与做法，如 1978 年 10 月 4 日教育部颁发了在"高校六十条"基础上修改而成的《全国重点高等学校暂行工作条例》。这些政策和措施有利于恢复产学研合作教育的本来面目，提高我国工程教育的理论水平，我国开始大规模地强化学科建设，注重理论知识的学习，这当然是必要的。但过分强调学科理论，淡化了工程教育的实践性和工程性，导致许多工科毕业生"高分低能"，实践能力差，不适应工业企业生产的要求。为此，教育部高教司及时出台了《制订教学计划的原则意见》，并规定了实验、实习和毕业设计或论文的时间比例，轻视实践的倾向在很大程度上得到了纠正。很多高校特别是经济发达地区具有工程学科优势的高校，在强化工程实践训练方面做出了令人瞩目的努力。例如，上海地区的产学研合作教育就取得了许多积极的成果。1985 年，在上海市政府的支持下，上海工程技术大学引进加拿大滑铁卢大学合作教育的理念，推行产学研合作教育实验，就是一次成功的尝试。上海交通大学与宝钢的合作也同样具有典型的意义，双方从以科研项目为载体的合作逐步向共建实验室、联合培养高层次工程科技人才、开展学科领域集群式合作发展，成绩卓著，有力促进了上海交通大学的技术集群和宝钢产业集群的紧密连接，已经成为上海乃至全国校企合作的经典模式。

3. 产学研合作教育制度化建设阶段

随着市场机制地位的逐步确立，企业的私人利益与社会的公共利益开始分化，政策或制度整合与利益协调的功能不再单靠思想或政治教育等传统的管理措施来实现，产学研合作教育的制度化由此启动，其标志是 1987 年国家教育委员会出台并由国务院批准转发《关于改进和加强高等学校学生实习和社会实践工作的报告》。

1984 年 10 月，中共中央通过《关于经济体制改革的决定》并提出建立具有中国特色的、充满生机和活力的社会主义经济体制，市场机制的中枢地位逐渐形成。1985 年 5 月，中共中央颁发《中共中央关于教育体制改革的决定》（以下简称《决定》）。《决定》认为，"不少课程内容陈旧，教学方法死板，实践环节不被重视，专业设置过于狭窄，不同程度地脱离了经济和社会发展的需要，落后于当代科学文化的发展"。《决定》同时强调，"在国家统一的教育方针和计划的指导下，加强高等学校同生产、科研和社会其他各方面的联系"，"建立教学、科研、生产联合体"，"使高等学校具有主动适应经济和社会发展需要的积极性和能力"。在《决定》的指导下，产学研合作教育不仅在教学计划中得到了安排，在保证实验、实习条件方面也做了很大的努力。例如，浙江大学建立起教学、科研与生产相结合的新机制，学校先后建立起了 17 个研究所，有 630 多名专职科研人员和800 多名兼职科研人员；也有一些院校学习、借鉴国外大学的先进经验，采用"一年三学期，工学交替"的模式进行产学研合作教育的试验。但是，由于经济体制改革的逐步深入和市场机制地位的逐步确立，企事业单位有了较大的自主权，通过行政命令或指令性计划安排学生实习或要求企业与学校合作培养人才的做法行不通了，于是出现了校外实习困难的普遍性问题。

为此，1987 年国家教育委员会出台并由国务院批准转发了《关于改进和加强高等学校学生实习和社会实践工作的报告》（以下简称《报告》）。《报告》分析了当时实习中存在的问题，明确了对高等学校学生实习和接受实习单位的要求，要求切实加强对实习工作的管理、指导、协调，加强实习基地建设，合理解决实习经费开支等问题。《报告》的出台使学生校外实习和社会实践单位难找、实习形式化等问题有所缓解，对我国产学研合作教育的有序与顺利推进产生了积极影响。与此同时，有关专家也指出，学生校外实习与实践虽然情况有所好转，但很不理想。实际上，《报告》更大的意义在于国家在产学研合作教育制度化方面的努力和尝试，它标志着我国产学研合作教育的制度化进程正式展开，其最主要的表现是一系列高等教育法律法规的出台，以及其中许多相关规定所体现的对产学研合作教育的重视。例如，《职业教育法》（1996 年）第三十七条规定，"企业事业组织应当接纳职业学校和职业培训机构的学生和教师实习"。《高等教育法》（1998 年）第十二条规定，"国家鼓励高等学校与科学研究机构以及企业事业组织之间开展协作"。《教育法》（2006 年）第四十七条规定，"国家机关、军队、企业事业组织及其他社会组织应当为学校组织的学生实习、社会实践活动提供帮助和便利"。这些法律法规推动了我国产学研合作教育逐步走向制度化与规范化。

在实践方面，我国政府与高校积极探索和开展产学研合作教育。2000 年，政府启动了国家大学科技园建设。国家大学科技园是高等学校产学研结合、为社会服务、培养创新创业人才的重要平台。大学科技园不仅可以培养和引进一批高素质的科技型企业家、高层次工程技术人才和其他应用型人才，也为工程专业学生校外实践、实习与创业提供了较好的基地和平台。2001 年，教育部、国家计委正式批准北京大学等 35 所高校试办示范性软件学院，对高等工程教育的体制机制和人才培养模式进行改革与试验。《教育部、国家计委关于批准北京大学等有关高校试办示范性软件学院的通知》（教高［2001］6 号）明确要求，示范性软件学院要以推动产学研紧密结合为基本办学模式。10 多年来，国家示范性软件学院积极探索和实践各种有效的产学合作模式，与国内软件企业、跨国公司、外国软件企业、事业单位、金融机构等进行广泛而有效的合作，与企业联合制定培养目标和方案，共建课程与开发建材，共建实验室和实训实习基地，合作培养培训师资等，为推动我国产学研合作教育起到了示范作用。在工程教育实践中，我国高校探索与实践共建课程、订单培养、校企联合培养、工读交替、顶岗实习等各种有效的产学研合作教育。

1987 年，时任浙江大学校长路甬祥在浙江大学推行"本科生厂校联合培养"试点，培养工程型本科生。华中科技大学、大连理工大学、天津大学、同济大学、华南理工大学等教育部直属重点理工科院校都在产学研合作教育方面进行了积极有效的实践。值得注意的是，许多职业技术院校都自觉地把产学研合作教育当成自己的立校之本。1999 年，宁波职业技术学院建校伊始，就与企业开展了工学交替式的产学研合作教育。2002 年，深圳职业技术学院形成了多动力的产学研合作教育推进模式。

4. 产学研合作教育拓展与深化阶段

2005 年国务院发布《关于大力发展职业教育的决定》及 2006 年 11 月教育部和财政部正式启动的"国家示范性高等职业院校建设计划"是产学研合作教育深化的两个重要标志，因为二者进一步显示了政府对产学研合作教育的高度重视。《关于大力发展职业教育的决定》明确规定，职业教育改革发展的目标是校企合作、工学结合，要大力推行工学结合、校企合作的培养模式，改革以学校和课堂为中心的传统人才培养模式。

《国家中长期教育改革和发展规划纲要（2010—2020 年）》（以下简称《规划纲要》）高度重视产学结合在培养高素质工程技术人才中的作用。《规划纲要》开篇提出，教育要"与生产劳动和社会实践相结合"；"加强实验室、校内外实习基地等基本建设，强化实践教学环节"；"创立高校与科研院所、行业企业联合培养人才的新机制"；"推行产学研联合培养研究生的'双导师制'"等。至此，产学研合作教育已成为我国经济与社会发展的一项重要国策。

为了贯彻落实《规划纲要》，使我国由工程教育大国迈向工程教育强国，培养与造就一大批创新能力强、适应经济社会发展需要的高质量工程技术人才。2010 年 6 月，教育部联合有关部门和行业协（学）会在天津启动"卓越计划"。卓越计划明确提出了创立高校与行业企业联合培养人才的新机制，它的推进措施也充分体现了产学研合作教育的要求。例如，创立高校与行业企业联合培养人才的新机制，企业由单纯的用人单位变为联合培养单位，高校和企业共同设计培养目标，制订培养方案，共同实施培养过程。以强化工程能力与创新能力为重点改革人才培养模式。在企业设立一批国家级"工程实践教育中心"，学生在企业学习一年，"真刀真枪"做毕业设计。教育界与工业界联合制定人才培养标准。2010 年 12 月，国务院办公厅印发了《关于开展国家教育体制改革试点的通知》（国办发［2010］48 号），正式启动教育体制改革，改革高等学校办学模式，推进产学研合作教育。这些政策文件的出台推动了我国产学研合作教育在实践中的拓展与深化。

2010 年 6 月，教育部批准清华大学等 61 所高校为第一批"卓越计划"实施高校，探索产学研合作教育等人才培养方面的创新实践。各试点高校根据自身情况，选择工程专业为试点，积极与工业企业合作进行产学研合作教育，培养卓越工程师。教育部、中国工程院商定，2010 年起在北京大学、清华大学、中国科学技术大学等高校和中国工程物理研究院、钢铁研究总院等工程科研机构开展联合培养博士研究生试点工作，探索具有中国特色的高层次创新型工程科技人才培养模式。

《规划纲要》的制定，"卓越计划"的推行，教育体制改革的正式启动及各高校实践中的积极探索，标志着我国产学研合作教育已进入拓展与深化时期。

通过新中国成立以来，特别是改革开放以来的实践与探索，我国产学研合作教育的格局基本形成，其重要性逐渐成为全社会共识。对实践教学的认识由验证理论向培养实践能力、综合能力、创新能力转变。首先，国家把产学合作教育作为国家经济社会的发展战略，使产学研合作教育获得了前所未有的重视。2010年颁布的《规划纲要》，把产学研合作教育视为提高我国工程教育质量、培养创新人才和建设创新型国家的重要举措，产学研合作教育作为我国经济与社会发展的一项重要国策而获得政府的高度重视。其次，企业积极参与产学研合作教育，探索和形成了多层次多类型全方位参与的产学研合作教育模式，培养了一大批适应国家经济建设的创新型、实用型人才，推动了我国创新型国家的建设。再次，产学结合成为工程教育教学的有机组成部分，学校积极开展产学研合作教育，主动与企业沟通，设立了产学研合作教育委员会等管理与协调机制，管理与协调产学研合作事务。最后，越来越多的学生及其家长逐渐认识到产学研合作教育对培养创新能力、实践能力的重要性，积极参与和支持产学研合作教育。

2.3.2　国外产学研合作教育研究

国外产学研合作教育是工业革命后工程教育满足产业需求与挑战的产物。当时，社会各界普遍认识到，注重知识和理论的传统工程教育模式已不能适应产业发展对于人才的需要。英国在工业革命后期就有了学校与产业间合作培养工程技术人才的实践。例如，英国桑德兰技术学院于 1903 年在工程和船舶建筑系中实施了"三明治"教育。1905 年，产学合作教育的概念被正式提出并形成特定内涵。同年，美国辛辛那提大学工程学院教务长赫尔曼•施奈德（Herman Schneider）提出工读课程计划，后来被称为合作教育计划（Co-operative Education Program）。施奈德有一句名言：要想把学生培养成为一名工程师，就得为他提供作为一名工程师的实践机会。他设计出一种教育方法，就是学校与产业部门合作，学生用一定的时间在校学习科学技术的理论知识，用一定的时间到产业部门从事所学专业有关的生产劳动，用劳动所得支付学费。施奈德将合作教育理论付诸实践，获得成功并被学校认可。随后，其他一些高校也相继实施了产学合作教育人才培养模式。迄今，美国实行产学合作教育的高校已有 900 多所，约占全美高校的 1/3。近百年来的实践证明，产学合作教育方式具有强大的生命力。

美国国家合作教育委员会（NCCE）认为：合作教育是一种独特的教育形式，它将课堂学习与在公共或私营机制中有报酬、有计划和有督导的工作经历结合起来；允许学生跨越校园界限，面对现实世界去获得基本的实践技能，增强学生的自信并确定职业方向。加拿大合作教育协会（CAFCE）认为：合作教育计划是一种形式上将学生理论学习与在合作教育企业机构中的工作经历结合起来的计划。通常的计划是提供学生在商业、工业、政府与社会服务等领域的工作实践与专业学习之间定期轮换。世界合作教育协会认为：合作教育就是将课堂上的学习与工作中的学习结合起来，学生将理论知识应用于现实的实践，然后将工作中遇到的挑战和见识带回学校，促进学校的教与学。

美国的产学研合作教育人才培养有两种模式：辛辛那提模式和安提亚克模式。辛辛那提模式侧重强调技能学习，从而有利于学生毕业后充分就业，并主张将合作教育限定在应用学科内开展。而安提亚克模式侧重强调"全人"教育，认为合作教育是培养"全人"最有效的模式，每个毕业生都应当具有在多个社会生产领域和部门工作的经验。美国开始倾向于"全人"教育，重视发展学生的兴趣、爱好、能力、专长、人格等方面的价值，注意学习期间学生的工作经验对其一生发展的影响。美国的产学研合作教育有其独到的特点，最早的有关产学研合作教育的研究成果也许可以追溯为 1946 年美国职业协会发表的《合作教育宣言》，它最大的贡献是第一次给合作教育下了定义，认为合作教育是一种将理论学习与真实的工作经历结合起来,从而使课堂教学更加有效的教育模式。这个定义至今都对产学研合作教育的研究有一定的影响。

日本从 20 世纪 60 年代初便着手推动产学研合作教育的发展,日本政府认为,大学的教育与学术研究必须与产业界有机结合,日本政府在推动产学研教育方面采取了许多重大的举措,如建立了一系列行之有效的规章制度。1983年日本制定建立了大学与企业共同研究的制度,经过二十多年的发展,日本又建立了委托研究制度、委托培训制度、捐赠奖学金制、捐赠讲座、研究室制度等,这些政策法规的出台,有利于规范高校、企业和科研单位的行为,保证产学研合作教育的顺利进行。日本的产学研有一个显著的特点是"官产学研"合作,非常重视教育立法,其相关法规较为完善。1996 年 7 月,制定了《科学技术基本计划》,将产学研合作教育当做一项基本国策,随后又先后制定了《教育基本法》、《学校教育法》、《社会教育法》等,而且对相关制度做了进一步的完善和补充。

英国的产学研合作教育由全国性的教学公司进行组织,企业和高校共同提出项目申请。项目合作方由企业、高校和项目经理构成,项目经理由 22～26 岁有志于服务英国的优秀大学生担任,配备完善的培养措施,有利于为企业培养高质量的应用型人才。教学公司在促进高校与产业合作教育中起了催化作用,其设置的项目兼顾了产业界与高校的需求和利益,有利于为高校争取更多的科研经费,扩大了高校办学的规模和效益。对于企业,可以解决生产上迫切需要解决的问题,节省经费,同时有利于吸纳优秀的应用型人才为企业服务。

综合近年来研究高等工程教育产学研合作的论著,国内外学者对产学研合作教育的模式和人才培养体系创新的研究已经成为热点。世界各国都在采取各种措施和手段,调动产学研参与各方的积极性和主动性,不断探索产学研合作教育的新模式和新体系,培养适应国家自主创新需要的高等工程教育人才。

面对国际竞争和本国经济社会发展对创新型工程科技人才的需要,各国政府都积极介入,推动产学研合作教育。首先,成立专门委员会,调查产业发展要求,评估产学研合作教育现状,为国家推动产学研合作教育献计献策。例如,1986 年,英国成立工业和高等教育委员会,以"鼓励工业与高教合作,并向政府提供合作双方的共同意见",并在 1987 年发表了《走向合作:高等教育—政府—工业》报告;1991 年 6 月,美国劳工部成立 SCANS(The Secretary's Commission on Achieving Necessary Skills),并发表《职场要求学校做什么》报告;2003 年,韩国国际教育合作部门发表《促进"产学合作"的若干项措施》报告。然后,推出产学研合作教育促进计划与政策。1973 年,韩国制定"产学合作"政策,并把其写入《产业教育振兴法》。英国制订"CAF-CE 计划",规定除企业拿出奖学金送研究生到大学学习,大学本科毕业班到企业实习,研究生也可在企业高级人员指导下完成论文。在德国，政府设立"产业合作委员会"对企业和学校双方进行控制和监督。加拿大设有支持与推进加拿大产学研合作教育的加拿大合作教育协会（Canadian Association for Co-operative Education，CAFCE），协会在加拿大各省还设有分会。英国专门成立"培训与企业委员会"（TFC）以促使企业积极参加产学研合作教育。最后，通过经济激励政策推进产学研合作教育。主要有拨付专项资金用以开展校企之间的合作，如美国联邦政府 1962～1992 年为合作教育基金拨款 3 亿多美元，用于启动加强和改进产学合作教育；制定税收、补贴等方面的优惠政策；设立鼓励单位和个人参与产学合作的奖金，如英国政府设立了"教育与工业或商业联合奖"，用于奖励取得成效的大学与公司联合体。

发达国家和地区普遍重视通过立法来规范与引导产学研合作教育。通过中央和地方立法机关制定法律法规，使产学研合作教育有法可依，有法制做保障。这方面法律包括四个方面：

（1）制定与通过产学研合作教育法律。例如，韩国 1973 年制定了《产业教育振兴法》；美国政府 1982 年制定了《职业训练合作法》，1994 年 5 月又签署了《学校至职场机会法案》（School to Work Opportunities Act）等。

（2）各国高等教育基本法都对产学研合作教育问题进行详细或原则性规定。例如，美国 1962 年制定的《职业教育法》和 1994 年的《2000 年目标》、德国 1969 年颁布的《职业教育法》和《高职教育促进法》、法国 1984 年颁布的《高教指导法案》和随后颁布的《高等教育法》等高等教育方面的基本法，都对产学研合作教育、企业与学校合作培养人才问题进行了详细的或原则性的规定。

（3）在企业法、经济法和税法等相关法律中对企业参与产学研合作教育进行规定与规范。例如，德国早在 1889 年就制定了《工业法》，规定校企合作采取"双元制"形式，同时在《企业宪法法》、《青年劳动保护法》、《劳动促进法》、《手工业条例》等法律中对企业参与产学合作教育相关问题进行了规定；日本也制定了《工厂法》、《职业介绍法》、《职业安定法》、《雇佣对策法》、《职业训练法》、《职业能力开发促进法》等法律对企业参与校企合作问题进行了规定。

（4）通过制定准入制度和工程专业认证制度促进产学研合作教育。例如，韩国于 1973 年颁布了《国家技术资格法》，并执行配套的国家技术资格测试（NTQT）制度。《国家技术资格法》规定高等学校毕业生必须在国家技术资格考试中合格，学校才能向用人单位推荐，所以该法不仅是对产学合作模式人才培养所提出的标准，同时也是对产学合作的一种推动。

发达国家和地区普遍重视听取企业和行业有关教育和产学合作教育方面的意见和建议，重视企业参与和行业指导的作用。通过设立委员会，并积极邀请企业和行业协会的代表加入委员会，以促使企业和行业代表积极参与和指导产学研合作教育。例如，德国设有"产业合作委员会"，美国设有"高校—企业关系委员会"，法国成立了"教育—企业工作战线"，英国专门成立了"培训与企业委员会"，我国台湾地区成立了6个"区域产学合作中心"。通过参与委员会或中心，企业和行业的意见和诉求得到了表达，并对产学研合作教育进行管理与指导，这无疑对产学研合作教育的发展具有积极的影响。

在发达国家产学研合作教育中，强调学校的主导作用，设立协调管理机构，推动产学研深度融合与一体化。学校处于学生与企业或行业之间，起中介作用，对产学研合作教育具有重要的作用。发达国家和地区非常重视学校主观能动性的发挥，为了更好地促进和管理产学研合作教育，要求学校或学校自觉地设立协调与管理产学研合作教育项目的专门机构，这种专门机制采取三种形式。第一种形式是北美地区普遍采用的学校合作教育委员会，如美国和加拿大高校普遍采用的合作教育与就业指导部（Cooperative Education Career Services，CECS）。其主要职责是，为学生寻找工作机会，为用人单位寻找合格的学生；为学生提供各种培训和咨询；通过举办讲座、招聘会和约见等形式对学生进行求职培训；对合作教育情况进行跟踪与反馈。第二种形式是日本和中国台湾的协调员制度，通过任命专职协调员来负责学校、企业、学生之间的联系和协调。第三种形式是我国的董事会形式，在校企双方主管部门领导下，以学校为主，学校与产业部门的领导人组成董事会，引导企业或产业积极参与产学研合作教育。

发达国家和地区的经验是产学研三者深度融合，产学研一体化，实现三者之间相互促进。具体表现为，通过建立科技园、工程研究中心等产学研一体化形式，实现产学研三者的深度融合。加拿大政府近年来为促进产学合作教育，组织实施"研究伙伴计划"，促进了工业界研究人员和大学、国家实验室研究人员之间的合作。英国为了加强产学方面的合作教育，提出了建立科学园区的计划。

2.4　高等工程教育课程体系研究

2.4.1　国内高等工程教育课程体系研究

我国高等工程教育受苏联的影响，依照苏联高等工程教育课程体系的设置模式，根据细化的专业设置课程，课程在内容选择上偏重专业理论知识，培养学生工程实践能力的技术类知识在总体知识中所占的比例很少，这种课程体系无法满足新型工业化发展需要。国家教育部高教司和中国工程院咨询服务部等组织对我国工科毕业生的综合素质进行了一系列调查研究，结果显示，我国工程技术人才在综合素质全面发展方面存在严重的不足，具体表现在知识面狭窄、社会适应能力差、缺乏创新精神和创新能力、社会责任感差和缺少团队合作精神等方面。

随着时代和社会的进步，科技发展综合化和工程实践复杂化趋势日益明显。我国学者关于高等工程教育课程研究是在大工程观等教育理念的提出，以及创新型国家的建立背景下进行的。优化高等工程教育课程体系，对深化教学改革、提高教育质量和人才培养质量，以及促进高等工程教育的发展和适应社会变化具有重要意义。

近年来，我国高等工程教育课程存在的问题主要表现在：课程体系与教育目标在一定程度上的不相关，课程体系往往以强调学科逻辑发展的专业理论课程为主，而以问题为中心的跨学科相关性课程、人文类与实践类课程相对过少；课程门类不够完整，科学核心类、人文类课程门类过于单一，学科视野狭窄；课程内容脱离实际，在人文类、跨学科相关类课程中，没有充分引入与现实生活紧密相关且争议性强、差异性大的各种课题与内容；课程之间仍然相对独立，课程建设和课程改革一般都在各门课程的内部进行，学科壁垒依旧牢不可破。系列课程和课程群建设，还只是把相关的课程机械地组合在一起，并未真正地建立起课程间的有机联系，更没有通过整合教学内容形成新的课程。随着新知识不断出现，学校的课程也是有增无减，使学生不得不面对越来越多的课程。

我国高等工程教育的课程改革与发达国家相比存在很大差距，其中最主要的原因是课程改革指导思想的落后。长期以来，我国教育界习惯于从系统性和科学性出发组织课程及内容，较少从需求出发进行考虑。我国近 30 年高等工程教育课程改革的基本思路是在原有课程体系下的完善，而没有从根本上打破原有的课程体系。因此，无论是课程体系还是课程内容，都无法真正体现学科发展的综合化趋势和现代大工程教育观。

用工程化的视角审视我国高等工程教育的课程设置，课程目标从学科知识体系，转向工程科技与实践能力的培养，同时用一种集成化的思维去组织课程内容和课程体系，使之体现工程学科综合化的特征，并紧密整合为一体。对于课程设置的秩序，打破常规思维的方式，重新考虑课程设置中理论课与实践课、基础课与专业课之间的关系，用多维的路向创新课程模式。

我国高等工程教育课程设置改革的主要目的，是以人文的、社会的、生态的观念配合工程技术型人才的教育，为我国工业经济技术结构全面转向集约型提供复合型的、高层次的现代工程技术人才。因此，在培养各种类型工程技术人才的过程中，工程教育课程设置从原有单一的工程专业课程的传授，逐渐转变为以大工程观和大系统观为指引、工程专业课程和工程实践课程为主体、人文社科哲学类课程为辅助的课程架构体系。在课程体系结构中增加的工程实践课程，突破以往工程教育只注重"纸上谈兵"的教授习惯，强调以理论认识实践、以实践推动理论的互动教学过程。每一类课程都由一组核心课程（必修课）、一系列选修课程和相应的实践教学环节（实验课、与课程相关实践训练活动、企业性实习、社会实践活动等）组成。

另外，推进个性化培养的课程体系，建立有利于学生实行自主创新性学习、尽早参加实践和研究活动、学习和实践相结合的教学框架，形成相应的培养方案，确定相对简洁的课程结构。按照"少而精"的原则设置必修课程，学生可在教学计划之外、培养方案之内选择，促进学生专业知识结构由单一型向复合型转变。

专家学者提出解决我国高等工程教育课程问题的很多对策，从顶层设计入手，研究正确处理"专"与"博"、"学"与"用"、"做事"与"做人"间的关系。科学地构建工程本科教育课程体系，明确培养目标和规格，端正课程改革的指导思想；抓住重点和难点，寻找课程改革的突破口，同时树立现代课程建设理念，创新教学管理体制和机制。提出了基础化原则、综合化原则和产学研一体化原则，并根据高等工程教育的"两大特征"和"一个共性"提出了建设三种课程体系：公共基础课、专业方向课、专业主干课。以工程难题为出发点，以跨学科的视角来进行课程设置，充分考虑学科内的交叉融合，以工程技术和技能为主线整合工程类课程内容和知识，建立工科综合课程教学模块。高等工程教育课程改革发展的三大趋势是加强人文社科教育、注重实践环节、促进课程结构的综合化。

2.4.2　国外高等工程教育课程体系研究

美国从 1930 年推出《威肯顿报告》以来，几乎每隔一段时间就会进行一次大手笔的高等工程教育改革。1940 年和 1944 年公布了《曼哈顿报告》；1955 年全美工程教育学会发表了《格林特报告》；1985 年国家研究委员会发表了一整套有关工程教育的大型系列研究报告《美国工程教育与实践：未来技术与经济的基础》，将高等工程教育的发展置于新技术革命发展的时代背景下；1990 年提出了"回归工程"的改革口号；1994 年全美工程教育学会又发表了《面对变化世界的工程教育》；1995 年国家研究理事会发表了《工程教育：设计与适应性系统》；2004 年发表了《2020 工程师：新世纪工程的愿景》，2005 年发表了《培养 2020 的工程师：为新世纪变革工程教育》。这几次重大改革的基本思想都是要求改变美国的工程教育，使学生具备良好的工程素质。在高等工程教育课程体系改革方面，美国开始充分考虑围绕现代工程存在的物质环境和人文环境，以及社会的现实利益和人们长期发展的利益，在课程体系中开始增加一些必要的人文社会科学和自然科学知识，设置综合化的课程体系，拓宽学生的知识层面，并要求工程技术人才不仅要具有扎实的理论基础，而且要具备解决实际工程问题的实践能力，课程体系中也融入了培养学生动手能力的工程训练课程。

德国高等工程教育课程体系最显著的特点是理论与实践相结合。课程体系分为两个阶段：基础学习阶段和专业学习阶段，实践活动在专业学习阶段进行。基础学习阶段主要学习数学、自然科学及经管和人文社会类的知识，培养学生科学文化基础，以前期考试的情况确定基础学习是否达标，通常为两年半到三年。专业学习阶段是在基础学习达标的情况下继续进行学习的阶段，学习的内容包括专业大课、实验室工作、小组课程设计和毕业设计等。德国高等工科院校规定学生在校期间必须完成一定课时的生产实习，实习表现合格者才有资格参加毕业考试。学校为培养出同时具备扎实的理论知识和熟练的操作技能的工程技术人才，极为重视学生的实践过程，将实践课程在高等工程教育课程体系中所占的比例进行了量化规定，如亚琛工业大学安排了 400 课时课程，其中实验课占总学时的 40%。德国还在高等工程教育课程体系中安排讲座，聘请专家面向全体学生进行讲座，讲座的内容由专家自行决定，将最前沿的科技信息传授给学生。

德国高等工程教育课程体系的特征是理论与实践结合。从课程设置上，德国高等工程教育与其他系列的区别在于，课程的开发源于对企业现状、技术与产品未来发展趋势的分析，并邀请一定企业界人士共同参与。

综观世界高等工程教育近年来的实践，可以清楚地看到，许多教育发达国家在这方面所做的努力。近十年来，欧洲工程教育相继实施了三项大型改革计划，即 H3E（Higher Engineering Education for Europe）计划、E4（Enhancing Engineering Education in Europe）计划和 TREE（Teaching and Research in Engineering in Europe）计划。这些计划重点阐述创新课程体系主题，分析研究了其结果导向、课程创新和自主选择的核心改革思想与举措。E4 计划的创新课程体系是促进实践性，形成与提升就业力相关的改革思路。其专题报告以"关注雇主需要、创新课程体系、提升就业能力"为目标，提出了创新欧洲工程教育课程体系的实践方案"创新工程教育课程"，成为欧洲工程教育创新改革的核心内容与重要基准。

英国高等工程教育十分重视课程体系与教学内容的整体优化，英国大学工程教育在课程设置和学习内容的选取上均有明确的专业指向性，每门课程及其内容的选取始终紧扣专业的培养目标。课程体系没有基础课与专业课之分，只有先修与后修之别。先修课主要是为后续课程服务，尽量避免知识的冗余。

美国理工科大学课程改革中有两个主要趋势：一是优化科学核心课程、发展人文课程和跨学科相关课程，以促进通识教育的发展；二是关注实践性教育，以促进学生科研能力、团队协作能力的发展。麻省理工学院和斯坦福大学的工学院分别是 2003 年全美排名第一位和第二位的工科学院。在大工程观的背景下，这里对麻省理工学院与斯坦福大学工学院进行比较研究，总结它们在课程设置方面的不同特点和共同点。麻省理工学院的结构体系型课程设置模式，在课程设置上重视课程结构的建设，通过对课程性质、类型、学科领域及其相互关系的规定，实现大工程观所要求的现代工程师的培养目标。斯坦福大学的内容体系型课程设置模式，在课程设置上重视课程内容的建设，通过课程内容的整合优化及其内在关联性的建立，实现大工程观所要求的现代工程师的培养目标。虽然两者课程设置的侧重点不同，但都以现代大工程观的工程教育理念为指导原则，注重学生基础知识的学习；注重学科的交叉和融合，为学生提供多学科的综合知识背景；重视对学生实践能力的培养，加强教学实践环节。

日本筑波大学从 20 世纪 60 年代初开始，就提出工程教育应该"从单纯技术型向社会性综合大工程型转变"的思想。为了实现这一思想，筑波大学实行了新的学群和学类制度，学群好比一所小型的综合大学，涉及人文、社会、自然三个领域，以便使学生接受全面教育。学类相当于某所大学的学部或一所单科大学，学生在新的教学组织即学群和学部里，可以广泛地接触不同专业，了解各专业之间的相互联系，不再是学文的不懂理工，学电的不懂机械，从而打破了过去大学专业之间的隔绝状态。

2.5　产学研合作人才培养体制与机制研究

2.5.1　国内产学研合作人才培养体制与机制研究

我国高等工程教育产学研合作人才培养的开展，可以上溯到新中国成立初期我国许多重大科技攻关项目的成功组织，如"两弹一星"的研发成功及我国航天科技的发展等，这些项目都是按照国家的战略需求，由学术界和产业界联合攻关的产学研合作协同创新的成果。"两弹一星"元勋钱学森、钱三强、王大珩等老一代科学家是我国产学研结合培养工程科技人才的开拓者和践行者。王大珩院士早在 1958 年就十分鲜明地提出了"两个三结合"的办学思想，即校内的"教学、科研、生产"三结合，校外的"学校、研究所、工厂"三结合。此后，我国产学研合作的理论研究和实践取得了丰硕的成果。

我国学者对高等工程教育产学研合作人才培养的研究，主要关注以下几方面：高等工程教育产学研合作人才培养的重要性及其作用；产学研合作人才培养的创新主体；利益分配及激励机制；产学研合作人才培养模式；科技成果与知识产权保护；产学研合作人才培养的运行机制；产学研合作人才培养存在的问题等。

（1）产学研合作人才培养的重要性及其作用的研究。目前，我国学者对于产学研合作人才培养的重要性及其作用的见解基本一致，认为产学研合作可以结合高校和科研院所在人才、科技等方面的资源优势，与企业在资金、市场等方面的优势互补，使人才的培养、科技的开发在合作中得到有机结合，有效地提高企业的创新能力，提高高校人才培养的质量，双向地解决就业和招工问题。产学研合作是高等工科院校以企业对人才需求为导向，培养人才的必由之路。

（2）产学研合作人才培养的创新主体的研究。我国学者的普遍观点是：高等工程教育产学研合作培养人才，是政府主导、高等学校与企业共同参与的一个较大而复杂的系统工程。在产学研合作中，高校应当是产学研合作人才培养的主体，而企业是提供工程实践与技术创新的主战场，政府是产学研合作所需的外部环境的营造者，中介机构发挥着产学研合作各方之间的桥梁和润滑剂的作用。

（3）利益分配及激励机制的研究。实现产学研合作人才培养的目标，必然会得到相应的收益，包括：既得经济效益，主要指合作带来的商业利润和人才供给；市场的改善，主要是指企业拓展新市场及原有市场份额的提高；创新能力的提高，主要是指合作各方的技术竞争力的提高和管理创新的经验积累。很多学者对利益分配及激励机制做了深入的研究，有些专家运用对策理论，分析并建立了利益分配模型。应用 Shapley 值法对产学研合作的利益分配机制进行了分析，从产学研合作的模式选择的角度分析了利益分配策略。认为产学研合作各方都是利益分配的主体，可以将利益分配机制作为产学研合作的核心。研究利益分配的出发点是解决产学研合作中对利益的不合理分配问题，如确定利益是谁主要创造的、合作各方对利益及其增长贡献的大小等。产学研合作的实质是合作各方利益的一体化。良好的利益分配机制，不仅体现在利益分配上公平合理，还体现在合作主体共同参与、决策和监督利益的获取方式。

（4）产学研合作人才培养模式的研究。高等工程教育产学研合作是以人才培养为目的，企业、高校及科研院所在功能和资源上的优势互补。由于产学研合作运作的复杂性，其合作运行模式也具有多层次、多样性的特征。我国学者对产学研合作运行的模式进行了分类，有学者将产学研合作人才培养运行模式分为："企业大学计划"模式、"教学、生产一体化"模式、"衍生孵化"模式、"职业认证"模式、"行业共建"模式、"双主体"模式。也有学者研究构建了"共定人才培养方案、共建实践基地、共同培养建设师资、多方驱动成功转化"的"四驱互动式"的产学研合作人才培养运行模式。

（5）科技成果与知识产权的保护的研究。在产学研合作中，大学会接受企业赞助的研究经费，因此大学科研和学术的开放性可能会受到限制，产学研合作的科技成果的转化及其相关的知识产权的保护也成为产学研合作的聚焦点。知识产权的保护问题是产学研合作能否长期、稳定、高效地开展的关键问题。在第四届中国产学研合作（北京）高峰论坛暨 2010 中国产学研合作促进会年会上，产学研合作与知识产权问题得到极大关注，并为此召开了分题论坛。其实早在 1996 年，知识产权保护问题就已经得到了我国学者的关注，在提出构建产学研的利益机制框架的构建原则及利益分配方式的同时，探讨了知识产权的归属与保护问题。

专家学者认为，要理顺利益关系，使利益分配方式适应合作关系的发展，有效地保护知识产权。合理选择合作伙伴及利益分配的方式；通过订立合法的合同来规范产学研合作中各方的行为。要预防产学研合作中出现的不同形式的争议，产学研合作各方（尤其是知识产权的创造方），要增强知识产权保护的法律意识，并尊重合作各方的合理利益，通过加强合同管理，充分利用社会中的中介机构的力量，来减少知识产权争议。通过对产学研合作创新过程及其中诸要素的分析，细化了产学研合作与自主知识产权之间的关系，并确立了建立以自主知识产权为核心的技术系统，提升企业核心竞争力的发展道路。将知识产权的归属分为三类：国家主管部门和产学研合作各组织体之间、产学研合作各主体之间及产学研合作各主体与内部人员之间，并从这三个方面探讨了产学研合作中的知识产权归属制度。

（6）产学研合作人才培养的运行机制的研究。产学研合作人才培养的运行机制，是产学研合作的内、外部各要素之间相互作用的工作方式和运行原理的总称。探索并构建良好的产学研合作的运行机制，能有效地保障产学研合作人才培养的顺利进行。综合各家的研究观点，产学研合作的运行机制包括很多要素，可概括为四种：决策与管理机制、保障与激励机制、调节与约束机制、运作与发展机制。在探讨我国高校与企业进行产学研合作的历程及其特征，分析高校产学研合作的三种模式（技术协作模式、联合型合作模式和一体化模式）的基础上，提出产学研合作的运行机制：发挥政府的催化作用；提倡高校的带头作用；坚持企业的主导地位。在分析了市场引导下的产学研合作联盟类型的基础上，构建了产学研合作联盟的运行机制为学习共享与沟通机制、利益分配与激励机制、风险管理与监控机制。并提出了其优化方案：以市场需求为导向，关注产学研合作的研究成果的经济效益；社会资本多元化，提高研发投入；注重成果的二次创新，以保持其延续性；增强企业吸收"学、研"的技术创新的能力。

（7）产学研合作人才培养存在的问题的研究。我国产学研合作人才培养存在的问题大致可分为两类：一是产学研合作人才培养本身还不够完善的问题，如政府政策导向的完善，中介机构的专业能力不足且服务意识差，产学研合作人才培养的运行机制僵化，产学研合作教育的规律认识不足等；二是由产学研合作人才培养引发的问题，如合作各方的利益分配不合理，科技成果产品化的中间过程缺乏有效的管理，产学研各方的评价标准不一导致人员交流障碍，产学研合作的一体化对高校独立自由精神的侵蚀等问题。

随着我国产学研合作人才培养的进行，以及相关研究的深入，我国学者对产学研合作人才培养的研究，也从最初的关于其必要性和重要性及合作创新主体等较浅层次的问题，逐渐深入到实质性的产学研合作人才培养的运行机制，以及存在问题的解决办法等课题上来。

2.5.2 国外产学研合作人才培养体制与机制研究

1862 年美国国会通过《莫里尔法案》（Morrill Land-Grant Acts），该法案规定，联邦政府国会议员必须用通过获赠土地所得的收益至少资助一所学院，而该学院必须开设与农业和机械相关的课程，为西部工农业的发展培养所需的专门人才。《莫里尔法案》的通过被认为是产学研结合进行人才培养开始萌芽的标志。Hatch 法案（1887）和 Smith Lever 法案（1914）也以不同的方式鼓励高校进行各产业界需要的各种实验与应用研究。

1951 年斯坦福大学采纳教务长 Terman 教授的建议，将学校闲置的一些土地租赁给某些电子公司，条件非常优惠，并让他们与学校建立合作关系，向学校提供研究项目并给予学生在公司实习的机会。由此形成了斯坦福工业园，开创了大学与企业共同创业的高技术产业模式。斯坦福工业园作为产学研合作的典范，最终发展成为世界电子工业的中心——硅谷，合作的领域也逐渐扩展到其他工业领域，如生物制药、矿业等。

与此同时，产学研合作人才培养也逐渐成为各国关注的课题。课题的研究重心逐渐偏向高校与企业应该如何开展合作。1989 年，Geisker 和 Rubenstein 将产学研合作人才培养的研究文献分为以下六项：合作各方在合作的目标和任务上存在的本质不同；合作的组织结构和政策上的不同；不同研究人员在哲学、导向和兴趣上的不同；关于合作的成效与合作机制的研究；分析产学研合作对产业界、学术界的利弊；产学研合作人才培养成果的评估等。

1987 年英国的弗里曼（Freeman）教授在 *Technology Policy and Economic Performance：Lessons from Japan* 一书中研究了产学研合作的模式，在对日本考察分析的基础上，首次提出了"国家创新系统"的概念。国家创新系统是政府、高校、企业、科研院所和中介机构之间为寻求一系列共同的经济和社会上的目标而相互作用，并将创新作为改革和发展的关键动力的网络系统。其主要功能是实现优化创新资源的配置，协调国家的创新活动。因此，创新成为一种国家行为，而不仅仅是一种产学研合作三方的行为。

20 世纪 90 年代中期，美国的埃茨科维兹（Etzkowitz）教授首次将生物学领域的 DNA 分子的三螺旋模型引入社会科学领域，弥补了传统的创新理论在结构性上的不足。1995 年，埃茨科维兹教授与荷兰的雷蒂斯托夫（Leydesdorff）教授一起提出了大学—产业—政府的三螺旋模式，在学术界引起了巨大的反响。该模式形象地描述了学术界、产业界和政府三者之间的相互关系，三方协同进步，有利于增强它们各自的功能。

　　1996 年 1 月，在荷兰首都阿姆斯特丹召开了主题为"大学与全球知识经济"的国际研讨会，会议上研讨了产学研合作中政府、企业与大学（即官产学）的关系，三者构成了创新制度环境，并以市场需求为纽带联系起来，形成三股力量交叉互相影响的三螺旋关系。与以往的产学研合作模式相比，这种模式有了更多的政府层面的考虑，这为产学研合作的开展奠定了更坚实的理论基础。迄今，已经就三螺旋模式召开了八次国际会议，三螺旋模式不断丰富和发展，最近一次的三螺旋模式的国际会议于 2010 年在西班牙马德里召开，其主题为三螺旋模式在知识型城市建设和区域发展中的作用。

　　在产学研合作人才培养模式的实践层面，国外学者一般采用实证研究的方法，即对产学研合作人才培养实践领域的问题进行经验总结，从而归纳出一些具体的合作模式。美国产学研合作模式的重要特点就是高校与企业开展合作研究，有学者将其合作模式概括为合作教育模式，典型的有"斯坦福—硅谷"模式——科技园与创新中心模式、NSF 模式——政府引导型模式、辛辛那提模式等。企业资助大学科研的方式有提供资金上的援助、提供科研设备、支付薪金设立教学或研究的职位等。在美国产学研合作中，大学参与企业科研的合作方式也占较大比例。

　　双元制教育模式是德国产学研合作人才培养模式的典范。该模式起源于德国职业技术教育，并集中于专科层面，其基本的组织构架与运行方式是：由企业提出初步的以市场为中心的产学研合作计划，包括合作项目、目的、方式、时间期限、资金投入与保障、合作各方的职权等，经过与相关高校的磋商，最终形成各方均能接受的执行方案。

　　英国的产学研合作模式主要是通过政府制定各种优惠政策，鼓励企业尤其是中小型企业加大在高新技术上的投资，并使之通过与高校合作来提高竞争力。其典型的合作模式有企业职工教育培训模式、沃里克模式、教学公司模式和"工学交替"的人才培养模式等。

　　在日本的产学研合作体系中，政府的地位尤其突出，因此人们习惯将其称为"官产学"合作，日本政府十分重视产学研合作的法律体系建设。日本产学研合作的一个重要模式是共同研究和委托研究方式。近年来，日本企业和高校共同研究和委托研究的项目数不断增长，尤其是共同研究项目数量有大幅度的增长。

　　对于产学研合作人才培养的机制，国外有学者研究得比较深入，主要集中在产学研合作的障碍解决机制、动力形成机制、利益分配机制和沟通机制等方面。Donald 等在其论文中指出，影响大学和企业间的技术转移的障碍主要在于文化冲突、利益分配的不合理、机构灵活性的缺失及高校技术转移机构管理的失效等。Kathleen 等分析了影响大学新技术的产业化效果的主要因素，并提出解决这一问题的方法就是要构建合作的网络环境。施莫克乐（Schmookler）等提出了"Market-Push"（市场拉动）的观点。在市场拉动模型中，创新过程中成果的产品化其实并没有如某些学者所强调的那么重要。他用大量的实证统计表明，创新是企业为适应市场的需求而进行的一种经济活动，因此会受到市场需求的影响和制约。企业是否会主动采取联合大学的方式，首先取决于市场需求。如果市场没有需要，而且市场中不存在竞争，企业则无需与高校或科研院所等进行合作创新。从市场拉动模型中看，合作的动力来自市场需求及其竞争。

2.6　创新型工程科技人才培养体系研究

构建人才培养体系是高等教育改革创新最根本的任务，从根本上讲是建设创新型国家和造就创新型、创业型人才的需要，是实现"两个增长方式"的转变及适应企业对千百万创新型、创业型人才的迫切需要，是根本改革我国现有的以培养造就"死记硬背书生型、应试型，以考试成绩定优劣"人才培养体系建设的迫切需要。

2.6.1　国内创新型工程科技人才培养体系研究

国内关于工程科技人才培养体系的研究主要集中在以下几个方面。

1. 产学研合作教育类型的研究

《中国教育年鉴》（2002）指出，当前我国的产学研合作教育主要有以下几种模式：工学交替模式、预分配的 3+1+1 模式、中后期结合模式、结合实际任务模式、培养工程硕士模式、继续工程教育模式等。从目前的情况来看，我国各高校实行的产学合作教育大体上有以下五种类型：

（1）通过教育、科研和生产三结合的方式培养学生，即大学从产业部门得到科研课题，让学生参加这些课题的研究工作。

（2）大学和产业单位相互合作培养预分配的学生，即学生在大学学习 3 年后进行预分配，然后到预分配的产业单位参加 1 年的生产劳动，再回到学校继续学习与工作岗位有关的专业课程，进行相关的毕业论文或设计。

（3）学生在学习过程中多次到与学校合作的一个或多个产业单位，参加与专业内容有关的各种生产劳动（包括生产工作）。

（4）大学和产业单位固定联合，共同培养学生。

（5）工厂与学校共同培养研究生。

2. 工程实践能力培养体系

我国工科院校的工程师培养体系与西方国家相比存在一定差别，主要反映在企业和行业在工程师培养方面的责任不明确。我国学者在借鉴国外工程科技人才培养体系的基础上，不断尝试提出适合我国国情的工程实践能力培养体系。主要体现在以下三个模式。

（1）EIP-CDIO 教育模式。2005 年，汕头大学工学院在研究美国 CDIO 教育模式的基础上，结合我国国情提出了以设计为导向、将素质教育与 CDIO 四大能力相结合的 EIP-CDIO 教育模式，即注重职业道德（ethics）、诚信（integrity）和职业素质（professionalism），并与 CDIO 模式有机结合。在专业培养上以实践性和探索性的项目设计为载体，以系统观念为指导，通过多种教学因素的集成来培养学生的个人能力、团队能力、系统操控能力。在培养过程中，注重人文精神的熏陶，使培养出的工程师具备良好的职业道德、诚实正直、富有责任感。

（2）CIO-CDIO 教育模式。浙江丽水学院院长张奇在"高等工程教育 CIO-CDIO 培养模式研究"一文中，对 CDIO 工程教育理念做了进一步的拓展，提出了 CIO-CDIO 的概念，即注重复合型（compound）、创新型（innovative）、开放型（open），并与 CDIO 有机结合，使培养出来的工程师在掌握各种基本技能的同时，更加适应现代社会的要求，成为思维开放、具有创新性的复合型人才。他从课程体系、教学过程、实验室活动、评估与改进四个方面入手构建 CIO-CDIO 模型结构。

（3）"先期介入"模式。在企业产品服务中，"先期介入"是指下游用户在研究使用公司产品初期，公司就先期与用户保持有效沟通的一种服务模式。"先期介入"模式主张将学生接受教育的过程看做类似企业产品开发的过程。毕业生是高校生产的"产品"，而企业则是学校的"用户"。学校应该加强与企业的合作交流，其本质是基于学生能力的培养。学校通过"先期介入"模式在教育目标、课程设置、教师配置、学生实习和毕业设计等方面都可与企业进行沟通互动。

3. 创新与创业人才培养体系

创新与创业人才培养体系具备以下特点：人才培养是全方位的培养，在注重课内学习和实践的基础上进行课外的以检验学生运用创新知识为目的的项目培养机制。在检验学生的同时也检验教师的教学质量，具有双驱动培养模式的特点。培养方式具有层次性，并能够体现在每个科目、课程上具有循序渐进性，可培养教师、学生的教学和学习兴趣，并树立标杆，引入竞争性项目机制。

从整体来看，我国目前关于工程科技人才培养的研究，在借鉴国外先进教育理念和改革成果的基础上，主要集中在工程科技体系和体系内各个子系统的分散研究上，关于产学研合作的研究也多侧重在产学研合作过程中学生工程实践和科技成果转化方面，缺乏系统的产学研合作教育人才培养体系的构建。我国创新型工程科技人才培养体系，由于受学院式封闭办学和企业追逐利润至上的观念影响，尚未形成高等学校、科研院所、工业企业联合的集人才培养、科学研究、技术创新于一体的产学研合作教育人才培养体系。因此，如何在产学研合作教育理念的基础上，构建一套实用有效的工程科技人才培养体系，培养出更多更优秀的创新型工程科技人才，是我国高等工程教育当前面临的主要任务。

2.6.2　国外创新型工程科技人才培养体系研究

进入 21 世纪，世界各国都将创新型工程科技人才的培养作为加速科技发展、提高自主创新能力、建设创新型国家的重大战略选择，从而推动高等工程教育的改革与发展。综合世界各国高等工程教育的改革与发展，主要体现在以下几个方面。

（1）把培养创新型工程科技人才确立为高等工程教育改革的目标。国际工程教育协会联盟（IFEES）在全球范围内加强工程教育，认为当务之急是以专业知识为基础，不断增强技术技能，从而培育出一批"自适应型工程领袖"，他们能够应对这个不断变化的世界产生的多重挑战。工程科技人才培养体系应该对这些挑战作出及时有效的反应，并发展工程专业化来应对全球化的经济需求。

美国工程教育协会（ASEE）的报告指出，"工程院校不仅必须使其毕业生获得智力的发展与出色的技术能力，而且必须服从工业的引导，培养学生作为组织的一员参与工作，同时了解自己专业活动的经济、社会、环境和国际背景"。2006 年，美国科学院提出一项研究报告 *National Innovation Initiative*（NII），报告中指出，当务之急是创新的基础建设，就是培养具有领导力和创业能力的工程科技人才，使其成为数十年之后工业界的领袖，担当起保持或增进国家竞争力的重任。2009 年，针对美国面临的科技人才短缺的问题，美国将加强科学、技术、工程和数学基础教育视为人才战略的重要支柱，奥巴马倡议发起"创新教育"运动，由政府、企业和民间团体共同推动，从课外活动入手，用十年时间进一步提高美国学生的创新能力。

英国皇家工程院 2010 年发布《面向产业的工科毕业生》研究报告，提出英国需要最优秀的工科毕业生来支撑国家的未来发展，从社会层面、经济层面和全球化发展层面均是如此。2007 年英国皇家工程院出版的《培养 21 世纪的工程师》中指出，产业界需要那些具有"真实产业环境的实践经验"的工科毕业生。"产业界把理论知识运用到实际产业问题中的能力视为新员工上岗的最重要特质，包括对理论知识的理解、创造力和创新、团队合作、技术广度及商务技能等"。

欧盟委员会就资助并实施了一系列"主题网络"来加强欧洲工程教育的改革和发展。该系列主题以培养创新型人才作为工程教育的重要目标，从提升工程教育吸引力、改革课程体系、创新教学法、评估制度、工程继续教育等几个方面入手，开发高等工程教育的"欧洲维度"，推进高等工程教育的国家化。

（2）提高对工程师综合素质的要求。美国工程与技术认证委员会（ABET）对 21 世纪新的工程人才提出了 11 条评估标准：有应用数学、科学与工程等知识的能力；有进行设计、实验分析与数据处理的能力；有根据需要去设计一个部件、一个系统或一个过程的能力；有多种训练的综合能力；有验证、指导及解决工程问题的能力；有对职业道德及社会责任的了解，有效地表达与交流的能力；懂得工程问题对全球环境和社会的影响；学会终生学习的能力；具有有关当今时代问题的知识；有应用各种技术和现代工程工具去解决实际问题的能力。

综其重点，对现代工程师的素质要求主要集中在三点：一是工程实践能力；二是多学科的背景及多方面的能力；三是职业道德及社会责任感。

（3）进一步推进产学研合作教育，提高工程科技人才的实践能力。从美国辛辛那提大学创立合作教育模式至今，高等教育与科研生产相结合已有百余年的历史。随着高等工程教育不断地改革与发展，美国产学研合作教育扩大了适用范围，突破原有的科学技术领域限制，扩大至高等教育多个学科领域。

英国的产学研合作教育由全国性的教学公司进行组织，企业和高校共同提出项目申请，项目合作方由企业、高校和项目经理构成，项目经理由有志于服务英国的优秀大学生担任，通过项目的工作实践来提高运用理论知识解决实际问题的能力，从而达到培养高质量应用型人才的目的。

德国是工程教育强国，高等工程科技人才培养坚持走产学研合作道路，理论与实践相结合。这种受洪堡教育思想和早期德国重商主义的影响，既重视理论研究，又密切联系工程实际的传统模式在世界上广为运用。教师与工程师相结合，尤其是应用技术大学，要求师资既是教师又是工程师。工科教师一部分来自工程技术一线或者企业，在校的教师经常到工厂企业，去工程与生产第一线调研，了解实际情况。企业和工厂第一线的专家会受聘到大学兼职，一方面可以将自己生产实践中的经验理论化、系统化地传授给学生；另一方面可以在教学过程中，为企业寻找、培养具有工程实践能力的人才。

（4）改革课程体系，为学生提供综合课程背景。2004 年，欧洲工程教育改革研究专项小组发布了其系列化研究报告《联盟专题报告：推进欧洲工程教育》，其中第一活动专题组的"就业力与创新课程"（Activity 1：Employ-ability through Innovative Curricula），以"关注雇主需要，创新课程体系，提升就业能力"为目标,提出了创新欧洲工程教育课程体系的实践方案《创新工程教育课程》。该小组站在"科学主导"引领未来,以"回归工程"适应需要的高度,综合了通用性与专门化人才培养,提出了综合两者特征、满足多样性需求的整合型创新课程体系。目前,该方案现已成为欧洲工程教育创新改革的核心内容与重要基准。

美国在课程改革方面,注重学生基础知识的学习。在课程内容方面,注重学科的交叉和融合,为学生提供更多学科的综合知识背景;重视人文科学与社会教育,人文与社会科学课程占总学时的 20% 左右。加强教学实践环节,注重对学生实践能力的培养;教学方式上充分发挥学生的个性,培养学生的创造性和自主性。

日本东京工业大学的课程设置显示出了对人文与社会科学教育的关注,设计了楔型课程体系。主要是把人文与社会科学教育基础课,贯穿整个教育过程,像楔子一样打破了传统的"基础课—技术基础课—专业课"的三层楼设置。同时设立了社会工程系,旨在培养既有强大的技术背景,又有足够非技术能力的社会工程师。

纵观世界各国高等工程教育的改革,虽然形式多样,目的各有不同,但究其核心就是要培养具备创新能力和工程实践能力的工程科技人才,而且西方发达国家早就将目光聚焦在产学研合作教育体系的创新上。

2.7　高等工程教育教师培养体系研究

2.7.1　国内高等工程教育教师培养体系研究

高等工程教育的发展越来越突出创新精神和重视工程实践的教育。一些学者和专家从现代工程教育对教师的要求出发,针对高校工科教师目前存在的主要问题,从提高教师的工程素养、培育教师的创新教育能力和依托教学团队等几方面,关注高等工程教育教师发展及培养问题。

1. 新型工业化对高等工程教育教师提出的新要求研究

现代工业的飞速发展和经济全球化,需要高等工程教育贴近工程、回归工程,培养大批高素质的创新型工程科技人才。为适应这一要求,近几年来,各高校大力开展教学内容和课程体系的改革,全面推进素质教育和创新教育。搞好教学改革,提高教学质量,最关键的是整个教学过程的实施者——教师。教师的教育观念不及时更新,缺乏工程素养和创新教育能力,教学水平得不到提高,无疑会阻碍教学改革的进程。

随着科学技术的迅猛发展，各类工程已成为更先进、更综合、多学科交叉的工程技术学科。现代工程活动已不是简单地只考虑科学技术的应用和工程的实现问题，而是需要在思考科学和技术因素的基础之上，综合考虑环境、管理、文化等其他社会因素，并具备将科学、技术及其他各种因素进行集成创新的能力。

按照培养现代工程师应具有的基本知识与素质的实际需要，高等工程教育教师应具备以下基本特征。

（1）拥有坚实的理论基础，包括自然科学、技术科学和人文社会科学。自然科学作为通用基础课，用来奠定学生最初的知识基础；技术科学作为学科专业基础，用来加深学生对本专业的了解；人文社会科学用来弥补学生自身素质的不足，要求基础知识扎实，专业面宽。

（2）重视理论与实践的结合，注重工程实践能力培养。实践是创新的源泉，在教学中注重实践动手能力的培养，重视课堂教学和实践教学的结合。

（3）强化创新思维与能力的培养，重视创新教育。教育不能仅满足于使学生获得知识，更重要的是指导学生如何应用所学知识创造性地解决问题。创新思维是一种高度工程化的思维，科学技术的创新离不开人的创新能力，创新能力是推动科学技术、经济社会发展的原动力。工程教育应在重视学生工程实践能力的培养基础上突出创新教育。

2. 高等工程教育教师培养存在的问题研究

现代工程具有的实践性、创新性、综合性、集成性和社会性等特征，对高等工程教育提出了全新的要求，同样也决定了工科院校教师教育素质的多元性和复杂性，要求教师自身必须具备良好的工程素质、创新精神和激发学生创新思路、培养学生创新能力的教育方法。目前，高校工科教师的整体素质和水平距离要求还相差较大，主要表现如下。

（1）重理论、轻实践。中国工程教育的教师大都是直接来源于高等工科院校的毕业生，理论基础扎实但没有经历过生产或工程一线的实际锻炼，缺乏工程实践经验和足够的专业实践经历，没有工程实践的背景，难以真正做到联系工程实际问题开展教学。

（2）重科研、轻教学。教师参加科研，其最重要的意义就是通过亲身探索自然规律，实现工程应用，提高教学质量。但在现行的高校教师考核体制下，过分强调科研课题和科研论文，科研是为了完成考核指标，而教学工作却不被重视，许多大学教师为晋升职称，完成科研考核指标，不得不将大量精力花在论文和课题上，无暇顾及教学。

（3）重学历、轻教学业务能力。近几年来，高校不断加强师资队伍建设，但主要强调师资队伍中高学历、高职称的人数比例，而忽视教师教学水平的提高，尤其不重视对新引进青年教师的教学能力培养。许多青年教师缺乏教师必备的教育理论素养和实践能力，没有接受过系统的教育教学理论与实践的培训就上台讲课，对一些教学内容尚未完全掌握，更谈不上教学方法的改革和教学质量的提高。同时，无论是学校还是教师自身对工程实践能力的培养和提升都重视不够，缺乏系统的工程实践锻炼，解决工程实际问题的能力不强，师资队伍中具有工程实践经验的教师比例不断下降。

（4）缺乏创新教育能力。长期以来，教师是在应试教育体制下成长起来的，受应试教育模式的禁锢，较注重知识的传授和灌输，而不注重学生能力与素质的培养；固守于传统教学模式，缺乏创新教育的思想和理念，更缺乏创新人才培养教育的方法和创新教育能力。

3. 高等工程教育教师培养的研究

根据现代工程教育的要求，针对当前高校工科教师教育素养方面存在的问题，高校师资培养应主要考虑以下几点。

（1）提高教师工程素养。教师的工程素养包括学术研究水平、工程实践能力、创新思维能力和人文素质修养。工程实践能力是工科教师应具备的最基本的素质之一，只有通过工程实践的磨炼，才能不断提高自身的科研学术水平，形成工程创新意识，探索出创新工程教育教学方法，培养出高素质的工程人才。

（2）完善高校教师培训模式。目前，我国高校教师进校后要求参加岗前培训，但岗前培训时间短，培训内容缺乏系统性，培训模式单一，往往注重理论的学习，缺少针对性的实践指导。因此，应设置专门的教师培训机构，实行校内、校外培训相结合，不同学科和职称分类培训，聘请工程实践能力强、教学经验丰富的老教师或企业实践经验丰富的工程技术人员作为专业教师培训人员，构建高校教师培训项目体系。加强青年教师的岗前培训，通过师德教育、职业基本知识和技能的培训和测试，提高职业道德水准、工程素质和教学能力。

（3）重视教师工程背景，提倡"双师型"。为满足现代工程教育的要求，工科教师应具有工程经验、教学经验、学术水平、本专业职业资质等多元教育背景，在教师队伍建设中要力求改善具有工程背景教师的结构比例。在引进教师时，要针对工程学科的特点明确提出工程实践能力的要求，尤其是承担实习、设计等实践性教学任务教师的招聘，更要重点考察其工程实践能力。

在积极引进工程背景教师的同时，提倡"双师型"教师培养。"双师型"是指具有讲师以上职称，同时又有本专业的中级或以上技术职称，或5年以上本专业一线实际工作经历，或参加过专业技能培训合格的教师。"双师型"教师培养主要以本校教师培训为主，引进人才和聘请兼职教师为辅。

（4）通过聘请师资培训基地的相关专家或生产第一线的技术人员对在校教师进行短期培训，或通过组织本校教师在校内实训中心进行实践锻炼。也可以选派本校教师到职教师资培训基地、国内外职业技能培训机构进行培训，或到实习基地、企业第一线进行学习。

（5）加强工科教师企业培训。工科教师的企业培训主要是依托企业。通过校企合作办学，每年定期选派教师去合作企业实习，及时掌握企业生产和工艺过程，不断更新知识，提高工程实践能力。教师也可以参与合作项目的开发及员工培训，以提高研究能力和教学水平。建议国家实施"工科教师工程背景增强计划"，由中央设立专项工科教师培训资金，对工科教师进行企业培训。各高校应建立工科教师工程培养计划，针对各专业教学的需要，每年定期选派多名教师到相关企业进行学习锻炼。

（6）培育教师创新教育能力。现代教学论认为，教学过程是教与学双方互动的动态过程，教师不单纯是知识的传授者，而学生不再简单地表现为知识的"容器"，要有探求未知的强烈愿望，即创新精神。教师应该对学生的个性给予正确的引导，使其个性得到充分的发挥，即教师应具备创新教育的能力。教育不能仅满足于使学生获得知识，更重要的是指导学生如何应用所学的知识创造性地解决问题。创新教育是以培养人的创新精神和实践能力为基本价值取向，以培养创新型人才为主要目标的教育。

多年来实行的应试教育模式中，教学方法以"灌输性"教学为主要特征，这种传统的教学方法严重阻碍了学生创新能力的培养。如何使学生摆脱传统教学方式中的单一思维方式及所受到的各种思维禁锢，在教学中突出创新思维的培养，创新教育的教学手段、教学方法、教学内容如何设计等许多问题，都需要探讨和学习。为了使广大教师能较快地转变传统教育模式，掌握创新教育方法，培养创新教育能力，各学科的课程建设委员会应制订创新教育的教师培训计划，每年定期开展创新教育的教师培训班，各高校选派骨干教师参加，加强教师创新教学方法和创新教育能力的培养。

（7）依托教学团队，构建师资培养平台。教师的培养应该是思想素质、教学基本功、专业知识面、教学科研能力、创新教育能力等综合素质的培养，这种综合素质的培养单靠某一个老教师的指导和1~2年的助教过程是很难达到的，必须在教学团队的集体培养下实现。团队式培养模式就是将青年教师融入教学团队，以教学团队作为培养平台。团队根据教学改革和人才培养的需要，为青年教师制订一套科学合理的培养计划，青年教师伴随着教学团队建设和发展而成长。

（8）"纵向培养"与"横向交流"相结合。"纵向培养"即实施导师制，为青年教师配备专门导师进行传、帮、带，建立老教师指导培养青年教师制度，将有教学经验的老教师与青年教师组合，签订《青年教师培养（本科教学）指导责任书》，提出明确的培养目标。"横向交流"即成立"青年教师岗位成才小组"，定期开展教学体会和学术交流活动，实现青年教师间的横向交流。组织青年教师学习教育学和教育心理学等有关师范专业的基本知识和理论，开展说课、公开课、讲课比赛等，聘请教学名师进行评讲和指导，组织青年教师互相讨论、交流教学心得体会，共同提高业务水平。

（9）培育中青年教师骨干。制订中青年教师骨干培养计划，突出中青年教师骨干在教学改革和课程建设中的主导地位。将承担的国家和省级教学改革与建设项目分解立项，由中青年教师骨干负责项目的研究和实施。加强中青年教师骨干的科研能力培养和学术水平提高，安排中青年教师骨干加入科研学术梯队，承担教育科学研究项目教学，提高其教学学术水平。

（10）突出名师的示范作用。在中青年教师骨干中选拔德才兼备的人才，即教学能力强、学术水平较高的人才作为教学名师培养。建立名师工作室，突出名师的示范作用。要求名师参与教师培养计划的制订，每年必须承担青年教师和中青年骨干教师的培养工作；对"青年教师岗位成才小组"进行技术指导，组织青年教师开展教育思想大讨论；教学名师每年定期开设示范公开课，对青年教师进行示范教学。

一些学者针对当前我国工科教师的数量特征、结构特征、分布特征，分析总结了当前工科教师培养中存在的问题，提出了国家、高校、社会三位一体的工程教育教师培养体系。工科教师培养是国家的事业，高校是工科教师培养创新的原点和主要基地。从高等工程教育与企业、地方政府的密切合作关系上入手，为工科教师培养提供宽广的平台。国家、高校、社会三位一体，共同构成我国工科教师培养的支撑体系。

2.7.2　国外高等工程教育教师培养体系研究

美国高校教师专业发展培训如今已经进入了"协统时代"。这个时代有着不同以往的鲜明特色，对高校教师培训工作提出了全新的挑战。"协统时代"的美国高校教师培训工作，需要致力于满足教师职业的多种角色定位、应对学生群体的新变化，并适应高等教育教学、学习与学术的新范式。"协统时代"的培训工作在实践层面主要采取三种策略：扩大培训范围、丰富培训项目和加强项目评估。在这个时代，美国的高校教师培训工作已从早期"被边缘化"的状态一跃成为大学保持创造力的动力来源。

20 世纪 50 年代至 60 年代早期是美国高校教师培训的"学者时代"（The Age of the Scholar）。这个时期的教师培养重在提高学术能力，研究的成功和发表论文所体现的学术专长受到各高校的普遍重视，教师的教学能力被认为是"不学自会"的，能够随着科研能力的提升而水涨船高。60 年代中期终于迎来了高校教师培训的"教师时代"（The Age of the Teacher），并持续到整个 70 年代。在这段时期，越来越多的教师开始不满大学只把科研作为衡量教师成就的做法，有效教学逐步受到关注。这种发展的趋势受到一些个人和基金会的肯定。与此同时，一些研究型的大学开始对这些诉求做出回应，旨在提升教师教学能力的项目得以开展。1974 年美国"专业与组织发展联络中心"（The Professional and Organization Development Network）的成立是这个阶段乃至美国高校教师专业发展培训进程中的关键事件。80 年代的美国高校教师培训进入了"开发者时代"（The Age of the Developer），许多负责教师培训与发展的专门机构正式成立，这些机构扮演了"开发"教职员工者的角色，培训机构的成立和运作更加制度化。一些知名基金会开始关注本科生的大学教育，如布什基金、福特基金开始对多所高校的教师培训机构进行专门资助，用来进行本科教育阶段教学方法的革新和实验，以及教师的专业发展。90 年代是美国高校教师培训的"学习者时代"（The Age of the Learner），这个时代的培训内容产生了急剧变化。教师培训的重点突破了以往仅关注教学法知识和讲授技能的局限，关注学生的学习成为另一个培训重点。教师从"讲台上的智者"转变为"边上的指导者"，这种转变掀起了以学生为中心的教学法学习与研究热潮，积极学习、合作式学习、基于问题的学习等多种教学方法应运而生。

21 世纪初的十余年是美国高等教育充满变革的时期，其高校教师专业发展培训也逐渐步入一个新的时代，即"协统时代"（The Age of the Networker）。"Networker"一词源自网络用语，指从事网络工作的人。此语用来指代高校教师培训工作的新时代，充分体现了网络现代科技对高校教师培训工作的影响，也暗喻教师培训工作者如同网络工作者一样，要在复杂多变的社会环境和高等教育环境中组织、调动、协调、统筹和运作各种人力和物力资源，为教师的发展提供全方位支持。这个时代的内涵极为丰富，既重视教师个人的发展，也重视组织的发展。既强调教师教学的重要性，又强调学生学习的主动性。既重视教师之间的跨学科合作，又重视学校与社区的全方位合作。

澳大利亚大学高度重视师资培训，悉尼大学的教师培训由悉尼大学教育学院负责，其功能是在大学的教与学领域中提供服务，包括学术发展、教育教学研究、教与学的检测评估、教师培训。一般来说，所有教职员工都要经过岗前培训。新入校的教师要进行在本校任教的培训，教师以外的员工必须获得专门培训证书才能上岗。此外，还要对新入校的员工进行大学发展的战略目标、学校定位和学校历史与文化的培训。每个教职员工参加工作后还要先制订一个培训计划，说明自己将在哪些方面继续发展。澳大利亚大学对教师的管理从三个方面提出要求：第一是课程，第二是科研，第三是社会工作，三者的比例大体是 40%、40%、20%。一般大学对教师没有固定工作量的要求，通常看这三方面的平衡情况。

澳大利亚大学重视教师的教学考核和培训。通常，对教师课程的质量评估主要通过学生来进行，目前还很少有学校采用学生与专家同行共同评估的模式。每年在网上从毕业生中得到 10 万份的问卷调查，在校生通过填写调查表了解学生对教学的意见。

网上可以查到 5 年调查问卷情况。每 2～3 年对课程进行一次调查，了解学生对课程设置的意见。让教师了解这些意见和建议，以改进工作。针对教师在课程教学中出现的问题，进行教学方法、教学技能、研究方法和领导方法等方面的培训。为保证大学设计的课程满足社会的需要，以获取政府的联邦基金，大学通过学术委员会对将开设的课程进行审查。为提高教学质量而设立教学基金，通过立项评审，资助教师提高课程教学质量。特别鼓励科研人员将自己的最新科研成果引入教学中。

澳大利亚大学重视对教师的科研培训和科研成果与工业化的联系。澳大利亚大学对教师的科研管理办法并不直接规定科研工作量和发表文章的数量，但学校非常重视高水平的科学研究及其成果，也非常重视科研成果的影响力，对不同级别教师的科研都有基本的要求。对教师的科研培训除通常的学术会议、研讨会、各种培训班等形式，为发挥学校各种仪器设备在科学研究中的作用，许多大学经常进行新知识和新仪器设备的原理、功能和使用的培训。大学内设各种研究基金，资助大学教师进行研究和继续申请外部基金。对于年轻教师的早期研究和比较难以申请到外部基金的教职员工，大学基金资助其发表成果并资助其申请到研究资金，也经常对青年教师进行如何写出高质量的基金申请书以利于获得基金的培训，以及如何将自己的研究与工业化相联系的培训等。

澳大利亚大学十分重视教师的科研成果转化，如悉尼大学做得较好的是创新研究及与工业的联系、知识产权和成果商业化等方面。商业联系办公室主要与企业订立成果商业化合同，近年来成交金额不断上升。针对教师参与商业化活动涉及的管理、合同等方面的问题，如卧龙岗大学（University of Wollongong）就开展了这方面的培训，主要是对各个学院负责这方面的行政人员进行培训。为更好地发挥管理的效益，对非教学员工重点进行教学服务、团队建设、创新管理特别是创新性研究成果的商业化管理等方面的培训。

社会服务是澳大利亚大学对教师的要求之一。根据教师的职称，其要求不同，但它是教师晋升中的主要指标之一。例如，卧龙岗大学和纽卡斯尔（Newcastle）大学，还非常重视对教职员工进行与人相处的能力、对外交往能力及在这些交往中的行为准则的培训。

2.8 高等工程教育人才培养质量评价体系研究

2.8.1 国内高等工程教育人才培养质量评价体系研究

1. 我国工程教育质量认证体系发展历程

自 20 世纪 80 年代中期启动工程教育评估考察和试点工作至今，我国高等工程教育专业评估和认证工作经过 20 多年的发展，取得了显著进步。截至 2012 年年底，我国共在 14 个工程教育领域中开展了专业认证试点工作，占全国工程教育专业类总数的 45%；共认证了 406 个工程教育专业点，占全国工程教育专业点数的 1.4%。高等工程教育专业认证试点的通用标准、补充标准、试点办法和认证现场考察要求等文本体系初步建立，为我国开展国际化的高等工程教育专业认证工作提供了宝贵的实践经验。以"中国工程教育认证协会"的成立为标志，我国高等工程教育专业认证工作进入了全面实施阶段。我国高等工程教育专业评估和认证工作的发展历程大致分为以下四个阶段。

（1）工程教育专业评估调研阶段。1986 年 11 月，我国高等工程教育评估考察团对美国、加拿大的工程院校、工程企业和工程认证机构进行为期一个月的访问和调研。这次访问是我国第一次以官方考察团的形式，较为系统地对国外高等工程教育评估的制度、程序、标准、政策等方面进行学习和调研，考察团成员回国后还对国外工程教育、工程专业论证及评估制度的先进经验和发展趋势进行了深入分析与研究，这对我国高等工程教育评估和认证工作产生了深远影响。

（2）工程教育专业评估阶段。1992 年，原建设部制定了建筑学专业评估制度，并于当年成立了"全国高等学校建筑工程专业教育评估委员会"，具体负责建筑学专业评估工作。在随后的几年中又陆续开展了对土木工程专业（1995年）、城市规划专业（1998 年）、工程管理专业（1999 年）、给水排水工程专业（2004 年）、建筑环境与设备工程专业（2005 年）等 5 个本科专业的专业评估工作。

（3）工程教育专业认证试点阶段。2006 年 5 月，我国成立了"全国工程教育专业认证专家委员会"，正式开展高校工程教育专业认证试点工作。2006 年年底，该专家委员会有关工作组共计在 4 个专业领域内完成了 8 所高校的工程教育专业认证试点工作。2007 年年初又新增了环境、水利、交通运输、轻工食品、地矿等 5 个专业领域，对 18 所高等院校开始第二阶段的试点认证工作。同年底，"全国工程教育专业认证专家委员会"召开全体会议，对 18 个试点院校的专业认证结果进行了审议，并根据审议结果修订了 2008 版《工程教育专业认证工作手册》，同时决定成立"全国工程教育专业认证监督与仲裁委员会"，具体负责对专业认证政策、程序、结果的抽查和监督。

（4）工程教育专业认证全面实施阶段。2012 年 1 月 1 日成立的"中国工程教育认证协会"正式取代"全国工程教育专业认证专家委员会"，负责全面开展工程教育认证工作。2013 年 6 月，我国工程教育专业认证工作被《华盛顿协议》认可，并成为其预备会员。这标志着我国高等工程教育专业认证工作开始步入国际化轨道，为我国高等工程教育获得国际教育界和工程界的认可打开了通道。

2. 我国工程教育质量认证存在的问题

我国高等工程教育专业认证工作经过学习、评估和认证试点等阶段的积极探索，已经取得了显著进展，并成为《华盛顿协议》的预备会员，但与欧美等发达国家和地区相比，由于我国高等工程教育专业认证工作开展的时间比较短、经验不足，仍然存在一些不可忽视的问题，主要表现在以下三个方面。

（1）高等工程教育专业认证与高校本科教学水平评估的区分度不高。一般而言，高校本科教学水平评估的立足点是通过评估来发现和分析高校的教学资源与学科优势，其根本目的是促进高校以人才培养为本，注重内涵发展，提高本科教学质量。而高等工程教育专业认证的立足点是通过认证来提高我国工程教育专业学生的实践能力，根本目的是增强我国高等工程教育的国际通用性，提升工程师培养的国际认可度。

（2）高等工程教育专业认证标准与高校多样化生态不合。例如，一些认证专家对高等工程教育专业内涵的理解片面，忽视了对当今工程专业发展趋势的前瞻性把握，认证理念仍停留在计划经济时期狭窄的专业范畴内，对专业范围进行了十分严格的限定（由于新兴专业包含大量的跨专业交叉课程，严格限定专业范围会导致高校课堂教学和教学实践环节严重脱节）；过于强调工程教育专业认证标准的统一，忽视了不同工程教育专业的差异性和多样化；过于强调以定量指标作为认证的最终标准，误导各高校不顾自身情况盲目追求数量指标，导致高校工程专业培养模式趋同和高校办学特色的弱化。

（3）高等工程教育专业认证与职业资格注册制度衔接不紧。在欧美等发达国家和地区，高等工程专业学历学位是取得职业资格证的学术资质，二者是相互衔接关系。事实上，加入《华盛顿协议》的很多国家一般是将工程教育专业认证与职业资格注册制度紧密结合，即工程教育专业毕业生在获得毕业文凭或学士学位的同时，也会获得相应专业工程师等执业或注册资格。我国目前还缺乏相应的政策对两种体系进行统筹衔接，导致高校对工程教育专业认证工作的定位比较模糊，职业资格注册制度的激励效应缺失，学生参与实践性训练的自觉性、内驱力不强。

2.8.2　国外高等工程教育人才培养质量评价体系研究

1. 美国高等工程教育质量认证评价体系

美国虽然是联邦制度的国家，但地方自治制度也在美国起着非常重要的影响，这是美国中央和地方分权制度的基础。因此，美国的教育是一种地方主持、州机构领导、联邦援助的模式，这一管理特色奠定了美国高等教育评价的发展基础。美国的高等教育质量评价模式由来已久，其以认证制度为核心，在国际上具有很大的影响力。美国的高等教育质量评价模式，决定了高校要直接参与市场的竞争以获得生源和劳动力市场。这种以专业鉴定制度为基础的模式使各种类型的评价活动各自发挥作用，但又共同为高等教育质量提供了保障。在这种模式下，美国作为最早进行工程教育专业认证的发达国家，其认证制度发展已逐渐完备和成熟，并对保证和提高高等工程教育质量发挥了相当重要的作用。作为工程教育专业认证机构的美国工程与技术教育认证委员会（Accreditation Board of Engineering and Technology，ABET）与工程实业界紧密联系，并不断适应社会市场的需求，将工程专业认证标准的评价对象逐渐从以教学投入为主转向以成果产出为主。在新认证标准《工程标准 2000》中，更倾向于对学生个体能力的评价，并专门对毕业生必备知识和技能提出要求，而对课程要求却未有提及。即强调学生在毕业时掌握了什么，能做什么，不再强调学校教给了什么，开设了什么样的课程。由此可见，毕业生及其科研素质成为美国工程教育专业认证目标的主要方向。

2. 德国高等工程教育专业认证机制

德国工程教育体系以培养"成品"工程师为主要目的，使学生在毕业时就已成为具有独立从业资格的工程师。在其培养体系中突出实践取向，强调理论联系实际，非常重视大学教育与工业训练的平衡，因此有效保证了培养目标的实现。

德国在 20 世纪 90 年代引入高等工程教育专业认证机制，成立工科专业认证机构（The Accreditation of Bachelor's and Master's Study Programs in Engineering，Informatics，Natural Sciences and Mathematics，ASIIN）。工程教育专业认证作为工程教育质量保障体系的重要组成部分，是连接工程教育界和工业界的桥梁。因此 ASIIN 作为德国唯一的工程教育专业认证机构，在制定评价体系时特别重视教育界与工业界的平衡，将社会对工程教育的期望与要求作为制定认证标准的基础，目的是使教育能更好地满足社会发展需求，不仅要满足知识转移的需要，更要使学生获得应有的各种能力和独立从事某项职业活动的必要能力，以及终身学习的能力。同时鼓励学生学习外语知识以具备国际竞争力，更倾向于毕业生自身的发展。

3. 英国学术评价体系与高等工程教育专业认证体系

英国在高等教育界成立了高等教育质量保证署（Quality Assurance Agency for Higher Education，QAA），并与高等教育部门合作建立了学术评价体系，其评价重点是高校内部质量保证机制的有效性，目的是提高高等教育质量。在英国高校内部，实行自评和外评相结合的制度，在新课程审批、现行课程检查和定期评价整个教学计划三个环节展开。在英国高校外部，高等教育质量保证署负责对高等教育质量和标准的评价，并向社会保证高等教育质量。英国政府对高校的资金支持是建立在高等教育质量基础上的，因此评价中介机构成为保证评价独立性与公正性的重要机构，并能确保高等教育评价标准的基本一致性。

作为高等教育的重要组成部分，高等工程教育在这种体制下，专业认证标准逐步建立，英国工程委员会（Engineering Council UK，ECUK）便是这种机制下的产物。ECUK 是皇家特许的权力机构，负责对英国工程教育专业进行认证，其对高等工程教育的专业鉴定是面向各个工程专业的，因此其标准具有普遍性。强调学生必须具备知识和思维能力、专业能力和职业道德。以 ECUK 认证标准为准则，其下的各个工程学会再将这些具有普适性的标准具体落实到特定专业的具体标准中。

4. 法国高等工程教育质量保障机制

法国高等教育质量评价模式以外部评价为主，但通常是在内部评价的基础上进行的。内部评价是一种由学校领导组织的、全体员工参与的模式，由大学教授或行政人员等专家按照国家评价委员会的评价方针进行评价，在通过内部评价后，再由国家评价委员会进行外部评价。法国高等教育质量评价模式以监控高校办学质量及政府的资助水平和经费使用情况为主要目的，促使高等教育更好地适应经济、社会发展的需要。

法国是以工程师治国的国家，因此对工程师实行有条件的教育，优秀高中毕业生在毕业后需要在预科学校进行二、三年的准备，并通过严格的选拔考试，才有资格接受工程师教育，质量在教育初始得以保证。并且法国工程师教育体系克服了传统大学所培养学生的理论脱离实践的弊端，特别注重理论与实践的结合，并将基础学科教育与工程技术训练紧密联系在一起，使培养出的学生一毕业就成为国家认可的工程师。

5. 日本高等工程教育质量评价体系

日本设立技术人员教育评估机构（Japan Accreditation Board for Engineer-

ing Education，JABEE）评价已经成为日本高等工程教育质量评价与管理的主要
手段，其认证目的强调社会对教学成果的需求。对教学成果的评价将学生考试成
绩作为评价的重要组成部分，重视学科综合化的培养，更注重学生的能力。在其
提出的 7 个教学目标中，有 6 项是对学生能力的要求，分别是多角度思考问题的
能力、数学自然科学和信息技术的知识与应用能力、专业知识与应用能力、语言
交流能力、终身学习能力和计划综合能力。

　　6. 荷兰高等教育评价机制

　　在荷兰高等教育评价中，高校负责内部评价，由国家级认证机构（NVAO
和 QANU）实施外部评价，政府则起着宏观调控和指导作用。荷兰与弗兰德地
区认证组织（Netherlands-Flemish Accreditation Organization，NVAO）负责对
高校现有课程和新设课程标准的制定，高等教育外部访问与评价机构则以此为准
则制定各自的评价标准，依据院校意愿对其开展评价工作。荷兰大学质量保证协
会（Quality Assurance Netherlands Universities，QANU）主要负责对大学教育
与科研质量的评价，并在评价准则中对教育评价目的、原则和具体评价实施过程
等提出严格明确规定，目的是对高校实施自主管理、提高教育质量，并对大学质
量保证内部过程进行补充，对社会负责。

参 考 文 献

白逸仙. 2007. 社会需求导向的工程人才培养目标研究 [D]. 武汉：华中科技大学

曹大文. 2002. 产学研三结合人才培养模式的实践及其启示 [J]. 安徽教育学院学报，
　　（5）：93-95

陈江春，王朋岗. 2007. 基于市场失灵视角的产学研合作对策分析 [J]. 技术与创新管理，
　　（6）：26-29

陈乐. 2006. 课程重建：欧洲工程教育改革的启示 [J]. 高等工程教育研究，（5）：36-38

程静. 2003. 高校人才培养模式多样化：诠释与应对 [M]. 北京：北京工业大学出版社

戴建华，薛恒新. 2004. 基于 Shapley 值法的动态联盟伙伴企业利益分配策略 [J]. 中国管
　　理科学，（4）：34-37

邓小清. 1999. 对国家创新体系建设的几点认识 [J]. 中国科技论坛，（3）：12-15

董娜. 2006. 基于工程素质的高等工程教育课程改革的研究 [D]. 苏州：苏州大学

高峰. 2011. 产学研合作创新模式的研究与探索 [D]. 上海：上海交通大学

顾佩华. 2008. 从 CDIO 到 EIP-CDIO——汕头大学工程教育与人才培养模式探索 [J]. 高
　　等工程教育研究，（1）：12-18

国家教委高等教育司. 1993. 加快改革，积极发展高等教育——1992 年全国普通高等学校
　　工作会议文件汇编 [M]. 北京：兵器工业出版社

国务院办公厅. 2002. 关于深化教育体制改革的若干意见 [M]. 北京：北京师范大学出版社

侯若冰. 2011. 高等教育质量评价体系的设计与应用研究 [D]. 太原：山西财经大学

黄金发，易元明. 2011. 基于"四驱互动式"的产学研合作模式 [J]. 中国高校科技与产业化，(1-2)：51-52

黄建如. 2011. 发达国家高等教育体系变革比较研究 [M]. 广州：广州高等教育出版社

靳贵珍. 2012. 中国高等工程教育发展研究 [M]. 北京：北京理工大学出版社

冷余生. 2007. 从质量争议看高等教育质量评价的现状和任务 [J]. 高等教育研究，(3)：23-27

李恒. 2010. 产学研结合创新中的知识产权归属制度研究 [J]. 中国科技论坛，(4)：53-59

李梅. 2007. 基于 AHP 方法的地方性本科院校机械类人才质量评价及对策分析 [D]. 杭州：浙江工业大学

李明华. 2010. 国内外产学研合作创新的比较研究 [D]. 天津：天津大学

李岳云. 2003. 论新型工业化 [J]. 南京社会科学，(3)：7-11

李正，李菊琪. 2005. 国际高等工程教育改革发展趋势分析 [J]. 高教探索，(2)：30-32

林丽萍. 2009. 青年创新创业人才培养体系构建 [J]. 中国青年研究，(1)：23-27

刘国繁，曾永卫. 2011. 卓越工程师培养计划下教学质量保障和评价探析 [J]. 中国高等教育，(21)：25-27

刘璐. 2010. 市场引导下的产学研联盟运行机制研究 [J]. 科技创业月刊，(4)：9-11

路甬祥. 1995. 中国工程教育面临的挑战与对策 [J]. 科技导报，13 (1)：3-6

罗利，鲁若愚. 1997. 产学研合作的利益分配模型 [C] //唐小我，等. 管理科学与系统科学进展——全国青年管理科学与系统科学会议，成都：1221-1225

罗焰，黎明. 2009. 地方院校产学研合作模式及机制研究 [M]. 成都：四川出版集团

马万民. 2008. 高等教育人才培养质量评价模型研究 [J]. 中国软科学，(8)：153-156

欧阳新年. 2007. 企业合作创新：模式选择与利益分配 [J]. 北京市经济管理干部学院学报，(3)：20-25

秦旭. 2001. 美英产学研合作教育的经验极其启示 [J]. 科学管理研究，19 (3)：78-81

覃凌云. 2011. 欧美工程师的培养模式及认证研究 [D]. 上海：华东理工大学

孙鹏，赵艳萍. 2008. 基于 Shapley 值法的区域创新网络利益分配机制 [J]. 中国管理信息化，(4)：98-100

佟晶石. 2003. 产学研合作创新体系与自主知识产权 [J]. 中国软科学，(1)：113-116

外国教育丛书编辑组. 1979. 高等工程技术教育 [M]. 北京：人民教育出版社

汪辉. 2005. 日本高等工程教育的质量评估机制 [J]. 高等工程教育研究，(3)：71-74

汪克强，丁望斌. 2002. 浅析产学研结合中的知识产权争议及预防对策 [J]. 华东经济管理，(3)：23-25

王娟茹. 2005. 高校产学研合作教育及其运行机制研究 [J]. 科技与管理，(4)：148-150

王树国. 2006. 面向和谐社会的高等工程教育创新 [J]. 科学中国人，(7)：8-10

温崇明. 2010. 创新型工程科技人才培养：新背景、新经验及新战略 [J]. 科技信息，

　　（33）：55-58

文辅相. 2001. 重点理工大学工程人才的素质 [J]. 江苏高教教学研究，（3）：63-65

吴添祖，等. 2008. 技术经济学 [M]. 北京：清华大学出版社

谢企华. 2007. 产学研合作模式：宝钢的认识与思考 [J]. 中国高等教育评估，（4）：43-45

杨叔子. 2001. 人文教育：现代大学之基——关于大学人文教育之我感与随见 [J]. 南京
　　农业大学学报，（1）：65-74

杨晓丽. 2009. 厦门市产学研合作模式与机制研究 [D]. 厦门：厦门大学

杨征宇. 2009. 基于产学研一体化的高等工程教育模式创新研究 [J]. 江海学刊，（6）：99-
　　100

姚启和. 2002. 90 年代中国教育改革大潮丛书. 高等教育卷 [M]. 北京：北京师范大学出
　　版社

姚韬，王红，余元冠. 2014. 我国高等工程教育专业认证问题的探究 [J]. 大学教育科学，
　　（4）：28-32

查建中. 2008. 面向经济全球化的工程教育改革战略——产学合作与国际化 [J]. 高等工
　　程教育研究，（1）：21-27

张俊，李忠云. 2001. 高校产学研结合的运行机制探讨 [J]. 中国高等教育，（22）：37-38

张奇，等. 2009. 高等工程教育 CIO-CDIO 培养模式研究 [J]. 教育与职业，（3）：34-37

张彤，李廉水. 1996. 产学研合作的利益机制 [J]. 哈尔滨电工学院学报，（3）：416-422

张洋. 2011. 工科高校教学评估指标体系研究 [D]. 天津：天津大学

张志远. 2010. 高等教育质量评价的问题探究 [J]. 四川文理学院学报，20（4）：107-110

赵达薇. 2000. 利润分配方式创新与产学研联合中的知识产权保护 [J]. 管理现代化，
　　（2）：26-28

赵萍. 2010. 教学型高校本科课程体系构建研究——在高等教育大众化视野下 [D]. 长春：
　　东北师范大学

赵婷婷. 2004. 基于大工程观的美国高等工程教育课程设置特点分析 [J]. 高等教育研究，
　　25（6）：94-96

赵婷婷. 2005. 适应科学综合化发展的国外高等工程教育改革 [J]. 复旦教育论坛，（2）：
　　24-27

中国工程教育委员会. 2013. 中国工程教育发展报告 2012 [M]. 北京：高等教育出版社

中国教育年鉴编辑部. 1993. 中国教育年鉴（1992）[M]. 北京：人民教育出版社

中国教育年鉴编辑部. 2002. 中国教育年鉴（2002）[M]. 北京：人民教育出版社

周彦伟. 2003. 产学研合作教育，构建人才培养新体系 [J]. 轴承，（2）：44-45

周远清. 2006. 中国当代教育家文存（周远清卷）[M]. 上海：华东师范大学出版社

朱高峰. 2007. 创新与工程教育 [J]. 高等工程教育研究，（1）：1-5

朱高峰. 2007. 中国的工程教育——成绩、问题和对策 [J]. 高等工程教育研究，（4）：1-7

Allen K R, Taylor C C. 2005. Bringing engineering research to market：How universities,
　　industry, and government are attempting to solve the problem [J]. Engineering Mana-
　　gement Journal, 17 (3)：42-48

Bok D. 2002. 走出象牙塔——现代大学的社会责任 [M]. 徐小洲，译. 杭州：浙江教育出版社

Crawley E，Malmqvist J，Ostlund S，et al. 2007. Rethinking Engineering Education：The CDIO Approach [M]. Berlin：Springer

Etzkowitz H，Leydesdorff L. 1995. The triple helix—University-industry-government relations：A laboratory for knowledge-based economic development [J]. EASST Review，14 (1)：14-19

Etzkowitz H，Leydesdorff L. 1997. Universities in the Global Economy：A Triple Helix of University-Industry-Government Relations [M]. London：Cassell Academic

Freeman C. 1987. Technology Policy and Economic Performance：Lessons from Japan [M]. London：Pinter Publishers

Marshall R，et al. 2003. 教育与国家财富：思考生存 [M]. 顾建新，译. 南京：江苏教育出版社

Wuif W A. 1998. The urgency of engineering education reform [C]. The National Academy of Engineering. Plenary Speaker of the 2002 ASEE Annual Conference，Berlin：Springer

第3章　王大珩教育与科学技术思想的研究

王大珩，中国科学院、中国工程院院士，国际宇航科学院院士，杰出的光学科学家、教育家，"两弹一星"元勋，中国共产党的优秀党员。王大珩院士是我国近代光学工程的重要奠基人和组织领导者，为中国光学与光学工程研究和组织领导工作作出了杰出贡献。他组织并参与筹建了中国科学院长春光机所等一系列研究机构，奠定了我国应用光学和工程光学的研究基础。他主持创建了长春光学精密机械学院、哈尔滨科学技术大学。他领导的研究所和创办的院校，为国家培养了一大批科技英才。曾荣获国家科技进步特等奖、何梁何利基金科学与技术成就奖、国家"两弹一星"功勋奖章、国家863计划特殊贡献先进个人称号。纵观王大珩院士的一生，真可谓大抱负成就了新中国一代杰出的科学家。他的一生堪称中华之光，世代楷模。他平凡而高尚的人格、现实而深邃的教育思想、高瞻远瞩的科学思想和战略思维，已成为我国高等工程教育发展的宝贵财富。

3.1　卓育人才的大工程教育观

3.1.1　教学、研究、生产三结合的教育思想

王大珩院士是我国光学界公认的学术奠基人、开拓者和组织领导者，我国国防光学工程事业的开拓者。20世纪50年代初，中国科学院聘请王大珩院士筹建仪器研制机构，成立了中国科学院仪器馆，后来改名为光学精密机械研究所（光机所）。在他的领导下，光机所发展成为我国应用光学研究及光学仪器研制的重要科研基地。最早在国内建立起研制现代光学仪器的技术学科基础，为国家培养了大批光学科技人才。在开创我国光学事业和创办大学的过程中，科学探索与技术创新实践形成了教学、研究、生产三结合的教育思想。

从20世纪60年代开始，王大珩院士和他领导的光机所转向国防光学技术及工程研究，先后在红外和微光夜视、核爆与靶场光测设备、高空与空间侦察摄影、光学测试等诸多领域，为我国"两弹一星"的研制作出了重要贡献。他参加了我国第一次核爆试验，指导改装了用于火球发光动态观测的高速摄影机。为建立国防光学工程的学科基础，他最早在国内领导了大气光学和目标光学特性的研究，在太阳模拟器和空间侦察相机的研制中提出了先进的技术方案，特别是领导了多种型号靶场光测设备的研制工作。在发展我国空间技术方面，他参加了我国

第一颗人造地球卫星"东方红一号"的方案探讨，提出了许多具体的实施方案。王大珩院士在遥感技术、激光技术、色度标准、计量科学等领域都作出了突出贡献。

20 世纪 70 年代，王大珩院士主持编制了我国第一个遥感科学规划，并组织了综合性航空遥感试验，推动了我国遥感技术的迅速发展。多年来，他通过各种学术活动发挥领导作用，对我国激光技术的发展，特别是激光核聚变的研究与装置的建设起了重要作用。王大珩院士一直关注色度学在我国国民经济中的应用问题，他编写了《彩色电视中的色度学问题》一书，为我国培养了彩色电视专业人员。多年来，他一直致力于建立我国的色度标准系统，经过他的努力，制成了我国国家级颜色标准样册。王大珩院士还是我国计量科学研究的开拓者之一。20 世纪 50 年代，国家计量局初建，王大珩院士即被聘为技术顾问。他在仪器馆指导开设了光度、温度、长度、电学等计量基准研究课题。后来成立中国计量科学研究院，长春光机所前期计量研究工作成为计量院有关工作的基础。1979 年，他当选为国际计量委员会委员，并连任三届，为发展我国计量科学做了重要工作。

王大珩院士是一位杰出的教育家。他特别关注我国工程科技人才的培养，1958 年，为了给新中国的光学事业培养高级人才，王大珩院士创办了长春光学精密机械学院（现更名为长春理工大学），并兼任院长达 7 年。学校创办伊始，他就十分鲜明地提出了"突出特色"和"两个三结合"的办学思想。"突出特色"即光学特色和国防特色。学校的专业设置突出"光学特色"，除办有"光学仪器"等专业，还设立了国内高校第一个"光学材料"专业和第一个"光学工艺"专业，学生就业首先满足国防需求，为国防建设输送优秀毕业生。"两个三结合"即校内的"教学、科研、生产"三结合和校外的"学校、研究所、工厂"三结合。当时，长春光机所的一批研究人员在学校兼任教师，其中包括 14 位院士以及中国知识分子的楷模蒋筑英。学校的专职教师参加科研项目，还与光机所的研究人员联合从事研究工作。学校的实习工厂和长春光机所工厂都是学生的实习基地，长春、成都、西安、上海、合肥五个光机所及上海技物所都是学校的毕业设计场所。

3.1.2　亦能亦德全面发展的人才观

1978 年 6 月 17 日经党中央批准，王大珩同志任哈尔滨科学技术大学（现更名为哈尔滨理工大学）校长。正当我国科学春天来临的时候，王大珩院士又一次选择了东北这块土地，把具有一定工科办学基础的黑龙江工学院改建为中国科学院所属的哈尔滨科学技术大学，为国家正在开始的"四个现代化"建设培养仪器仪表专门人才。在科学研究与人才培养过程中践行亦德亦能全面发展的人才观。

在哈尔滨科学技术大学，他创办了技术物理系应用物理专业、精密仪器专业和精密机械专业。把学校定位在我国仪器仪表工业的人才培养基地，提出教研并举、理工结合，培养亦能亦德、崇尚实践的工程科技人才的教育思想。从哈尔滨科学技术大学到哈尔滨理工大学 60 多年的办学历程，追寻老校长王大珩院士教育与科技人生，我们真切地体会到他不愧为一位伟大的科学家、杰出的教育家、远见的战略家，他的工程教育思想对哈尔滨理工大学办学产生了深远影响。

1988 年，哈尔滨科学技术大学 30 年校庆，我们请老校长题词，他经过思考后，挥笔疾书写下"致哈尔滨科技大学，我们要有：献身的精神，求实的态度，革新的气质，勤俭的作风，集群的性格，乐观的情绪"。作为"哈理工人"，每当研读这一题词，都会更为深刻地感悟出，这是老校长王大珩院士一生践行并使他成为伟大科学家的真谛，是他为国家科学事业培养卓越人才的教育思想的集中体现，是哈尔滨理工大学办学一直遵循的大工程教育观。

献身的精神，是王大珩院士成为祖国功勋科学家的崇高精神境界，是感召后人的高尚政治品格。王大珩院士在民族危亡之际唱着国耻悲歌"松花江上"，踏上"庚款"留学之路。在权贵尊威分明的国度，他放弃博士学位，选择了光学玻璃"物理师"。迎着新中国黎明的曙光，捧着"第一届英国青年仪器发展奖"，扎根在焦土一片冰天雪地的东北长春，开创了中国的光学基业。在无数次的选择中，王大珩院士都选择了祖国，选择了人民。献身于国家，献身于科学。正如他所说："我的一生叫做来自于人民，服务于人民，一心为国家，一心为人民。"

求实的态度，是王大珩院士奠基我国光学科技事业的基石，是培育后人的优良学风。王大珩院士从工业化发达的国家走来，落脚在一片空白的中华大地。带着他的 V-棱镜，到大连大学创建我国第一个应用物理系，从破烂市场拣出来个物理实验室。他几下东北仔细考察，把仪器馆带到有一定工业基础的长春，目标就是把长春建成中国最大的光学基地，建成像德国的"蔡司厂"那样世界闻名的光学城。迎着科学的春天，他看中了哈尔滨气候干燥，适合搞精密仪器仪表，创建了哈尔滨科学技术大学，目的就是要培养仪器研究开发专门人才。今天他的目标达到了，在这里培植的求实的态度、严谨的学风，培养出了以中国知识分子的先进代表蒋筑英为典型的一代科技英才。

革新的气质，是王大珩院士攀登国防科技尖峰攻克科学难关的不竭动力，是激奋后人的创新精神。在哈尔滨科学技术大学，王大珩校长创建了精密机械、精密仪器专业，建立技术物理系应用物理专业，在全国统一招生。开创了在技术物理基础上研发新型仪器仪表，与精密机械、电子计算技术等结合，把测试技术、新型仪器仪表研究与开发及特殊元器件制造工艺作为技术物理的培养目标和方向。1983 年，哈尔滨科学技术大学刚刚建成的物理楼设有普通物理实验室和近代物理实验室，如光谱、激光、同位素、微波、声学等专用实验室，这在国内当时也是少有的。有人问过他物理楼为什么建成平顶而不建成脊顶的，平顶容易漏雨，他说平顶是为了建卫星观测平台。为了培养学生动手能力，主张开放实验室，设备出故障可由学生维修调试，培养学生会做实验也能设计实验。

勤俭的作风，是王大珩院士成为平凡质朴又远见卓识的科学巨匠一生恪守的生活准则，是鞭策后人的行为规范。追忆老校长领导哈尔滨科学技术大学的足迹，由于当时担任哈尔滨科学技术大学校长的同时仍然担任长春光机研究所所长，我们愧憾学校当时没有为他设专门的办公室。了解和他共事的老领导才知道他从来就没有要求过，每次来学校指导工作都是把他的公文包和衣帽放到老书记的办公室，随后就是会见其他领导、约见系主任、看望教师、视察实验室。王大珩担任学校名誉校长后，时刻都在关心着学校的发展，每次来哈尔滨都要到学校看看有什么变化和发展，学校领导和广大干部教师也都愿意听取他对学校办学的指导，为学校的发展建设多出思想。但是他从来都不需要学校特别接待和特殊安排，一定要吃住在学校简陋的招待所。

集群的性格，是王大珩院士成为战略科学家的博大胸怀和宽广风范，是凝聚后人的团队精神。打开1986年3月3日由王大珩写给邓小平同志的亲笔信，集王淦昌、杨嘉墀、陈芳允及他自己在内的科学家，联名向中央提出"关于跟踪研究外国战略性高技术发展的建议"，促成国家863计划的开展。不到30年的时间，我国已成为世界第二大经济体、世界第三航天大国，可见这种集群的成就是何等重要。正如他在中国工程院成立十周年时所讲："院士们不仅是工程技术、学术上的翘楚，而且在学风上、在贯彻科学发展观上起表率作用。除了遵循科学技术上一般科学准则和道德规范，尤其要注意工程技术上所需要的团结群众、团队精神。因为，现代的工程技术尤其是重大工程常常是万人以上，靠国家全力以赴的合作来实现的。这里需要强调的是统一共识的思想，加上精诚团结的精神和意志。院士们就是要发扬'两弹一星'和'载人航天'的精神。另外，除了自身的业务进步，还有通过各种实践方式培养后进的责任。"

在哈尔滨科学技术大学办学中，老校长的集群思想特别体现在学科交叉与集群，教、学、做的知行合一。一直强调技术物理、精密机械、材料科学、电子技术、计算机与科学管理等专业设置及专业间的协调配合。在打好坚实理论基础的同时，尤其重视普通物理实验和专业性实验，建立开放型实验室，让学生自己动手维护和修理仪器设备，培养学生的动手能力，既要会做实验还要会设计实验。专业课老师要搞科学研究，不断提高专业技术技能，走教学、研究、生产三结合道路才能培养出高素质科技人才。

乐观的情绪，是王大珩院士笑对人生坎坷、战胜各种艰难险阻的利剑法宝，是鼓励后人的豁达情怀。在筹建仪器馆的初期，面对旧中国留下的废墟，中国几乎就没有应用光学。在没有面前，老校长是这样说的："没有，这是一个最能令人灰心沮丧的现实了。在没有面前，我们一般的反应大多是失望、退却和逃遁。但对有些人来说，没有却往往是一个最可以引起兴奋的现实，因为没有，你才可能得到一个新的发展空间，因为没有，你才有可能从事一项具有开创意义的新事业。我想，我就是冲着没有这两个字来的。如果中国有，从前，我也许就不会那么孜孜以求了；如果中国有，现在，我或许就不会这样百折不挠了。无论如何，我是决不会因为没有而退却。从此，我开始了一生的追求——发展祖国的应用光学事业。"

"文化大革命"期间，老校长被发配到下面劳动看管。他索性自愿去扫厕所，甚至有些喜欢扫厕所的工作。因为在他的眼里，厕所与外面那个嘈杂混乱的世界相比，简直就是一块净土。那里没有震耳欲聋的口号，没有装腔作势的威慑，没有厮杀和狡诈。在那里只要多使一把力气，眼前立刻就会多一分洁净，多一抹光泽。这种简单的体力劳动只能占据他的手脚，而无法占据他的头脑。他痛苦地思索着，用科学的智慧和正义的力量去战胜邪恶，避免了眼睁睁地看着千辛万苦开创出来的光机事业毁在他人手中。

1983 年 6 月 5 日，当时老校长家没有搬进北京，他长时间住在北京友谊宾馆。因为宾馆的会议室供外宾和首长使用，所以他在百忙中选择在宾馆东侧大门外台阶上，席地而坐接见了来京做毕业论文的师生，谈笑风生与他们长谈两个多小时，对即将毕业的学生寄予厚望。

25 年过去了，老校长的题词已成为我们培养德智体美全面发展的工程科技人才的教育思想，镌刻在我们人才培养的全过程，成为今天哈尔滨理工大学精神的源泉、文化的根基。秉承老校长的工程教育思想，"哈理工人"正在把哈尔滨理工大学打造成具有"诚实为人，踏实做事"的优秀品质，具有"崇尚学术，崇敬学者"优良校风，培养国家机电装备制造业和仪器仪表行业需要的亦能亦德、崇尚实践的工程科技人才的摇篮。

3.2　科学与教育结合培育工程科技人才

3.2.1　基础科学与工程技术结合的工程教育理念

王大珩院士在论述技术科学工作者的使命时指出，应用科学或技术科学在现代生产力的发展中具有越来越重要的地位，因为它在基础科学和工程技术之间起着桥梁作用。这个桥梁的意义是广义的，不但为基础科学和工程技术间形成通道，而且还带有能动的融合作用。众所周知，科学是认识世界的手段，技术是改造世界的手段。基础科学所追求的是对自然现象和规律的发现，应用科学或技术科学则有明确的应用目的或工程技术目的。把纯粹基础研究的成果过渡到工程技术，往往不是直接传递过去的，因为各种不同的应用工程技术受许多实际条件的制约，如材料、环境条件、经济性和工艺的可行性、可靠性、功能效率等，问题涉及多方面科技知识的综合和集成。因此，在把基础或纯粹科学应用到解决工程技术问题时，有一个再创造、再研究和在特定条件下的再认识的过程。在技术中讲科学，在科学中讲技术，这就是应用或技术科学的使命。

王大珩院士还强调，技术科学是培养高技术开发与产业化带头人的摇篮。今天，技术科学是和高新技术紧密联系在一起的，技术科学的使命和特点决定了技术工作者的使命和特点。他们应当具有坚实的理论知识，同时还要有较丰富的工程技术方面的实践经验；具有独立自主开拓创新的意识，有综合集成从事高技术开发和产业化的能力；有能看到问题，并能选择合适的专家来协调解决问题的能力；有群体观念，能起带头作用。这些应该是锻炼科技决策人才的重要因素。众所周知，通过"两弹一星"研制任务，培养锻炼了一大批技术科学骨干，在 23 位获得中央颁发的"两弹一星"功勋奖章的科学家中，至少有 11 人是搞技术科学的。又如，863 计划实施近 15 年来，大量后继人才脱颖而出，培养了上千名青年科技人才，数百名领导层次的专家和学术带头人，有数十人成为中国科学院或中国工程院院士，不少人还成为科技管理方面的人才。基于技术科学具有对科学求知和创新的本质，可认为是基础性科学，以有别于纯基础科学。应该说，作为中游的技术科学，一方面它与上游的基础科学分不出严格的界限；另一方面它又与下游的工程技术衔接渗透，界限难分。这在当今的 973 计划和 863 计划中充分体现了其交叉性，至于国家的重点任务，如"两弹一星"，则更是体现基础研究、应用研究、工程技术的大协作、大联合、大融合。这可以说是现代科学技术进步的重要表现。

王大珩院士在基础科学与工程技术结合的实践中诠释工程教育的真谛，在科学研究与教学融汇交叉点上找到高等工程教育的有效途径。2000 年 9 月，哈尔滨理工大学 50 周年校庆，85 岁高龄的老校长重返学校。在视察校园和实验室后，他说："高等学校的教育要为企业技术创新服务，要尊重实践的需要，要切实做到科学与技术、理论与实践相结合；本科教育一定要强调基础宽厚，理工科也要注重提高学生的文化修养，做到全面发展，适应未来建设需要。"

随后老校长又为我们题写了"教研并举，理工结合；多科互用，形成特色；卓育人才，亦能亦德；应迎世纪，面向祖国"的题词。这是我校 21 世纪的办学指导思想，也是他在多年教育与科学技术实践中形成的工程教育思想的结晶。

王大珩院士一贯主张培养高素质科技人才要走教学、研究、生产三结合道路。1978 年，在创建哈尔滨科技大学技术物理系应用物理专业时他曾经说："1979 年招收第一届学生先招一个班，招多了将来生产实习和做毕业论文长春光机所容纳不下。"因此，79 级只在全国重点高校录取中招收一个班 30 人。1982 年 7 月 3 日，他在长春光机所接见 79 级学生并安排到所属工厂生产实习，让学生参观所内实验室、长春汽车制造厂和净月潭卫星观测台等。

1983 年 5 月，老校长特地安排 79 级学生分别到北京中国计量院、北京科仪厂、长春光机所、上海激光研究所、长春气象仪器厂、南京分析仪器厂、北京分析仪器厂等单位做毕业论文。这些学生普遍受到这些单位的好评，他们把我们称为大物理系，纷纷到学校来要毕业生，还要求以后继续派学生来单位做毕业论文。

王大珩院士特别强调培养学生要有扎实的理论基础。当时的技术物理系课程很繁重，数学用的是数学专业的教材，还有四大力学课（理论力学、电动力学、统计物理和量子力学）用的是理论物理专业的课本。大三的学生到中科院研究所实习，在那里同学们的理论知识和实际科学研究第一次碰撞，很多同学从此喜爱上了科学研究，走上了科学研究之路。他们毕业后都从事科学研究工作，取得了很优异的成绩。有的担任国内著名高校的教授，如哈尔滨工业大学的刘树田教授，在光学研究方面成绩卓著；中国人民解放军装备指挥学院的洪艳姬教授，担任国家科技部 973 计划首席科学家，在航空航天的研究中贡献突出；中国科学院长春光机所的王淑荣、谢冀江研究员都是国家重点实验室的骨干，承担着国家重大项目；中国科学技术大学的陈宇星教授，承担着国家科技部 973 计划项目和蛋白质研究重大研究计划重要研究课题；马英忠在美国著名学府加州理工大学工作，每年都有高水平的科学论文发表；王丽在新加坡国立计量研究院担任重要职位。我校这些技术物理系第一、二届的学生，都直接接受了王大珩校长的教诲，他的工程教育思想和亲自制定的培养目标，使学生受益匪浅，终身受用。

现在，当年他一手创建的技术物理系已由最初的一个专业发展为应用物理学、电子科学与技术、光信息科学与技术、材料物理、微电子学五个专业，拥有物理学、电子科学与技术、光学工程三个一级硕士点。在他的办学思想指导下，学校现已具有国家级重点学科、国家重点实验室培育基地、国家级大学科技园等一些标志性成果。

3.2.2　大工程项目中培养高层次工程科技人才的战略思维

王大珩院士特别强调，在大工程项目中造就高层次工程科技人才。他多次谈到对人才的培养要把他们放到大的工程项目中去，要让他们挑重担，在科学实践中成长。像我国搞"两弹一星"的人才就是在承担重大项目的实践中成长起来的。因此，培养高层次的科技人才既要注意学术水平的提高，又要注重在实践中锻炼。我们需要的是那种能综合组织干大事业的人，那种大总工程师一类的人。

目前，我国这类人才十分稀缺。正如在音乐中，我们在注意独唱、独奏演员培养的同时，还要注意能参加合唱、大型交响乐的指挥家的培养，这一点确实应该在人才培养中引起注意。发现人才还应从评奖中选拔，国家自然科学奖、国家发明奖等要有相当比例的年轻人，以利于青年科技人才脱颖而出。

王大珩院士特别强调，要培养适应我国经济发展的能够把科研成果尽快转化为现实生产力的开发型工程技术人才。他主张在人才培养中要注意把人才培养与社会主义市场经济的发展结合起来。发展社会主义市场经济，基础研究固然十分重要，但是如何将科研成果尽快转化为生产力更重要。而目前这方面工作在我国还十分薄弱，从事这方面工作的人才也不足。有些人把从事基础研究看成高尚的事情，而把搞开发工作看成很平淡的工作，看不起这种工作。实际上，开发工作关系到科研成果转化成生产力的质量、效率，必须要优秀的科技人才去从事这方面工作，才能加速科技成果的转化，从而促进生产力的发展，有时可以达到事半功倍的效果。因此，要重视那些搞开发并能把科技变为产品，而且对生产技术能进行更新改造的人才。

王大珩院士特别强调，要为人才成长创造优良的环境。他指出要创造条件、改善环境、增加投入，为人才的成长提供更多的机遇。我们常说时势造英雄，也就是说英雄的出现要有一定条件、一定环境或者说要有一定的机遇。科技人才的产生并非自然的，需要我们为他们创造良好条件和环境，要为他们提供机遇。我们总希望能出几个诺贝尔奖获得者，但是总等不出来，原因还是整体环境问题。人多了，条件好了，才有出类拔萃的可能，这包括人、学术空气和经费投入。现在我们为人才培养创造的机会太少，以至不少人去国外工作，而一出国就出成绩。为了吸引更多的优秀人才参加我国的经济建设，也为了培养更多的青年优秀科技人才，我们应注重创造良好的工作环境（包括良好的工作条件和资金的投入、仪器设备的更新等）和较好的生活条件（包括工资待遇和住房等）。同时，我们还要注意对整个科技队伍进行投入。就像踢足球一样，只培训几十个人，可能偶然可以出一个球星，但出一支好的球队就不可能。只有对整个科技队伍投入，才能培养出一批优秀的科技人才并形成一个有利于经济建设的梯队。

王大珩院士用他毕生的科学实践诠释了科学与教育、科学与技术的内在关系。培养科技英才以完成国家国防尖端技术，实现科技攻关以发明创造科学仪器，技术的实现以造就高端科技人才。早在英国谢菲尔德大学，王大珩院士放弃正在攻读的博士学位，到蔡司公司做物理师工作，带着科学理论去寻找技术实现，为国家开辟光学工业的基业。探索了他独有的从科学到工程技术，再从工程技术的实践中培养工程科技人才的独特的高等工程教育之道。

3.3　德学双馨润育科技英才

3.3.1　民族危亡中立志科学救国的爱国情怀

早在青年时代，王大珩院士就有远大的抱负，立志为祖国富强而奋斗。他曾说他放弃攻读博士学位的机会，由英国谢菲尔德大学转到伯明翰蔡司公司工作，为的是专攻光学玻璃的工艺研究，学习最先进的技术，以期回国后能更好地报效祖国。就在那时，王大珩院士便显露出了过人的才华。他是英国最早研究稀土光学玻璃的两个人之一，曾获得发明专利。他发展了 V-棱镜精密折射率测定装置，并在英国制成商品仪器，他因这一成就获英国科学仪器协会第一届青年仪器发展奖。

他在新中国成立前（1948 年）由英国回国，先到上海，后辗转由香港经朝鲜到达刚解放不久的大连，参加创建大连大学并主持创建应用物理系。他决心回到满目疮痍、百废待兴的祖国，就是要为新中国的科技事业贡献自己的一切。1952 年，当他受命在长春组建中国科学院仪器馆时，他以巨大的热情投入祖国的建设事业中去。他以一颗赤忱之心报效祖国，几十年来，在科学研究中，无论遇到多大的困难和艰辛，他总是矢志不移、全力以赴，努力不懈地工作。

3.3.2　崇尚科学的人生中养成严谨的治学作风

王大珩院士认为："严谨、求实、认真、执著"是科技工作者必备的品格，必须从学生时代就加强培养。

1949～1951 年，王大珩院士任大连理工大学物理系主任。他到西岗旧货店去选日本人投降后扔下的天平、显微镜等，又亲自动手制作平行光管等实验仪器。王大珩创办的这个实验室，被大连理工大学称为"从旧货摊上拣出来的实验室"，至今还在该校传为佳话。长春光机学院建校初期，王大珩任长春光机所所长兼光机学院院长，百忙之中，坚持给学生主讲普通物理、理论物理等课程。在教室没有暖气的冬季，他带领学生搓搓手、跺跺脚再上课。

王大珩院士对学生既严格要求又热心帮助。1965 年，蒋筑英研制出中国第一台光学传递函数测试仪。日本学者村田和美参观时评价说："想不到中国人竟如此了不起，这么早就搞出了这样高水平的装置。"在全国光学测试大会上，王大珩把蒋筑英的大会报告改为书面发言，目的是让他不要滋长骄傲情绪。1986年 3 月，他的博士研究生姜会林的博士论文初稿交给他审查，王院士指出公差一章存在不足，必须重做。按照王院士的意见修改后，该论文被收入美国出版的

《里程碑丛书》，一直到 2006 年，Rochester 大学等单位的学者还在引用这篇论文。这项成果于 1996 年获得国家科技进步奖三等奖。

王大珩院士严于律己、谦虚谨慎。1982 年蒋筑英去世后，在收集整理蒋筑英的事迹时，其中写到蒋筑英是我国著名科学家王大珩的研究生。当把初稿送给王大珩审查时，他把类似"著名"的词统统划掉了，并且说："不能随便使用这样的词，是不是著名，要由社会来评价，不能自己说啊！"1991 年，在北京召开了"庆祝王大珩从事科研工作 55 周年"会议，中科院一位同志讲"王大珩是中国光学之父"，王大珩立刻站起来说："此话实在不敢当！在我前边还有严老、龚老、钱老等，我只是在他们的基础上做了一点点工作罢了。"在场的人无不为之感动。

3.3.3 凡人小事中更显伟大学者的高尚情操

2010 年，哈尔滨理工大学建校 60 周年校庆期间，在哈尔滨理工大学校史馆辟出专用房间建设王大珩纪念馆，在搜集他的资料时，有很多鲜为人知的故事在感动着我们。在我们记忆中永远不会忘记的是王大珩、何泽慧等 7 位院士 1997 年 3 月去漠河观看 20 世纪最后一次日全食的经历。当时，随同黑龙江省科协接待组将两位院士接到宾馆，我们问过他们有什么事要办，我们尽量提供帮助，但两位老院士一一谢绝。

当我们按约定时间来宾馆看望两位老院士的时候，正好看到他们从出租车上下来。我们怀着歉意问明老校长，他却笑着说，何先生第一次来哈尔滨，我陪她到松花江边看看。学校领导关切地说，学校可为您提供车用，王老又说不想给学校添麻烦。考虑到漠河处于高寒地区，我们特别仔细地看看两位老院士的衣帽鞋等准备得怎样，当打开他们的旅行袋时，我们看到王老带着 60 年代用的坦克皮帽。何泽慧脚穿着一双破旧的旅行鞋，带了一双旧毛袜。她又解开粗布外衣，给我们一件一件地看她穿的毛衣，并非常风趣地说，我的衣服是开天窗的，非常灵活。她穿的毛衣，都是穿了多年的旧毛衣。看过他们的衣服、鞋帽后，想到在漠河观测日全食会在外边站很长时间，学校领导特意为两位老院士送去了毡底棉布鞋。他们非常喜欢这样既轻便又暖和的大棉鞋，在场的人都对何先生说，把您的那双旧旅行鞋扔掉吧。何先生却非常坚决地说："不能扔，我回到北京仍然可以穿它乘班车上班。"并且非常认真地要看买鞋的发票，付给我们钱。

何先生是第一次来黑龙江，在我们再三说服下，两位老院士答应从漠河回来到虎园看看东北虎。正巧这天是何先生八十三岁生日，她又属虎，两位老院士孩子般兴致勃勃地看了东北虎后，我们想在虎园为何先生买个生日礼物，听说是我们要出钱买，她说什么也不肯，最后我们请老校长出面，就说是他为她买的生日礼物，才欣然接受了。谁知又惹来了这位老科学家的认真，老校长王大珩执意说，我买的就是我买的，一定要由我来付钱。尽管我们再三推让，最后还是把钱给了我们。

从漠河回来，我们看到老校长王大珩仍然带着他的坦克皮帽，何先生仍然穿着她的旧旅行鞋，带着那只旧旅行袋。这就是我们中国知识分子在平凡生活中反映出的伟大和高尚，从而闪烁出一代老科学家的执著追求和无私奉献。

回忆起这些动人的往事，又联想起王大珩院士在讲当年为什么把光机所选在长春建设时说的话："长春有工业基础，有一定的条件，有利于光学事业的发展。那时候，我心里的目标就是要把长春建成中国最大的光学基地，建成像德国'蔡司厂'那样世界闻名的光学城。我们那代人，能得到一个机会为国家做点事情，就心满意足，再也不会去计较什么了。人是习惯了把做事放在第一位的，个人生活其次。我们做起事情来，从来不会从个人生活的角度去考虑问题，都是从国家考虑，从事业考虑。无论是怎样艰苦的地方，大家都是高高兴兴地打起铺盖卷说去就去了。"

王大珩院士作为一位杰出的科学家的辉煌科技人生告诉我们，大学培养人才一定要坚持育人为本、德育为先。从杰出的人才成长的历程看，成大才要有大抱负，更要有大德。能称为"大家"者，必有高尚的人格和博大的胸怀，优秀的创新型工程科技人才要有教学、科研、生产三结合的游韧能力，又要有科学与人文教育融合的文化底蕴。王大珩院士永远是我们学习和研究的典范，他的教育与科学技术思想已成为我国工程教育思想宝库的珍贵财富。我们要世世代代学习和传承他的崇高品德和严谨学风，继承和发展他教研并举、亦能亦德的工程教育思想，为国家培养更多优秀的工程科技人才，告慰我们敬爱的老校长王大珩院士。

参 考 文 献

陈星旦，周立伟，卢国深. 2005. 王大珩传略 [M] //宣明. 王大珩. 北京：科学出版社

陈星旦，等. 2011. 赤子丹心　中华之光 [M] //相里斌. 光耀人生. 北京：科学出版社

崔玉祥，李大勇. 2013. 王大珩科学与教育思想是中国高等教育发展的宝贵财富 [J]. 高等工程教育研究，(5)：94-101

姜会林. 2011. 王大珩院士的教育思想与实践 [M] //相里斌. 光耀人生. 北京：科学出版社

姜会林. 2012. 一位教育家的丰功伟绩 [R]. 纪念王大珩院士逝世一周年大会，北京

李大勇，崔玉祥. 2012. 王大珩科学与教育思想是哈尔滨理工大学发展的宝贵财富 [J]. 科学中国人，(10)：14-18

路甬祥，王大珩. 2005. 序言 [M] //宣明. 王大珩. 北京：科学出版社

王大珩. 1994. 要重视造就和培养跨世纪学术和技术带头人 [J]. 中国科技论坛，(6)：3-4

王大珩. 2005. 技术科学工作者的使命 [M] //宣明. 王大珩. 北京：科学出版社

王大珩. 2008. 七彩的分光 [M]. 南京：江苏人民出版社

王大珩. 2011. 回顾与展望——写在纪念中国工程院创建十周年的时候 [M] //相里斌.
　　光耀人生. 北京：科学出版社

周立伟. 2012. 高山仰止　心向往之 [J]. 科学中国人，(13)：22-29

理 论 篇

  理论篇由高等工程教育理念创新、高等工程教育体制机制创新、高等工程教育人才培养模式创新、高等工程教育课程体系创新构成。

  本篇以观念创新引领高等工程教育人才培养模式、教学与课程体系、体制与机制创新。从顶层设计入手，确立大工程观统领下的全面工程教育理念，坚持以市场需求为导向的多元化人才培养模式和教学体系的改革与创新，推动校企产学研合作协同育人的体制机制创新。为工程科技人才培养体系的建立提供新理念和新思维。

第4章　高等工程教育理念创新

在 21 世纪经济全球化发展过程中，全面工程教育理念在国内外教育界不断被提起，全面工程教育对当代教育变革的影响日益明显。从全球教育变革这一宏观背景来看，强调全过程、全包容、全民性的全面工程教育，正在作为时代需要的工程教育观念得到重视。

4.1　全面工程教育理念

4.1.1　新工业革命呼唤全面工程教育

21 世纪初，美国国家工程院公布了 20 世纪 20 项最著名的工程成就，其中包括电气化、汽车、飞机、给排水系统、电子工程、广播电视、农业机械化、计算机、电话、空调与制冷、高速公路、宇航、互联网、家用电器、核技术和新材料等。工程领域的这些成就改变了世界和人类的生活方式。那些拥有全面先进技术的国家引导着世界发展的潮流，这些国家的人民享有较高质量的生活。在这样一个技术主导的世界里，几乎所有的领域都涉及工程。

一段时间以来，全世界均对工程教育进行了认真的思考和探索。工程知识的长期积累已使人们形成了一种独特的思维模式——工程思维。欧美各国政府都以加强和改革大学教育为己任。为了在理科、工科、社会学科三个领域给学生提供一种容易理解的、基础的知识体系以及多方融会贯通的能力，麻省理工学院提出了"新三科"的观点，强调工程知识是现代教育中必不可少的，工程思维是人类知识的重要基础，所有的学生都应该对工程思维有一个基本的把握。近年来，美国政府几乎每年都要出台有关工程教育改革的各种报告，并直接将工程教育质量和水平与国家安全联系起来。在欧洲，政府努力推进教育体系的全球化和一体化，其中一个重要方面就是构建工程教育质量保障体系。

在 20 世纪，我国的工程教育为国家培养了大批优秀人才，奠定了中国屹立于世界之林的重要基础。但是在 21 世纪，我国工程教育面临着巨大的挑战。第一，工程教育如何培养出大批的创新型人才。我国是在工业基础相对薄弱、工程师资源相当匮乏的情况下建设创新型国家的。我国合格工程师的可获得程度十年来每年的世界排名都很靠后。提高未来工程师的创新能力，工程教育界责无旁贷。第二，在快速变化的工程技术环境下，我国良好的经济发展势头能否突破资源环境瓶颈而得以维持，并在今后形成强大的竞争力，尤其有赖于未来工程师的创造性。第三，工程教育投入大、学制长，我国目前仍不够富裕，却支撑着世界上规模最大的工程教育。如何增加投入，平衡质量、规模与效益是不容忽视的挑战。第四，在全球化潮流中，工程技术也日益国际化，这就要求我国的工程教育界要培养足够数量具有国际视野、能在全球环境下工作的工程师。第五，我国的工程教育还受许多传统思维的束缚，教育界内部重认知、轻能力，社会上很多人也认为科学比技术重要，科学家的地位比工程师高。工程文化不普及，公众的工程素养较差，导致整个社会缺乏发明创造的热情。第六，工程教育师资队伍堪忧。目前的工科教师普遍缺乏工程实践经验，许多教师还缺乏必要的国际视野、教学能力和科学研究能力。

工程教育的改革应着眼于大学生创新能力和工程实践能力的培养，同时应该提高全社会的工程素养，激发整个社会对发明创造的热忱，以构筑工程教育的良好社会基础。

在这样的背景下，全面工程教育的理念得以扩展，但尚有诸多重要问题需要探讨，包括跨层面和跨专业的通识性工程教育、以创新和实践为导向的工程教育、适应技术前沿和全球化要求的教育改革，学习方式的革命、人文和艺术教育以及师资培养等。

4.1.2　全面工程教育理念的内容

全面工程教育着眼于学生创新能力和工程实践能力的培养，致力服务建设创新型国家的政府目标。全面工程教育以"人的全面发展"为目的，注重学生社会能力、专业技能和个人素质的全面提升。全面工程教育理念包括以下三个基本含义。

1. 全过程的工程教育

全面工程教育将工程思维作为人类知识体系中不可或缺的基础，主张工程教育应包括整个教育和专业培养体系，覆盖从幼儿教育、小学、中学到大学本科、研究生和继续教育的各个教育阶段，将工程思维和工程文化根植于整个社会。

我国基础教育一般以认知为导向，同时面对升学的压力，高中教育进行文理分科，直接导致创造性的教育没有空间，特别是工程的创造性鲜被提及。在这样的教育过程中，学生不可能形成创造性思维的习惯。新的工程教育理念应让孩子从小开始就理解工程的创造性与综合性，鼓励他们发挥奇思妙想来解决问题。

从搭积木开始，幼儿便开始接受工程的概念。积木拼成的一部汽车、一座桥梁、一架飞机都是他们认识工程世界的开始。教育机构应该和玩具制造商合作，为孩子设计更加丰富多彩、与工程相关的玩具。小学阶段，"木匠教学法"值得提倡，给孩子一些木块（木材）和量尺，由他们去量木块的长宽高等，然后拼造一些简单的物体。这样他们在实际操作中就学会了用尺子，也理解了线段长短间的加减关系，教师要能解答孩子在劳动中遇到的各种问题。小学高年级的学生就可以学着做绘图设计，然后动手制作一些家具或模型。中学阶段，学生可以参加较为复杂的工程体验活动，如设计电子电工装置、修理家用电器等。有条件的学校可以实行类似"自行车计划"，让学生就设计目标进行创新构思，再把它做出来。大学阶段，可以组织更多跨学科的团队进行各种工程问题的研究和设计制造的实践，如汽车、机器人、飞行器等，也可以开展大学生创业活动，将工、理、文、商的学生组织起来，进行小型企业运作的尝试。

2. 全包容的工程教育

全面工程教育强调观察世界的全面视角，在人才培养过程中应综合技术和人文、技术和商贸，培养学生以多学科方法解决实际问题的能力。全面工程教育一改通识教育的传统，将工程通识内容纳入其中，主张非工程类学生也要对工程方法有基本了解。学生可以通过体验工程设计、解题方法和工程决策来扩展知识，奠定工程思维基础，使受教育者在进入社会以后能够很快适应当今工程化了的世界。

全面工程教育不是工程主义的教育。正如威尔逊所指出的，大多数困扰人们的日常问题，需要运用自然科学、社会科学和人文科学的综合知识解决，只有很好地融合不同学科才能看到世界的本来面目。许多看似技术的问题，实际上必须依靠多学科综合的方法解决。例如，解决资源和环境问题，必须运用人类共同的人文精神、经济学的智慧以及技术的不断进步才能妥善解决。又如，生物工程问题中有许多涉及社会伦理学问题。我们的教育应该让学生知道，人的情感并不是通过一把尺子、一杆天平或是任何精密仪器可以简单进行度量的。因此，人文、艺术和社会科学教育是不可或缺的。应该鼓励学生接触多种文化，学会欣赏和尊重其他文化，学会与不同的人群交流与沟通，能在多文化的团队中工作。在教学方法上，全面工程教育努力使学生从依赖型学习者变为独立型学习者，进而成为互助型学习者，并在实践中把自己打造成合格的人才。

实施全面工程教育，将更加强调面向工程实践和技术前沿，让大学生在实践技能和社会活动能力诸方面都得到发展。在我国工程教育资源还不够充分的情况下与企业联合，启动合作教育项目是加深学生对工程技术的理解，提高学生动手能力的重要途径。政府部门应采取措施鼓励企业"先期介入"，加强企业参与度，同时学校应在培养目标、课程设置、教师配置、学生实习、毕业设计等方面与企业进行积极的沟通与互动。

全面工程教育的目标是使受教育者对全球经济、政治、技术的变化趋势有所认知，有崇高的职业道德和敬业精神，拥有多种技能，有创造性和实践能力，在多学科环境下显示出自信和灵活，善于处理各种复杂问题，善于把工程技术用于非传统领域。他们还应具有团队合作精神，能有效地与别人沟通与合作，对企业环境、顾客和市场竞争有洞察力，善于终身学习保持领先，以发挥引领社会的作用。

3. 全民的工程教育

全面工程教育强调工程思维对全体民众的草根性影响，主张强化工程教育的平民意识。提升公众的科学素养，首次作为官方文件的一部分写进了我国《国家中长期科学和技术发展规划纲要（2006—2020 年)》。到 2020 年，希望国民的科学认知能力能提高到西方国家现在的水平。我们认为提高人们对于工程的认识具有同样的重要性，工程素养也应该作为公民素质不可缺少的一部分。只有当工程师发明创造的精神有了广泛的社会基础，我国也才有可能真正成为创新型的国家。实际上，我国公众对工程和工程教育的认知甚少，简单的如高考选择专业志愿，许多家长对工程专业全无了解，无法给孩子提供必要的指导，即使中学教师，在师范阶段一般也没有接受过工程方面的教育，未必能提出什么建议。因此，许多选择工科的学生往往有较大的盲目性，入学后很难建立专业思想。

全面工程教育致力使工程思维根植于整个社会，主张强化工程教育的"草根"意识。这种民众意识是介于精英与平民之间的一种意识，它具有两个基本的特点：第一是顽强，有根基，具有自强不息、厚德载物的生命力。作为一种变革教育体制的新哲学，全面工程教育主张用工程文化的普及和工程思维顽强的生命力来影响整个社会，激发全民族发明创造的热忱，提升国家在全球竞争与合作过程中的领先力。第二是广泛，遍布教育系统从底层到顶层的每一个角落。对于国家创新力的提升而言，强化工程教育的草根意识尤其重要。创新的要求其实是一个金字塔，知识发现是金字塔的塔尖，塔尖下面还有应用发明、技术创新、集成创新等基层创新。离开基层创新，我国的整体创新能力是不可能达到塔尖的，忽略基层创新而想跨越至塔尖，是很不现实的。

全面工程教育鼓励工程教育工作者撰写介绍现代工程和工科专业的书籍，通过开展社区、社团活动、开设讲座等形式，广泛地普及工程文化，帮助公众理解和体会工程对于社会文化体系的影响，认识到工程在应付复杂而多变的各种挑战中的作用。

4.2　工程观与高等工程教育观念

自 20 世纪 70 年代以来，世界性的新技术革命对工程活动产生了巨大影响，工程活动对知识、技术、能力综合的需要达到了前所未有的程度。同时，工程活动的经济效益及其对生态、能源、环境等方面的影响也日益明显。在此背景下，人们的工程观念发生了变化，工程内部的系统综合和工程在社会大系统中综合的必要性正被越来越多的人所认识，大工程观作为一种新的工程理念乃至社会理念已在工程教育界显现。然而，这一理念还必须经过哲学层次的思辨才能最终成熟。我国的高等工程教育也必须进行大幅度的改革才能适应大工程观的理念和现代工程活动的需要。

4.2.1　工程观的界定

工程是综合应用科学（包括自然科学、技术科学和社会科学）原理、技术手段，在物质、政治、经济、社会、法律和文化等限制下，利用和改造客观世界，发展和开发社会所需求产品的有创造力的实践过程。工程是一种创造新物的活动，工程活动的目的是建造一个新的存在物。工程包括对技术内容的事物进行构思、设计、制作、建立、运作、维持、循环或引退的过程。

工程观是人类关于工程活动的主观意识和基本理念，是人类关于工程活动的认识和觉悟，是人们认识和进行工程活动的指南。人们对工程活动的认识随着社会的发展不断变化。

传统的工程观把工程单纯解释为某种专门技术的运用。认为工程活动仅仅包含改造自然的工程活动，认为工程就是对不同领域的技术发明的综合集成，从而把人及由人组成的社会过程排除在工程活动之外。这种"狭窄于技术的工程观"和"技术上狭窄的工程观"已远远不能适应当代科学、技术、工程、社会、经济、文化、生态综合化发展的态势。概括地说，传统的工程观具有这样几个特点：一是没有把生态规律与人类的社会活动规律视为工程活动的内在因素；二是工程科学的理念尚未形成，尚未建立起科学的工程理论；三是工程活动主要体现人与自然的关系中人类改造自然的一面，忽视了自然对人类的限制和反作用的一面；四是不重视工程对社会结构与社会变迁的影响和社会对工程的促进、约束和限制作用。在传统的工程观中，仅将生态因素、社会因素视为工程活动的外在约束条件，忽视了工程的社会性、生态性和系统性特征。随着人类社会的发展，工程活动对生态环境、人类社会生活的影响日益增强，对人类的生活质量产生了越来越严重的负面影响，不得不引起人们对传统工程观念进行彻底的反思。

4.2.2　大工程观的提出

随着现代科学技术的渗透和综合，现代工程的科学性、综合性、社会性、实践性等特点日渐突出，人们对工程的理解正在发生着变化，以往那种把工程单纯解释为某种专门技术的运用观念，逐渐被"大工程"观念所取代。当代工程活动不应是一味改变自然的造物活动，而是协调人与自然的关系，造福子孙后代的造物活动。当代大工程观的确立反映了当代工程科学与工程技术和社会、经济、文化、生态交叉融合、协调建构的新趋势，对于开展工程教育和培养中国现代化建设的工程人才有重要意义。

"大工程教育"是 20 世纪末美国工程教育界"回归工程"的直接产物。1995年，美国麻省理工学院院长乔尔·莫西提出，大工程观的术语是对为工程实际服务的工程教育的一种回归。其含义是要将人类建立在科学基础上的工程教育回归到更加重视工程实际，以及工程本身的系统性和完整性上，让学生接触到大规模复杂系统的分析和管理过程。这不仅是指对有关技术学科知识的整合，而且包括对更大范围内经济、社会、政治和技术系统日益增进的了解，从而培养具有集成知识、系统方法和工程实践的人才。

20 世纪末中国工程院组织调研组对我国工程教育改革的发展问题进行了深入研究。该研究报告指出，从大工程观念出发，作为一名合格的现代工程师既要具备一定深度和广度的科学基础，又要有一定的本专业知识和动手解决实际问题的能力，还必须对经济环境（市场）、社会环境、公共政策、人际关系、道德规范、审美和自然环境有一定的了解与适应。

大工程观的基本内容包括工程价值观、工程系统观、工程生态观和工程社会观。

工程价值观的基本思想是以人、自然、社会协调统一与可持续发展为基础的人类福利价值创造。这种价值观体现了价值综合的特点，具有多元价值统一的特点。

工程系统观是指工程活动系统必须与其他的系统相协调。因此，工程师在工程活动中要树立系统科学的观念与系统思维的方法，科学地处理工程实践中的系统问题。

工程生态观要求工程活动要遵循生态活动的规律，使社会、经济、生态和谐共处，可持续发展。

工程社会观认为工程活动本身不仅是一种纯粹的技术活动，也是一种社会活动。工程实践的过程也就是社会结构与社会关系重新建构的过程。在当代的学科交叉渗透趋势下形成的大工程观是对工程和工程活动的新认识，是对传统工程观的扬弃和超越。

高等工程教育必须应对工程全球化、工程社会性和工程复杂性的挑战，实施大工程观引领下的人才培养模式改革，建立大工程观指导下的高等工程人才培养体系。工科人才培养模式要转向全面的工程教育，加大创新型工程科技人才培养的力度，强化以工程实践能力训练为重点的实践教育。

4.2.3　大工程观的表述

　　美国工程教育界根据美国当代经济社会发展的状况，对高等工程教育进行了深入的反思和研讨，形成了这样一种思想：面对急剧变化的当今世界，工程教育必须改革。而工程教育的改革方向是要使建立在学科基础上的工程教育回归其本来含义，更加重视工程实际以及工程本身的系统性和完整性。有人把这种思想称为大工程观视野中的教育观，美国工程与技术认证委员会曾对 21 世纪新的工程人才提出了 11 条评估标准。我国有学者也曾对美国工程与技术认证委员会所强调的侧重点进行归纳：一是工程实践能力；二是多学科的背景和多方面的能力；三是职业道德和社会责任感。这些开创性的工作，为进一步认识大工程观奠定了良好的基础。

　　1. 大工程观的哲学表述

　　大工程观是将工程教育与科学教育进行比较后提出的一个概念。科学思维具有分析的品格，而工程思维则具有综合的品格。有学者认为，科学思维（也称理论思维）是认知型思维，其特点是逻辑一贯；而工程思维是筹划型思维，其特点是非逻辑复合，因为工程是"对逻辑发现的属性进行非逻辑的复合"。科学可以而且必须一项事物、一项事物地进行认识，一个道理、一个道理地进行辨析。而工程则必须把所有相关的事物联系到一起，综合考察并驾驭它们之间的相互作用，这种综合是操作性的综合，没有这种综合工程活动就不可能成功。进一步地看，工程的综合性不仅体现在操作的综合上，还体现在工程与社会大系统更大的综合上。科学追求的是真理，考虑的是某一命题的真与假；而工程追求的是效用，考虑的是某一活动的利与弊。利弊问题就是价值问题，如生态环境问题、资源安全问题、伦理道德问题等。因此，有学者认为，科学思维（理论思维）在程序内容上是非价值化的，而工程思维在程序内容上是价值化的。由于价值问题的出现，工程就必须把科学、技术与伦理价值进行综合。又由于社会是多主体、多目标、多价值取向的，工程所涉及的伦理价值本身就需要进行综合（即价值综合），达到各相关方的利益协调。

　　此外，一项好的工程应该是美观的工程，也是能令使用者舒适的工程。因此，工程又要把科学、技术、伦理价值与艺术进行综合。而社会的多主体也必然形成审美的多样性，所以工程涉及的艺术本身也需要进行综合，实现在若干审美观间的协调，这是工程的审美综合。对于工程而言，价值综合的目的是在复杂的价值领域中把事做对，操作综合的目的是在复杂的物质领域中把事做成，审美综合的目的是在复杂的审美领域中把事做美。在这三种综合基础上更大的综合，即操作、价值、审美的综合，则是工程活动的"真善美"的大综合。在实际生活中，任何工程的"做对、做成、做美"都只能是相对的，都受到特定的时空条件的制约，但工程人员对社会负责的责任意识应该是绝对的。所以，责任意识这个价值理念就从所有价值理念中凸显出来，成为工程思维最重要的价值理念。

从哲学层面来表述大工程观的性质，即以责任意识为导向的操作综合、价值综合和审美综合的统一。其中，责任意识是大工程观的灵魂，操作综合、价值综合和审美综合分别是大工程观在经济、社会、文化三个方面的体现，三者的统一则是大工程观的系统性的全面展现。

2. 大工程观的工程表述

从大工程观内容的具体描述中，可以归纳出两大特点：思维的整体性和实践的可行性。工程的思维是"为行而思"的思维，是面向实践的思维；而工程的实践是"思后而行"的实践，是理性的实践。大工程观的操作综合、价值综合和审美综合，通过综合的思维为综合的实践提供合理性，而综合的实践则赋予综合的思维以现实性。这种以现实性为目标的合理性，不可能是完美无缺的，只能在现实条件的范围内争取有限满意。一项工程，除了以工程本身的效用为社会提供某种使用价值外，还会在管理、经济、环境、文化等方面对社会产生影响。

现代工程是"研究—开发—设计—制造—运行—管理"等环节组成的工程链，这条链越往前技术含量越高，越往后经济含量越高，所以需要懂管理、会经营、具有较强动手能力和创新能力的高质量的工程技术人才。一项好的工程应该在管理方面表现为高效性，在经济方面表现为集约性，在环境方面表现为可持续性，在文化方面表现出和谐性。为此，在工程的设计和实施过程中，必须在多种利益、多个目标、多条途径中进行选择，因此就必须将工程技术、科学理论、艺术手法、管理手段、经济效益、环境伦理、文化价值进行综合。

综上所述，可以对大工程观的内容进行这样的工程表述：思维整体性与实践可行性的统一，工程与科学、艺术、管理、经济、环境、文化的融会。其中，工程技术是主体，科学理论是基础，艺术手法和管理手段是辅助，经济效益、环境伦理和文化价值是统筹对象。

4.2.4　大工程观的含义及特征

1. 回归工程、大工程观、工程系统学

"回归工程"、"大工程观"这两个概念是从不同视角对 20 世纪 90 年代开始的美国工程教育改革思想的归纳和总结。两者的区别在于：回归工程运动（莫尔称为工程系统运动）是工程教育改革思潮，是与工程科学运动相对应的形而上的概念。大工程观则是回归工程运动的结果，是在回归工程思潮运动过程中，在工程教育改革实践中形成的一套指导工程教育改革实践的教育教学理念，具有实践性、可操作性，其内涵与外延已经大大突破单纯的回归工程运动本身，其不仅是一种教育理念，更多的是一种指导解决工程系统基本问题的思想及方法，这就是工程系统学。工程系统学是大工程观理念的进一步完善与具体体现，主要应对大型复杂工程系统问题，其核心概念是工程系统。

中国经常使用的术语"回归工程运动"，是为了克服工程科学运动的局限而应对当前社会需求的教育思潮。一方面，它意味着从过分注重工程科学到注重工程实践的转变，回归工程教育的本来含义，是从科学模式回归工程模式。另一方面，它又是指通过重新整合不断分化的学科，从而创建新的工程学科的过程。这种回归工程运动的"回归"并不是完全否定式的回归，它是在肯定工程科学的基础上重新重视或者增强工程实践的内容。这种对工程实践的回归不是简单地对工程实践经验的回归，而是在工程科学理论指导下的工程实践。这种回归也不是完全复原式的回归，它不是简单地复原原本属于一体的工程学科，而是切合时宜地将一些工程学科进行创造性的整合与集成。

2. 大工程观特征

大工程观作为一种现代工程观，与传统工程观或近代工程观比较，表现出如下突出特征：

（1）大工程观将科学、技术、非技术要素融为一体，形成完整的工程活动系统。注重工程技术本身的同时，把非技术因素作为内生因素加以整合，引入工程活动，重视对整个工程系统的研究。工程活动包含着对生态环境结构与功能的重塑，与社会相互协调发展，既改造环境又保护环境，促进环境的可持续发展。

（2）大工程观重视多元价值观统摄，力图实现多元价值观的整合。现代工程将科学、技术、经济、社会、环境生态、文化、审美艺术、伦理道德等价值观整合起来，指导工程实践，创造一个人工的实体。人工实体一旦生成，就成为一个社会文化的实体，并围绕其形成新的社会结构系统。

传统工程观价值观单一，主要以追逐经济利益为目的，创造一个经济技术实体，工程活动价值指向是以人类为绝对主体，对作为客体的自然界的改造活动，忽视自然本身的内在规律，以及对人类活动行为的限制与反作用的功能，忽视工程对社会结构与社会变迁的影响，忽视社会对工程的促进、约束和限制的作用，因而难以全面把握人与自然的互动关系。

（3）现代大工程活动属于知识密集型实践活动，用丰富的知识替代相对稀缺的自然资源。传统工程多属于劳动密集型工程和资本密集型工程，这种传统粗放型的资源利用方式易引发生态危机。

3. 大工程观的本质与内涵

工程本质上是多学科的综合体，是以一种或几种核心专业技术加上相关配套的专业技术所重构的集成性知识体系，是创造一个新的实体。工程活动就是要解决现实问题，是实践的学问。工程的开发或建设，往往需要比技术开发投入更多的资金，有很明确的特定经济目的或特定的社会服务目标，既有很强的、集成的知识属性，是整合与集成，同时又具有更强的产业经济属性。现代工程朝巨型化、集成化方向发展，呈现技术高度集成化趋势，同时大型工程对环境生态、人文、政治经济活动产生显著的影响。因此，大工程观的本质就是将科学、技术、非技术、工程实践融为一体的，具有实践性、整合性、创新性的工程模式教育理念体系。

大工程观是从实践的视角，将大型复杂工程系统存在的传统与非传统属性上升为学术研究领域，演变为改革现代工程教育的理论体系，经历各学科各部门人员的不断努力、丰富与完善，而逐渐形成工程系统学理论体系，其外延与内涵进一步扩大。大工程观不是指工程规模本身的"大"，而是指为复杂工程提供理论支撑的科学基础知识系统范围的"大"，涉及各方面学科的交叉与融合，远远突破工程科学知识本身的范围。大工程观就是"以整合、系统、应变、再循环的视角看待大规模复杂系统的思想"，包含以下三个层面的内容。

（1）整体论的思想。整体论是大工程观的典型特征，要求在描述和分析工程系统时，关注工程系统整体的架构，要抽象地将其作为一个整体来思考，而不仅是相对独立的各分支部门，要求用联系的观点看待问题。不仅要把工程系统看做一个整体，而且要将其放到更大范围内的政治、经济、文化等社会背景中，把它们共同看做一个整体。

整体论思想体现在工程系统方面的思考模式就是整合、集成、综合，关注支撑大型复杂系统工程的各学科之间理论的系统性与关联性，工程学科之间的整合与综合，关注工程系统与工程背景的整合。

整体论思想体现在工程实践系统层面就是工程系统中的工作人员，不仅是运用工程科学、技术、工程方法、企业管理标准、社会因素中某一学科方面的知识开展专业化的工程活动，而且必须综合这些学科知识运作工程系统，关注来自不同学科的工程师与其他专业人员团队协作，关注工程过程，关注技术手段的选用，关注多元价值观对工程师的求解问题方法与途径的制约。

整体论的思想反映在工程教育系统层面：一是建立多学科整合系统；二是实行通识教育，培养的工程师要具备技术知识、沟通技能和金融知识、对社会问题的感知能力，以及基于伦理道德的是非判断能力，是宽厚理论体系与实践能力兼备的通才。

　　具体的工程教学改革措施：重新审订工程教育培养目标与课程计划，将比较深入和多样化的人文社科内容整合到工程教育计划中；设立多学科小组，围绕未来工程实践、技术、社会专业大背景研究工程教育"教什么、学什么"，由其重组完整的课程设置和教学，建立交叉学科；不断开发和实践有效的教学方法；改善教师和组织结构，工程领域和其他学科的教师作为一个整体更深入地密切合作，共建跨学科项目团队；设计和实验同等重要，通过工程设计整合理论教学与实践教学；开发学生的人际交往技能以及灵活运用多元文化思考的能力；优化教师队伍，与企业合作，为教师创造更多的机会以提高他们的工业素养和工程设计方法论知识。

　　整体论的思想反映在工程教育运行机制层面，就是要建立一个横跨各系科之间的工程系统部门（engineering systems division，ESD）。

　　（2）应变的思想与方法。理念是行为的先导，大型复杂系统工程遵循"理念—设计—工程实体"这一模式，大型工程系统的设计与管理，与其说是在做物质化的工程，还不如说是在"做一种思考的理念与工程系统模式（engineering systems mode of thought）"，是将思想借助于物质技术手段，具体外化为一个物质实体的过程。

　　新创造的工程实体一旦生成，就成为物化的"生命"系统，可能随时间的变化而发生改变。为了应对工程系统运行过程中可能发生的各种问题，应变的思考模式或者思考大型工程系统的方式充斥整个工程系统。应变策略设计是找出系统中相对稳定的那些因素，如果系统的宏观架构一般相对稳定，那么这些宏观架构就作为系统的主体属性，这些宏观架构恰恰反映在工程教育的课程设置上，作为课程教学的主体内容。

　　应变的思想与方法反映在工程教育层面，就是工程教育终身化，必须培养学生终身学习能力；精简学科教学内容，加强对基本概念与原理的掌握，不需要对整个知识领域的覆盖，给学生以充分的时间思考和参与社会活动；教学中帮助学生学习如何运用基本原则，发挥主动精神，用自己的自信心和判断力应对新问题；重新设计多样化的工程教育系统，满足不同人员终身学习的需求。

　　（3）再循环（recycle）的思想与方法。在大工程观中，再循环的视角非常普遍。大型复杂系统工程成本高，功能复杂，一旦生成，功能相对稳定，而社会总是不断变化的。大工程观中，设计工程系统时必须重点关注其循环使用周期与长远发展问题，关注工程系统的灵活性，可以更容易地给系统增加新的功能，或者改变现有的功能，使其重新适应变化的需要。

　　值得注意的是，莫尔提出的大工程观，只是强调要远离纯粹（pure）的工程科学导向，扭转工程科学极端化的趋势，而不是要否定或者削弱工程科学研究。事实上，莫尔同样重视工程科学在工程教育中的支撑作用，承认工程科学研究的优势:"它能够解决具有精确或者接近精确答案的问题,而且工程科学在许多领域是非常成功的。"正是工程科学和技术的不断发展给原来的工程教育课程不断补充新鲜血液。而且工程教育中通过强化科学知识的一致性,很方便地将新的科学发展融入工程实践。但是,大工程观要求的工程科学研究要在学科之间进行创造性综合,与传统科学研究的分门别类、越分越精细有所不同。

4.3　高等工程教育人才培养观

高等工程教育的教育理念是为社会输送合格的工程技术人才。现代大学具有人才培养、科学研究、社会服务和文化传承创新四个方面的功能,其中人才培养是大学的主要功能。随着科学技术和世界经济的发展,当前的高等工程教育的教育理念也出现了一些新特征。教育必须与社会发展相适应,随着社会、经济及科技的发展,要实现强国梦,实现行业振兴及产业优化升级,需要充足的创新型专业人才。教育观念是人才培养的指导思想,引领高等工程教育的发展。

4.3.1　人才培养理念

理念是对某种事物的观点、看法和信念。教育理念是长期形成的具有教育价值取向的反映、体现和追求,是关于教育发展的一种理想性、精神性、持续性和相对稳定性的观念,具有导向性、前瞻性和规范性的特征。教育理念分为三个层次:宏观教育理念、一般教育理念、教与学的理念。从宏观教育理念到教与学的理念,是一个从抽象到具体的过程。

高等工程教育是高层次的创业教育,其理念是培养掌握工程技能的工程技术人才。高素质的工程技术人才需要宽厚的专业知识来支撑,本科高等教育的知识构成,分为四个层次:基础知识、专业基础知识、专业知识、专门化方向知识。学生基础知识的学习,要加强科学教育与人文教育的交融。专业基础知识的学习,应构建广阔的专业基础知识平台,在知识的质和量、构成与体系上,打牢厚基础、宽口径、高素质的可靠根基。

目前,在教学改革中,要正确处理好知识、能力与素质之间的关系。素质是在先天遗传的基础上,通过后天的实践将所学的知识与在实践中的感悟加以升华,内化为稳定的品质;而能力是素质的一种外在表现。社会对人才有专业素质与非专业素质的要求。非专业素质的培养是从小就开始的长期过程,主要表现为组织能力、表达能力、思想性格特征、独立能力、环境适应性与观察思维能力、身体素质、经营能力等。而专业素质能力则主要反映为专业基础知识、工作经验与经历、科研创新能力、实际工作能力等。

4.3.2　人才培养目标理念

高等工程教育人才培养目标理念为社会化培养、工程化培养和现代化培养。实质上是培养工程科技人才应具有的做人、做事、做学问的真本领。

1. 社会化培养

社会化培养主要培养学生如何做人。高等教育的目标是培养合格的社会建设人才，社会化教育是高等教育的有机组成部分，是由大学教育的德育、智育、体育、素质教育、心理健康教育等相关内容组成的一个有机整体。

大学生的社会化教育是高等教育目标中不可缺少的方面。在我国，由于升学压力，学生在小学和中学阶段的社会化培养往往不充分；此外，独生子女的成长环境问题、日益严峻的就业形势，使得在大学阶段还需要继续对学生进行社会化培养。

社会化培养的主要内容为人生目标教育、社会人教育、正确的社会观教育、社会适应能力培养、心理素质教育、语言和计算机能力培养、体育和健康教育、社会实践等。大学生社会化教育的有效途径为：开设与结合有关的课程进行教育，开展多种类型的社会实践活动与校园活动，组织开展大学生创业活动等。社会化教育内容强调与社会生存需求联系密切；教学形式以实践为主，灌输为辅；教育核心是通过社会规范的内化，使学生增加社会化经验，提高社会化认识，增强社会适应性，做对社会有益的人。

2. 工程化培养

工程是人们应用科学理论和技术手段改造客观世界的具体实践活动以及所取得的实际成果。现代工程具有科学性、创新性、务实性、系统性、复杂性、制约性和多元性等特点。工程也是一个发展着的概念，不仅应用于物质生产领域，属于"硬"的范畴，而且已扩展到"软"领域，如同"软科学"、"软技术"一样，工程也有了"软工程"，如管理工程、教育工程、社会工程等，使其内涵得到了延伸和拓展。

工程化培养是高等工程教育的主要任务。工程化培养内容，主要侧重在"硬"工程技术领域，同时也有一些"软"工程技术内容，以培养学生的综合素质和能力。学生的工程化培养目标，应从工程发展对人才能力要求的角度来进行。首先，要使学生树立工程化思想，此外，还要掌握扎实的专业基础知识，获得必要的工程实践经验，掌握基本工程技能。工程化培养强调实践，强调知识和技能的综合，强调工程安全的基本原则，强调工程的技术保证与经济节约。

3. 现代化培养

现代化培养着重于培养学生的现代综合素质和技能，即进行高素质人才培养。现代化的高等教育，面向网络化、知识化、信息化、国际化，面向知识经济下的新学科、新产业、新经济，不仅培养学生具有新的思想观念，如质量的观念、环境保护与可持续发展的观念，而且还有新型的知识结构，具有创新精神与创业能力。现代化教育考虑知识的时效性，注重学科的综合与知识细化，注重前沿知识的学习和掌握。现代化教育的培养方式具有开放性与多样化，教学管理具有灵活性，教育手段现代化、高科技化，培养目标差异化，培养规划、教育观念和内容超前化，培养方式特色化。

4. 专业平台＋特色发展

根据各种工程专业的性质与特点，按照厚基础、大工程、通才与专才相结合的人才培养原则，来确立专业平台＋特色发展的人才培养理念。根据专业平台＋特色发展理念，对传统课程进行整合与改造，体现出课程内容的基础性、先进性、实践性、综合性和学科前沿性，建立多样化、多层次的创新人才培养目标，构建多样化的创新实践教学体系，创建专业特色实习基地，以厚基础、宽专业、有特色人才培养理念，培养学术研究型、设计开发型、工程应用型、技能型和综合型实用人才。

4.3.3　人才培养过程理念

创新人才培养是个综合的系统过程，从不同的角度来分析，人才培养对应有不同的培养过程。

1. 人才培养途径理念

创新人才的培养途径理念有："受教育"、"干中学"，此外，还有混合式，即理论—实践—再理论—再实践的方式等。

提高人力资本的途径，有"受教育"与"干中学"两种方式，与此相对应，高等工程教育的人才培养，也可分为理论教育与实践教育两种途径。与混合式方式相对应，高等工程教育可采用"夹心式"的人才培养方式。

（1）"受教育"与理论教育。"受教育"即接受学校正规教育，接受人才的专业化培养。在各种人力资本投资途径中，"受教育"被认为是最直接、最有效、最快速提高人力资本的方式，教育的目的就是直接促进人的知识增加和技能开发。教育有广义和狭义之分，广义的教育包括三种形式：学校正规教育、非学校正规教育和非正规教育，也称为边干边学。狭义的教育只包括学校正规教育，它是发展中国家开发人的知识和技能的典型教育形式。这里所指的"受教育"即主要指学校正规教育。教育投资是指以一定的成本支出，来获得在各种正规学校里系统接受知识教育机会的智力活动。教育投资是整个人力投资中最核心的组织部分，是人力资本投资的主要方式。

教育有利于提高人力资本存量，增进个人和社会福利，促进经济和社会的全面发展。高等工程教育可为国家和社会输送大量合格的人才，促进国家的发展和经济的繁荣。高等工程教育中的理论教育，是根据专业的特点和人才培养目标，设置的专业课程体系，通过相应的课堂教学环节，使学生完成理论知识的学习，建立起从事该专业的知识体系。

（2）"干中学"与实践教育。在知识经济时代，知识和技能的淘汰速度加快，知识也出现了时效性。要与时俱进，需要工程技术人员树立"干中学"和终身学习理念，在工作中不断提高自己的知识水平和工作能力。"干中学"也是提高人力资本的一种重要方式。从宏观上来说，"干中学"可以支持经济的长期增长，从微观上来说，"干中学"可以支持人才的不断发展。终身学习的理念，即活到老、学到老。保持开放的心态，保持积极进取的精神，善于学习新知识，掌握新技能，乐于接受新事物，与时俱进，做现代化的工程师。

"干中学"不需要直接投资，也不需要脱离工作岗位，是介于教育和在职培训间的一种人力资本形成方式。与在职培训相比，"干中学"更强调自我学习。通过激发技术人员内在的工作热情，在完成工作的过程中通过努力，克服一定的困难，促使劳动者的自我学习和自身工作技能的提高。在现代社会，具有一定人力资本存量的技术人员会主动地适应工作环境的变化，通过搜集与工作相关的信息进行自我投资和教育，在"干中学"，多快好省地完成本职工作。"干中学"的收益，一方面提高了技术人员的人力资本，另一方面增加了企业的人力资本总量，并产生外部效益，使企业与整个行业的效益得到提高。

高等工程教育的实践教育是一个重要的教学环节，实践教学内容涵盖各种实验、认识实习、生产实习、课程设计、毕业设计等。工程实践强调理论与实践相结合、产学研结合，强调学生动手与动脑相结合。通过一系列工程实践活动，丰富提高学生的专业工程知识与技能，更好地实现学生的工程化培养。

（3）混合式与"夹心式"。根据从生产中来、到生产中去的方针，工程技术人才培养的最好方式，是混合式方式。混合式接近于终身学习理念，但又具有螺旋上升，不断进步的特点。

工程技术具有很强的实践性，高等工程教育的人才培养，可以采用"夹心式"方式，即在校学习—工程实践—返校再学习的方式。例如，采用"校内3年—实习1年—再校内1年或2年"的模式，进行人才培养，以取得更好的效果，这是一种凸显社会化和工程化的人才培养理念。

2. 内外因结合的理念

从内外因相结合的角度分析，创新人才的培养可通过环境培养与自我设计相结合的方式来实现。对于个人来说，环境培养是外部因素，包括教育模式、教育环境、外部提供的各种学习机会等。在一定的环境与条件下，学生个体要充分利用外部环境条件，利用各种教育资源，珍惜各种受教育的机会，锻炼和提高自己的水平和能力。同时，学生个体还应根据自己的主客观条件，在教师与家长的指导下，进行自我人生设计与规划，凝练专长与特长，提高就业的核心竞争力，在充分利用外部资源的同时，发挥主观能动性，实现自我的快速成长。

3. 网络信息化教育新理念

随着网络技术及信息化的发展，又出现了一些新的教育理念，重要的有资源开放与共享理念、远程及在线学习理念、仿真工程实践理念及思考与质疑理念。

（1）资源开放与共享理念。资源开放与共享及远程教育理念，是当代教育一个重要的有强劲发展趋势的教育理念。教育资源包括教育软、硬件资源，在保护知识产权的前提下，实现教育资源的开放与共享。最大限度地实现教育公平，从而实现社会公平。

我国的高等教育资源是稀缺资源，实现资源开放与共享，对我国教育水平的提高，教育效益的提高，具有十分重要的意义。实现资源开放与共享，是既符合国情，又具有国际发展趋势的高等教育模式。

2001 年 4 月 4 日，美国麻省理工学院院长查尔斯·韦斯特（Charies Vest）宣布 MIT 开放课件 OCW（MIT open course-ware）项目，计划在 10 年内把所有的课程材料上网，供全世界的人免费下载使用。由此显示了一种资源开放与共享的理念与精神，其现实与深远意义在于为世界提供了一个传播知识、大学和学者之间合作的全新模式，以提高全人类的知识水平。在我国，建立一定的规范和制度，实现资源的相对及完全开放，各自从中获得自身的特殊利益，从而发展整体利益，最大限度地提高教育资源的利用价值，提高我国高等工程教育的竞争实力，具有重要深远的社会意义。

大型开放式网络课程，即 MOOC（massive open online courses）。2012 年，美国的顶尖大学陆续设立网络学习平台，在网上提供免费课程，Coursera、Udacity、edX 三大课程提供商的兴起，给更多学生提供了系统学习的可能。2013 年 2 月，新加坡国立大学与美国公司 Coursera 合作，加入大型开放式网络课程平台。新加坡国立大学是第一所与 Coursera 达成合作协议的新加坡大学，并于 2014 年通过该公司平台推出量子物理学和古典音乐创作的课程。

（2）远程及在线学习理念。远程及在线学习理念和资源开放与共享理念、终身学习理念有密切的联系，都是当代教育的有强劲生命力的新型教育理念，此理念随着网络技术的普及而迅速发展。资源开放与共享为远程及在线学习和终身学习提供了一个很重要的环境条件。

目前，美国是开展远程教育规模最大的国家，80%左右的高等学校向全社会提供各种远程教育，接受远程高等教育的学生，约占全日制在校学生的32%。在美国，通过网络进行学习的人数正以每年300%以上的速度增长。已经有超过7000万的美国人通过 E-Learning 方式获得知识和工作技能，超过60%的企业通过 E-Learning 方式进行员工的培训和继续教育。

2013年5月，清华大学与美国在线教育平台 edX 同时宣布，清华大学正式加盟 edX，成为 edX 的首批亚洲高校成员之一。清华大学将配备高水平教学团队与 edX 对接，前期将选择4门课程上线，面向全球开放。未来，清华大学将在中国建立自己的在线教育平台，进一步拓展在线教育模式，大力推动优质教育资源的开放和共享，为社会提供更为广泛的教育服务。

在线教育提供了一种全新的知识传播模式和学习方式，将引发全球高等教育的一场重大变革。这场重大变革与以往的网络教学有着本质区别，不但是教育技术的革新，更会带来教育观念、教育体制、教学方式、人才培养过程等方面的深刻变化。

（3）仿真工程实践理念。利用现代信息技术，采用多媒体与仿真技术相结合的交互方式，进行仿真工程实践，可以创造出一种身临其境、如历其事的教学环境，在虚拟环境中进行实践操作与练习。可以模拟在现实中难以操作或具有危险性的试验，效果精确形象，在有限的时间内可以获得更多的专业知识和信息。总之，通过模拟真实的或相似实际生产的仿真工程实践，能使学生获得比较直接的感受和体验，从理性与感性两个方面获得认识与提高。仿真工程实践具有形象逼真、经济节约、方便灵活，安全快捷、维护与更新方便等优点，是一种已广泛使用且具有广阔发展前途的实践教学方式。

（4）思考与质疑理念。思考与质疑同创新有密切的联系。只有在思考与质疑基础上，才能有所创新和发展。独立思考、质疑是创造之魂。思考与质疑理念鼓励学生独立思考、质疑一切。通过思考习惯培养和认真实践，来培养学生的创新精神。

思考与质疑理念并非当代才提出，只是在当今这个重视创新的时代，需要特殊重视的一个教育理念。创建创新型社会，进行行业技术创新，增强我国的经济实力，更加迫切需要创新人才。只有坚持思考与质疑，才能培养出具有创新精神的人才。

美国教育注重于孩子批判性思维的培养。19世纪德国柏林洪堡创立大学时所确立的原则是学术自由、教学自由、学习自由。这三项原则曾对美国高等教育产生过重大影响，因此美国历史上曾以柏林洪堡大学为榜样，对美国教育进行改革。如今美国高等教育也形成了 3A 原则，即学术自由（academic freedom）、学术自治（academic autonomy）和学术中立（academic neutrality）。在美国，思考、质疑一切，已经是被全社会接受的美国教育观。

4.3.4　大工程观视域的高等工程教育

1. 高等工程教育的任务

以大工程观来看，21 世纪的工程人才必须具备工程知识能力、工程设计能力、工程实施能力、价值判断能力、社会协调能力和终身学习能力。

工程知识能力，是掌握所从事工程领域的工程知识、科学知识和相关的艺术、管理、经济、环境、伦理、社会、文化等方面知识的能力。

工程设计能力，是以实践的可行性为目标，合理地整合所需的知识，对工程项目进行设计的能力。

工程实施能力，是按照设计方案，对工程项目进行实际建造、运行、管理的能力。

价值判断能力，是在工程设计和实施的过程中，基于责任意识，综合工程使用价值、经济价值、环境价值、社会文化价值和审美价值，进行理性判断与合理取舍的能力。

社会协调能力，是为保证工程设计和实施的成功，进行人际表达、交往、协调、组织、管理的能力。

终身学习能力，是不断汲取新知识、新方法、新理念，与时俱进，保持自身创造力的能力。

上述六种能力中，工程知识能力、工程设计能力、工程实施能力属于工程能力，价值判断能力、社会协调能力属于社会能力，终身学习能力属于自我更新能力。社会能力的提出，是大工程观的价值综合和审美综合的体现。

工程人才要具备上述六种能力，必须按大工程观的理念进行终身学习，而高等工程教育则应该为这种终身学习奠定坚实的基础。为此，高等工程教育必须为学生提供合理的"底线培训计划"，即提供一组成为合格工程人才的最起码的素质培训项目。在大工程观的视野中，高等工程教育的任务应该是以下几种。

（1）培育学生的责任意识。责任意识是大工程观的灵魂，也是自觉增长"大工程能力"的动力。这种培育需要通过包括课堂教学、实践性教学、课外活动、学校管理与学生管理、学生日常生活、校园环境文化熏陶、教职工言行影响等在内的各方面的教育来实现。

（2）培养学生的学习能力。主要是引导学生掌握科学有效的学习方法。除了在教学过程中教师的传授和学生的自身实践外，还应该通过自学、参加课外活动、同学间互相影响等途径进行培养。

（3）指导学生建构工程所需的基础知识和基本能力。包括掌握相关的工程科学知识、自然科学知识、管理基础知识、经济基础知识、法律基础知识、环境基础知识、艺术基础知识，以及策划、设计、实验、制作等工程技能。这些基础知识和基本能力主要是通过教学活动获得的。

（4）培养学生的工程思维能力。这是一种借助上述较为广阔的知识、技能形成的综合思维能力，与科学的分析思维能力有着明显的不同。这种思维能力主要在教学活动中由教师进行适当的引导和学生的自行领悟形成。

（5）指导学生建立基本的价值判断能力。这是运用哲学方法对各种价值理念进行分析、判断的能力。这种判断能力主要通过学生在日常生活中的自我教育、自我管理、自我服务并在参与学校的管理过程中得到培养和持续增长。

（6）培养学生基本的社会活动能力。包括人际的表达、交往、协调、组织、管理、应变能力的训练。这种活动能力主要也是通过学生在日常生活中的自我教育、自我管理、自我服务，以及在参与学校的各项活动中得到锻炼和提高。

2. 我国高等工程教育的缺陷

近年来，一些学者对我国高等工程教育进行了反思，指出了存在的缺陷：轻视实际、脱离实际；人才培养结构体系不够完善，面向实际的工程训练不足，与企业联系不够紧密；办学方向上"面向工程"不够，教学模式和教学方法陈旧，文化陶冶过弱，专业教育过窄，功利导向过重，共性制约过强等。而从大工程观的哲学表述和工程表述中，可以整理出四个关键词：工程、综合、实践、责任。"工程"这一关键词表达了大工程观回归工程本身的思想，即高等工程教育应该是工程教育，而不是科学教育。"综合"和"实践"这两个关键词反映了大工程观的主要内容，也表达了工程不同于科学的分析和理论的主要特点。"责任"这一关键词则点明了大工程观的灵魂，即工程活动所需的品格。对照大工程观的这四个关键词，总结我国高等工程教育的主要缺陷如下。

（1）去工程化。我国高等工程教育采用科学教育的模式，按照科学的学科分类思想设置专业，按照科学教育的习惯设置课程，教育过程中理论教学压倒一切，教育方式重细分而轻综合，教育评价以书面考试为主要手段。这一方面来自于国外的榜样，另一方面受我国传统文化的影响。由于高等教育是从国外传入我国的，国外的模式自然就成为我国的样板。而我国的传统文化中，与"形而上"的理论思维相比，工程技术等"形而下"的操作经验一向得不到重视。

（2）口径狭窄。首先，工科专业的设置按照科学的学科思想分类，划分得过细，最多时达到 3757 个专业，专业面过窄。尽管自 20 世纪 90 年代以来已经进行了大幅度的改革，但这种过细过窄的倾向仍然存在。其次，课程的设置也是按照科学的分类方法进行的，不仅每门课程划分过细、内容过窄，而且没有综合型的课程。最终，导致学生的知识面窄、能力受限，只要越出本专业一步就显得束手无策。

（3）轻视实践。去工程化和教育经费不足导致实践型教学的弱化，教育与相应的产业及企业的联系松散则又在宏观上加剧了轻视实践的现象。可以说，在我国高等工程教育界，教育脱离产业、学校脱离企业、教学脱离实践、学生脱离实际的现象大量存在。在这种情况下，工程实践能力薄弱既是学校的缺陷，也必然成为学生的缺陷。

（4）教管分离。我国高校的教学活动与学生管理活动是分离的，这是我国高等院校的通病，却被大家所忽视。学生在校期间的日常活动是一个十分重要的学习途径，价值综合的绝大部分和能力综合的很大一部分需要通过这一途径实现。而我国高校把学生管理与教学分成完全独立的两套系统，尽管两者的目的都是培养人，但两套系统有各自独立的教师队伍、目标、思想和习惯，难以形成一体化的工程人才培养活动。体系的割裂必然造成结果的割裂，结果的割裂必然造成人才素质、能力的割裂，这种组织结构和管理体制对工程人才综合素质与能力倾向的形成是极为不利的。

参 考 文 献

艾红，石秀竹. 2004. 理论教学与实践教学互动培养学生工程创新能力 [J]. 中国高等教育，(11)：23-24

安宇，张鸿莹，邵长宝. 2010. 论教育理念与人才培养 [J]. 湖南科技大学学报（社会科学版），(3)：142-145

程静. 2003. 高校人才培养模式多样化：诠释与应对 [M]. 北京：北京工业大学出版社

骆守俭，宋来，吴冰. 2010. 全面工程教育背景下工科大学生创业教育模式研究 [J]. 创新与创业教育，(4)：29-35

祁红志. 2010. 大工程观理念下的产学研合作教育 [J]. 高等工程教育研究，(6)：115-116

眭依凡. 2001. 大学校长的教育理念与治理 [M]. 北京：人民教育出版社

涂善东. 2007. 解读全面工程教育理念 [N]. 中国教育报

汪应洛. 2008. 当代工程观与工程教育 [J]. 中国工程科学，(3)：17-20

汪应洛，王宏波. 2006. 当代工程观与构建和谐社会 [J]. 科学中国人，(5)：26-28

王沛民. 1994. 工程教育基础、工程教育理念和实践研究 [M]. 杭州：浙江大学出版社

王雪峰，曹荣. 2006. 大工程观与高等工程教育改革 [J]. 高等工程教育研究，(4)：19-23

项贤明. 2007. 论教育创新与教育改革 [J]. 高等教育研究，(12)：1-7

谢笑珍. 2013. "大工程观"的涵义、本质特征探析 [J]. 高等工程教育研究，(3)：35-38

余寿文. 2007. 关于高等工程教育几个基本概念研究的注记 [J]. 高等工程教育研究，(1)：6-9

第5章 高等工程教育体制机制创新

高等工程教育创新是推进教育创新的重要内容。高等工程教育内部管理体制与运行机制创新是高等工程教育创新的关键所在。近年来，我国高等工程教育在《中华人民共和国高等教育法》等法律、法规的指导下进行了积极探索，取得了一些成效。然而，高等工程教育内部管理体制、运行机制与社会主义市场经济体制还很不适应，严重制约着高等工程教育的发展，因此探索高等工程教育内部管理体制与运行机制的创新势在必行。由于高等工程教育以高等工科院校为主要培训场所，研究高等工程教育内部管理体制与运行机制时，主要阐述高等工科院校内部管理体制与运行机制。在高等工程教育理论研究的基础上，剖析了内部管理体制与运行机制存在的问题，探讨了内部管理体制与运行机制创新的途径。

5.1 高等工科院校管理体制与运行机制存在的问题

我国高等工科院校内部管理体制与运行机制的改革经过 30 年的实践，取得了阶段性的成效。但时至今日，与社会主义市场经济体制相适应的高等工科院校内部管理体制与运行机制还没有完善起来。当前高等工科院校与其他类型的高等院校相比，除了内部管理体制与运行机制存在某些共性的问题，主要还表现在以下四个方面。

5.1.1 "行政化"的管理体制

现行高等工程教育管理体制受"政校不分"和"官本位"的影响，行政权力与学术权力失衡。长期以来它形成一种体制设置、制度安排，成为一种思想意识和价值取向，甚至是一种社会现象。蔡元培担任校长之前的北京大学，官僚主义充斥着北京大学的每一个角落。针对当时的形势，蔡元培指出：高等学府，乃高深学问者也。大学是研究学问的地方，不应该成为权术的实验场和后备培训基地。被冠以"天下第一考"美誉的公务员考试也算是"官本位"思想在时下延续的体现。据新华每日电讯，教育部评出的第五届国家高等学校教学名师的名单中，100 位获奖者中不带任何官职的一线教师仅 10 人，担任书记、校长等行政职务的占到 90%，这是当前高校行政化的又一生动例证。在许多领导和教授、教师的潜意识中，"当官"是一种绝佳的职业选择，"学而优则仕"和利益诱使是重要的原因。一些学术上稍有建树的教授、学者受权和利的驱使，都积极竞聘系主任、院长、校长等行政职务。因为一些教师担任校长、院长、系主任后，手中就拥有了支配一定教育资源的"尚方宝剑"，就可以享受更多的与一般教师不一样的资源和利益。

"官本位"思想的影响根深蒂固。近年来，大学的官僚作风未能根本改观。现在的大学有副部级的大学，有正厅级的大学。副部级大学享受副部级待遇，正厅级大学享受正厅级待遇。中国科学院院士苏纪兰指出："现在什么都和行政级别挂起来，比如说，非要给教授定个处级待遇，这其实很荒唐。"由于大学的官僚化倾向，部分教师醉心于本不擅长的官场、权术，而忽视了教学和科研，迷失了方向。大学需要管理人员，但那毕竟只是少数。这说明大学、政府、社会的价值观有问题。一般工科院校在评聘职称时，虽然都会强调向一线教师、科研工作人员倾斜，但真正操作起来，行政管理人员优先考虑，然后教授与处级待遇挂钩。大学日益明显的行政化，进一步侵蚀了大学的教育与学术，严重影响了大学的长足发展。应当看到，"官本位"色彩在高等院校比较浓厚，固然有传统文化和社会心理的影响，但很重要的一条，还是教授、教师缺乏能干事、干大事、干成事的胆识和魄力，有待于教授、教师正确对待"学官"。

从这个意义上讲，高等学校的"行政化"和"官本位"造成了行政权力与学术权力的失衡。《中华人民共和国高等教育法》规定设立学术委员会和教职工代表大会，以保障学术权力以及教职工参与民主管理和监督。而在当下的高校内部管理体制中，学术委员会、教职工代表大会的权利和地位却难以保障，显得有些力不从心。多年来，行政权力在高校包括工科院校的决策与管理中处于主导、主动地位，学术权力一定程度被忽视。学校党委处于学校党政工作核心，把持着学校大大小小的事务。目前很多大学的行政领导会或多或少地进入学术委员会，用行政长官的意志左右学校的教学、科研工作。而学术委员会作为学校最高学术机构，在学术事务的管理上却几乎没有实权。因此，在高校中出现了行政权力控制学术权力，学术权力让位于行政权力的怪圈。

5.1.2 "学院式"的办学体制

"学院式"封闭办学体制使学校与社会及企业界缺乏合作。"学院式"老路子是指学校以学院为单位实行封闭式办学，就是学校忽视甚至漠视与社会、企业界的交流与合作。"学院式"老路子的主要特征是学校实行"条块分割"办学及管理，导致学校与社会、企业界缺乏合作。一方面由于学校实行相对封闭式管理，不主动与社会、企业界发生联系，学生主要是进工厂、企业参观，而很少能参与。因此，所培养的工科毕业生普遍缺乏动手操作能力和创新能力。另一方面，企业以追求利益最大化为目的。而现阶段的校企合作，对责权的要求不够明确，缺乏对企业的利益补偿，使企业缺乏合作动力。

　　学校与企业在培养工程技术人才方面还存在不少问题。例如，学校未能直接和及时地反映社会、企业界对工程技术人才的要求；社会、企业界在要求学校提供合格人才的同时，也没有意识到自己在人才培养中应该承担的责任。在校企合作中，学校坚持课程教学的理论深度、广度和连续性，没有做到以社会、企业需求为目标；企业没有意识到在工程技术人才培养过程中所应承担的社会责任，而且没有直接参与人才培养和管理的全过程，没有做到校企双方优势互补、资源共享。应该指出，不少工科院校还在继续走"学院式"的老路子，这对工科教师知识结构的整合极为不利。许多中青年教师没有经历过生产或工程一线的实际锻炼，缺乏工程实践经验；同时，由于人事制度上的因素，学校也难以吸引企业中具有丰富的实践经验、适合从事教学工作的工程师来校为学生授课。

　　特色是一所学校办学风格的理性表达，更是一个动态的发展过程。缺乏特色或特色不明显，是走"学院式"老路子的工科院校的一个显著特征。对一所工科院校来说，特色就是生命力，有特色才有竞争力。工科院校的特色用一句话概括就是创造和实践。因为创造是工程的重要属性，它离不开实践且必须建构在实践的基础之上。工科院校的特色也可以体现在人才培养的定位上，"培养工程师的摇篮"或者"培养现代工程师的摇篮"。而现在不少高校把培养"科学家"作为学校的目标，羞于称学校是培养"现代工程师的摇篮"。遗憾的是，不少工科院校在内部管理上与综合性院校基本没有什么差别，很难彰显出工科院校的特色。

　　当前，工科院校与政府、企业之间缺乏合作的载体和平台，还没有形成自觉互动的长效机制。校企双方在合作方面不深入，主要原因在于缺乏合作与互动平台。因此，为校企双方搭建合作与互动平台，以大力推进校企合作、促进校企双方互惠共赢，是推进校企合作的重要战略选择。

5.1.3　"条块化"的内部管理体制

　　高等学校条块分割的资源管理体制造成学校教育资源的严重浪费。近年来，各工科院校管理机构的设置虽有所调整，但还存在物力与人力资源浪费的现象。工科院校按不同行政系统设置管理机构，造成一种大学校、大部门的高校管理现状，必然导致管理部门处于分散、独立、凌乱的状态。在一些高校，人们对学校的行政管理人员流行着这样一种说法，即"校长一走廊，处长一礼堂，科长一操场"。这种说法虽然有些夸张，但它从侧面反映出高校行政管理机构设置臃肿的现实。在部分高校，人浮于事、办事效率低下、权责不明确、管理手段落后等问题比较突出，大量经费用于非教学工作，加大了办学成本，难以真正发挥高校教学为中心的主体作用。这些都在一定程度上影响了管理的效益和学校的形象。

　　但与此同时，由于管理机构遇事相互推诿、相互扯皮，宁愿进行盲目性、随意性和低水平重复建设，也不愿进行区域之间和校际之间的资源共享，使有限的工程教育资源（如实验室、工程训练中心和校内外实习实训基地）不能得到合理配置，使这些工程实训基地的设备的利用率很低，从而严重影响了工科学生工程实践能力和创新能力的培养。应该指出的是，实验室设备仪器尤其是大型贵重仪器设备，不充分使用，不提高使用率，就是教育资源的一种极大浪费。

　　教育资源管理普遍缺乏成本观念与经营思想，追求"大而全"、"小而全"和低水平的重复建设，致使校内教育资源配置不合理、教育资源利用率低等现象十分严重。引起人们对教育资源浪费的现状不满甚至愤慨。教育资源的浪费现象已引起教育部和相关部门领导的高度重视，但要实现优势互补与资源共享步履维艰。在实际操作过程中，学校各部门往往出于自己部门对教育资源所有权、成本、管理与维护等方面的考虑，不愿与校内其他部门共享，这就在一定程度上造成了教育资源的浪费。归根到底，教育资源的浪费现象是拥有、使用教育资源的各个部门各自为政，彼此之间缺乏交流与沟通，而且没有建立资源协调的长效机制所致。

5.1.4　单一的学术评价制度

　　学术评价制度单一导致学术风气浮躁。学术评价制度是鉴定学术成果、审核学术质量、引导学术方向的一种特殊制度。现行的学术评价制度是个复杂系统，它存在着忽视质量的量化、向行政级别靠拢、急功近利、鼓励泡沫学术和快餐学问等多种弊病。

　　近年来，一些大学发生过教授剽窃、抄袭等学术不端现象，其中有校长、院士、院长、博士生导师、教授、博士等。多数大学做出了严肃的处理，但也有个别大学不了了之。这些学术剽窃、学术腐败现象，对青年一代学术态度的影响是致命的，对我国学术研究的发展更是贻害无穷。它已成为各高校与教育部关注的热点。学术腐败产生的原因是多方面的，如学术资源分配体制不够合理、学术评价制度存在严重缺陷、学术惩罚机制不够强硬、学术研究组织体制还有待优化。

　　目前，在学术界低水平学术论文泛滥，"学术垃圾"大量涌现，学术浮躁现象尤为突出。与此同时，现行的学术评价制度急功近利，向行政级别靠拢，功利性倾向日趋严重。论文发表的级别至关重要，论文质量的量化被忽视；学术泡沫现象日趋严重，危害极大；论文发表数量（甚至 SCI、CSSCI 论文数）大增，但引用率不高；论文内容雷同，缺乏创新。这些都在一定程度上浪费了教育资源，误导了学术研究的方向，恶化了学术的环境。在大学里，评教授、博士生导师，多量化指标，少质性指标，缺乏弹性机制。几乎各高校统一的标准是在国内外核心期刊上发表若干篇高水平的论文、专利或者出版若干部专著。从这一层面上讲，它是学术造假、学术腐败等学术不端行为滋生的温床。在学术造假、学术腐败问题上，部分大学为了获取某些资源，会对此有一定的让步、屈从。这给大学、学术生态环境、社会和国家造成了巨大的负面影响。

5.2　深化综合改革及完善治理结构

我国高校内部管理体制机制创新，必须通过深化校内管理综合改革完善内部治理结构，真正建立决策权、执行权和监督权既相互制约又相互协调的权力结构，确立教授治学、校长管理、民主监督的体制框架，形成决策科学、执行顺畅、监督有力、运转高效的内部权力运行机制。

5.2.1　完善高等学校决策体制

我国高校内部管理是一种典型的行政权力主导模式，这种行政权力主导模式深刻影响着我国高校的管理和运行。去行政化必须以改变行政权力主导的局面作为基本目标，重新思考、设计和完善内部决策体制与运行机制，促使高校行政权力主导向学术权力主导的转变由理想变为现实。

1. 明晰高等学校决策体系

高校现行内部决策体制主要有党委会决策，以校长为首的行政决策，以及学术委员会、教学指导委员会等学术组织决策。高校党委会决策主要依《中华人民共和国高等教育法》（以下简称《高等教育法》）的规定，实施党委领导下的校长负责制，发挥领导核心作用。2010 年 8 月 13 日修订的《中国共产党普通高等学校基层组织工作条例》（以下简称《条例》）明确的主要职责如下。

（1）宣传和执行党的路线方针政策，宣传和执行党中央、上级组织和本级组织的决议，坚持社会主义办学方向，依法治校，依靠全校师生员工推进学校科学发展，培养德智体美全面发展的中国特色社会主义事业合格建设者和可靠接班人。

（2）审议确定学校基本管理制度，讨论决定学校改革发展稳定以及教学、科研、行政管理中的重大事项。

（3）讨论决定学校内部组织机构的设置及其负责人的人选，按照干部管理权限，负责干部的选拔、教育、培养、考核和监督。加强领导班子建设、干部队伍建设和人才队伍建设。

（4）按照党要管党、从严治党的方针，加强学校党组织的思想建设、组织建设、作风建设、制度建设和反腐倡廉建设。落实党建工作责任制。发挥学校基层党组织的战斗堡垒作用和党员的先锋模范作用。

（5）按照建设学习型党组织的要求，组织党员认真学习马克思列宁主义、毛

泽东思想、邓小平理论、"三个代表"重要思想和科学发展观，坚持用中国特色
社会主义理论体系武装头脑，坚定走中国特色社会主义道路的信念。组织党员学
习党的路线方针政策和决议，学习党的基本知识，学习科学、文化、法律和业务
知识。

（6）领导学校的思想政治工作和德育工作，促进和谐校园建设。

（7）领导学校的工会、共青团、学生会等群众组织和教职工代表大会。

（8）做好统一战线工作。

这就明确体现了党委会管方针、管政策、管方向、管干部的要求和讨论决定
学校改革发展稳定以及教学、科研、行政管理中的重大事项的责任。《条例》还
明确规定，高等学校党的委员会实行民主集中制，健全集体领导和个人分工负责
相结合的制度。凡属重大问题都要按照集体领导、民主集中、个别酝酿、会议决
定的原则，由党的委员会集体讨论。

校长为首的行政系统是执行机构，在贯彻党委会决定方面有大量的行政决
策活动，因此行政决策是执行中的决策。校长为首的行政决策依照《高等教育
法》第四十一条规定的校长的六条职权实施。校长为首的行政决策实行行政首
长负责制，决策采取校务委员会议或校长办公会议制度，同样体现民主集中制
的原则。

学术组织决策是高校决策不可或缺的重要方面。现行的学术组织仅限于学术
事务，近年出现的教授委员会具有制度创新的意义。高校的教授委员会功能表现
在两个方面：一是对院系学术事务的决策；二是对院系非学术事务的审议与咨
询。高校通过教授委员会章程对其职责作了具体规定，院系教授委员会功能定位
与现行高校学术体制相适应的，其功能突出咨询而淡化决策。

2. 强化教授委员会的决策功能

教授委员会在本质上是治校组织，学术性是高校的本质属性，掌握高深知
识、作为教学与科研活动主要承担者的教授群体应该成为大学教学和学术研究的
主体。强化教授委员会集体决策功能，使教授成为高校内部管理活动的主体，能
够充分调动教授群体的积极性、主动性和创造性，发挥他们的智力优势，群策群
力，民主管理。既符合现代管理科学决策理论的发展趋势，又使决策更加科学化
与民主化，更体现了专家治校的理念。建立在教授治校理念的基础上，肩负治学
使命的教授委员会突破单一的对学术事务进行决策的范畴，对事关学校发展的重
大事务具有决策权，这是去行政化、建立现代大学制度的根本。

教授委员会在教授治校理念基础上，实践教授治学，再由教授治学趋向教授
治校，决定了教授委员会的功能应突破当前仅为"智囊团"和"参谋部"的局
限，实现从咨询到决策的转变，让教授委员会享有对事关高校发展和教师切身利

益的问题充分的发言权和决策权。使教授群体从决策的咨询者或被动执行者转变为决策的共同制定者，成为高校内部重大事务真正主导者。

实现教授委员会功能定位从咨询到决策的转变，需要从以下几个方面对教授委员会进行制度设计。第一，调整教授委员会的层次定位，即从定位于院系层面提升到学校层面，这是前提和必要条件。第二，教授委员会应成为高校内部治理结构中一个独立的权力主体。突破教授委员会咨询功能而实现决策功能，使教授群体成为高校内部重大事务的主导力量，教授委员会具备对高校内部重大问题的决策权。第三，整合学术委员会、教学指导委员会等学术组织，将这些学术组织作为教授委员会的分委员会，分别行使决策功能。

3. 健全教授委员会组织结构

教授委员会的功能在咨询的基础上强调决策，是学术权力主导学校事务的重要方面。健全教授委员会组织，完善教授委员会功能，制定《教授委员会章程》明确其人员组成、议事内容、活动规则。

教授委员会由全体教授或教授代表组成，教授委员会主席由教授委员会选举产生，教授委员会就学校的重大问题进行决策，包括：学校发展战略与规划，学科专业设置与调整，经费投入与融资方案，师资队伍建设与规划，校长遴选与评议等。

学校党委对教授委员会实施领导，将党委领导下的校长负责制领导体制贯通于教授委员会管理体制中。

完善教授委员会的活动与议事规则，首先是议题的提出和会前准备。议题应在教授委员会章程规定的权限范围内抓主抓重。议题确定后，由教授委员会秘书将议题及其相关内容告知教授委员会成员。其次，应规定会议的频次和加强对教授委员会会务工作的管理。应对教授委员会最低限度的活动时间做出明确规定，一般每年一至两次。教授委员会秘书应负责会前准备、会议通知、会议记录、编写会议纪要和归档等会务工作。再次，议题的审议与决策程序应公正。会议的发言讨论应确保每个教授有充分的自由，足够的时间自由发表自己的意见，应保留不同意议题内容的个人意见。最后，遇到特别紧急的议题时，召开临时会议。不但要有当教授委员会成员不能出席会议时的规定，而且更应规定有教授多次不出席时以及会议中议题不能形成统一意见时的处理办法等，以便在这些特殊情况出现时，能够及时有效地处理，有章可依。

5.2.2　规范校长依法治校

大学自治是理想的现代大学制度，但大学自治离不开社会土壤和政府监管。我国高校的行政化，有其产生的历史背景和特定条件，具有显著的被行政化特征。高校不能不要行政，关键是加强和规范行政。应从社会、政府、学校等多方面改革和推动，建立和完善高校法人制度，规范行政管理，这是去行政化的现实选择。

1. 建立和完善高等学校法人制度及规范行政管理

确立高校的法人地位，用高校法人制度来处理高校与政府的关系，是市场经济国家行之有效的方法。世界上绝大多数发达国家的高校都具有法人地位，在亚洲，近几年日本高校法人化改革则成为改革的重头戏。

建立和完善高校法人制度，首先要确认我国公立高校的法人性质，明确高校法人的权利。高校既是民事主体，又是教育主体，具有双重法律地位。高校法人是公法人、社团法人、公益法人、事业单位法人。《高等教育法》明确的高校法人地位不仅是一种民事主体，而且表明高校也是一类特殊的行政主体，是公法人中的特别法人。高校法人在民事方面的权利主要是财产权。高校法人的财产权包括对财产的占有、使用、收益和法律规定的处分权，而不享有完全的所有权。其次，尽快落实高校专业设置权、招生权。专业设置权、招生权是高校的两项最重要的办学自主权，是落实高校办学自主权的标志。我国高校与发达国家高校办学自主权的差距也表现于此。再次，健全与《高等教育法》相配套的法规、政策。《高等教育法》在规定高等学校办学自主权时，用了"依法"、"按照国家有关规定"等条件性语言。

2. 强化校长协调学术权力与行政权力的作用

校长在高校中的作用主要有三方面：一是引导作用，二是凝聚作用，三是协调作用。高校的组织特性决定着其内部学术权力与行政权力并存，二者的矛盾和冲突贯穿于高校的整个运行过程。依照现行法律的规定，作为权力代言人的校长集两种权力于一身，既扮演着学术角色，又扮演着行政角色。大学校长作为学术组织的最高行政长官，其内部管理的一个十分重要的任务，就是处理好以自己为代表的行政权力与学术权力尤其是教授团体拥有的权力的关系，使它们均能根据学校的使命和目标各得其所、各显其长、各尽其能、各施其责，以达到学校内部的高度协调。

大学校长的办学理念、教育思想、权力观、工作背景对平衡高校两大权力系统、协调二者关系、整合不同群体利益都起着关键性的作用。蔡元培"有容乃大，兼容并包"的办学思想和教授治校的管理理念为旧北大的改造建立了不可磨灭的功绩，他的思想成为学术自由的典范，一直影响着北大建设，以后蒋梦麟、梅贻琦等几位校长都坚持学术自由原则，成为中国卓有建树的大学领导人。

根据《高等教育法》规定和我国高校实际情况，校长的六条职权应作以下展开：讨论决定教学、科研和行政管理工作中的有关事项；拟订学校发展规划，制定具体规章制度和年度工作计划并组织实施；根据社会需求，依照国家有关规定，制定学科建设、师资队伍建设方案，组织教学活动和科学研究，开展对外交流与合作办学，实施素质教育；拟订内部行政组织机构设置方案，按有关规定推荐提名副校长及内部行政组织机构负责人人选；依法聘任与解聘教师以及内部其他工作人员，依法对学生进行学籍管理并实施奖励或者处分；主管学校财务工作，拟订和执行年度经费预算方案，保护和管理学校资产，维护学校的合法权益；定期向上级和教职工代表大会报告工作，实行校务公开；代表学校与各级政府、社会各界和境外机构签署有关合作协议，接受各种捐赠等。

3. 建设职业化管理队伍规范行政权力运作

行政权力作为制约学术权力的一支重要力量，其队伍建设势必影响学术权力的正常发挥。建设职业化的高校管理队伍，首先，要转变观念，树立"管理就是服务"的思想。高校事务主要是学术事务，高校行政系统和专职行政人员开展管理活动，都是为了保障和促进学校的教学和科研水平的提高，实现高等学校的教育目的。行政人员要摒弃旧的"官本位"思想，淡化领导和指挥意识。其次，要做好高校管理人员的培训工作。建立培训制度，使他们掌握教育管理的专业知识，掌握现代化管理手段，树立为教学科研服务的管理思想。最后，必须实行严格的聘任制和职员制。要建立一套关于高校管理人员选任、岗位职责和考核内容等方面的制度体系。

5.2.3　健全教职工代表大会制度加强民主监督

完善教职工代表大会（以下简称教代会）制度，构建以教代会制度为基本形式的高校内部民主监督机制，强化高校内部民主监督，是确保高校内部权力正确行使的迫切需要，也是建立现代大学制度的本质要求和基本保障。

1. 教职工代表大会制度是高等学校民主监督的基本形式

高校教代会制度具有基本的法律法规依据。一是教育法律依据，《中华人民共和国教育法》第三十条规定："学校及其他教育机构应当按照国家有关规定，通过以教师为主体的教职工代表大会等组织形式，保障教职工参与民主管理和监督。"《中华人民共和国教师法》、《高等教育法》中也有类似条款。

二是行政法规，1985 年颁布的《高等学校教职工代表大会暂行条例》（以下简称《暂行条例》）。该条例对高校教代会的职权、组织制度、工作机构等内容进行了详尽的规定，是指导高校教代会制度的主要依据。

三是学校规章，是指各高校根据《高等教育法》和《暂行条例》的规定，结合本校实际制定的章程和教代会制度实施细则等。

高校教代会制度具有广泛的代表性和充分的民主性。教代会的代表由教职工以院、系、教研室或处、科室等为单位直接选举产生，他们来自于学校各个部门的各个层面，受所在部门职工的委托，代表部门职工的意志，维护部门职工的利益，体现教代会的广泛代表性。教代会代表的选举、议题的提出和决议的做出等，都必须按照法律法规所规定的程序进行，广泛吸收广大教职工的意见，并贯彻多数原则。

高校教代会制度具有系统的组织制度和组织机构。我国高校教代会制度在校一级有校教代会，延伸到院系一级实行二级教代会制度，形成教代会制度的系统网络体系。教代会具有自己的工作机构，使得教代会不仅在会议期间能够进行民主管理和民主监督活动，而且在闭会期间也能经常性开展工作，参与学校民主管理和民主监督，确保教代会做出的各项决议得到有效的落实。

2. 教职工代表大会民主管理学校的职权

《高等教育法》规定，高校通过以教师为主体的教代会等组织形式，依法保障教职工参与民主管理和监督，维护教职工合法权益。《暂行条例》明确，"教代会的组织原则是民主集中制"。规定教代会的职权如下。

(1) 听取校长的工作报告，讨论学校的年度工作计划、发展规划、改革方案、教职工队伍建设等重大问题，并提出意见和建议。

(2) 讨论通过岗位责任制方案、教职工奖惩办法，以及其他与教职工有关的基本规章制度，由校长颁布施行。

(3) 讨论决定教职工的住房分配、福利费管理使用的原则和办法，以及其他有关教职工的集体福利事项。

(4) 监督学校各级领导干部，可以进行表扬、批评、评议、推荐，必要时可以建议上级机关予以嘉奖、晋升，或予以处分、免职。《暂行条例》还规定了教代会的组织制度，"教职工代表大会每三年一届，定期开会，一般应每学年开一次。大会的表决必须有全体代表半数以上通过方为有效"，"遇有重要问题，或根据三分之一以上代表的要求，可以提前召开大会或召开临时代表会议"。

3. 发挥教职工代表大会民主监督作用

明确教代会的参政议政和民主监督职能，凸显教职工参与学校事务和民主监督的主渠道作用。

(1) 民主政治功能。将教代会制度作为教职工参与高校民主管理和监督的基本制度，充分发挥教职工的积极性，适应高校内部管理民主化的要求，适应高校内部实现人民群众当家做主,人民群众参政议政、民主管理和民主监督的政治要求,实现高校内部管理的科学化和民主化。

(2) 民主监督功能。教代会制度最重要的功能就是监督功能,教职工代表在参与中实现对高校内部权力运行进行监督,对领导干部和重大事项决策和执行情况的监督,以保证高校权力运行遵循国家的有关政策、法律和法规。

(3) 权益保护功能。《高等教育法》规定,高等学校通过以教师为主体的教代会等组织形式,依法保障教职工参与民主管理和监督,维护教职工合法权益。随着教师聘任制改革的日益深化,教职工与学校的劳动关系、利益关系正在发生深刻的变化,教职工的许多具体权益由以往基本取决于国家,逐步转变为取决于教职工与学校之间的契约,即教职工与高校之间的关系由行政法律关系逐步转变为契约关系。维护教职工的合法权益是教代会制度的一项基本功能。

4. 制定教职工代表大会活动规则及创新教代会制度的形式

(1) 完善校务公开制度。校务公开是高校民主管理、民主监督的重要措施,已成为高校民主的窗口、高校教职工参与民主管理和监督的平台。让广大教职工享有知情权,突出知情权,强化知情权,是校务公开制度的根本要义。建立、完善和创新校务公开制度,为广大教职工知校情、参校政、督校务奠定基础,从公开、知情,而后到议事、监督,使教职工民主监督高校内部权力运行的各个环节趋于完备,有效强化高校内部民主监督的力度。

(2) 创新民主评议领导干部制度。教代会民主评议领导干部是高校内部民主管理和监督的有效途径。根据学校实际,从评议内容、评议方式、评议标准、评议程序、评议结果处理和运用等方面进行积极探索和创新,尤其应加强评议结果的质量控制、评议规范的可操作性等方面的探索和创新,促进教代会民主评议干部制度健康有效地运行。

(3) 加强二级教代会制度建设。随着高校内部管理体制改革的深入和院(系)一级办学自主权的扩大,教代会制度已逐步向高校内部二级单位发展和延伸。作为院(系)民主管理和监督的基本形式,是教职工参与本院(系)事务,行使民主权利的基本渠道,同时也是推进院(系)科学管理、民主决策,促进院(系)改革和发展的有效保障。加强二级教代会制度建设,促进教代会制度的纵深发展,是完善和创新高校民主监督机制,促进高校民主政治建设的重要内容。

(4) 建立教代会制度的长效机制。采取多种形式,努力实现教代会活动经常化。例如,建立教代会常设主席团或执行委员会,强化其在教代会闭会期间的职能;建立教代会对学校日常工作的咨询制度;建立代表提案常年制等,确保教代会主席团、教代会各专门委员会和教代会代表按照各自的职责,经常开展活动,有效监督高校内部权力运行。

教授治学、校长管理、民主监督，是一个决策权、执行权和监督权既相互制约又相互协调的权力结构和管理体制框架。教授委员会行使决策权，就学校改革发展的重大问题进行决策，是现代大学的本质要求。校长行使行政权，以校长为首的行政系统贯彻执行教授委员会的决定，是高校运行的基本保证。教代会行使监督权，对决策和执行进行监督，是高校内部管理体制改革的重要内容。需要指出的是，教授委员会决策只是就学校改革和发展的重大问题进行决策，校长为首的行政系统运行中也有决策，应依据《高等教育法》和高校章程予以明确。深化高校内部管理体制改革，必须进一步加强和改进党的领导，发挥教授委员会的治学功能，进一步规范和加强行政管理，健全和完善以教代会制度为主要形式的民主监督，形成结构合理、决策科学、执行顺畅、监督有力、运转高效的内部权力体制和运行机制。

5.2.4　建立教育资源共享的校内资源管理体制

工科院校要打破学院之间、专业之间的界限，按专业、学科搭建教育资源共享大平台，即以大学科建设为依托，以"小学院、大平台"构建为载体，对教育资源进行优化整合，从而实现教育资源的信息化、规范化和科学化管理，实现办学效益的最大化。

1. 建立教育资源共享平台

为更加有效地实现资源共享，学校要对教育资源进行集中"会诊"，对"会诊"中所发现的问题要及时制定相关应对措施。打破学院、专业之间的界限，以大学科为基础，以培养工科学生的创新实践能力为目标。减少低水平、分散、重复建设，提高设备使用效率，进行教育资源重组，建设教育资源共享平台。对校内有限的工程教育资源（实验室、实习实训基地、工程训练中心等）按大学科分门别类地进行优化整合。加强对教育资源的信息化管理，实现信息化共享。从学校行政管理体制入手，建立一个致力于实现教育资源共享、服务学校教学实践的统一的实验管理部门。以学科专业为基础，建设学校管理的工程实践训练中心。学校采购的大型仪器设备等要在教育资源共享平台登记备案，按照需要调配相关教育资源。对各学院所有的工程教育资源，要坚持实时维护和有偿服务等原则，有条件、分步骤地将各学院拥有的工程教育资源纳入资源共享平台。在这一过程中，必须做好这些设备仪器的检修、维护和协调使用等工作。对教育资源进行调度，还需要综合考虑成本、管理、维护和使用周期等各种因素。

2. 构建教育资源共享机制

学校要构建公平、有效的教育资源共享机制，协调学校和学院二者的关系，做到统一规划、横向协作，从而充分实现教育资源的共享化。共享的资源要做到有效管理与运用，既要求学校和学院之间的协调管理，又要求双方各司其职、做好维护工作。优势互补、资源共享合作机制的建立有赖于学校和学院双方的协调管理。值得强调的是，在这一互利双赢的协调合作机制中，必须首先明确学校与学院双方的责任、权利、义务。由于工程教育资源的共享要牵扯其成本和维护等问题，有偿成为共享的应有意义，所以共享是双向的、互动的，也应该是有偿的。为更加有效地利用现有教育资源，建立一个长效的教育资源共享协调机制尤为必要，因为有效的资源协调机制有助于并能有力地推动教育资源共享化的良性发展。所以，必须优化整合工程教育资源，以利于工程技术人才的培养和保证教学实践活动的正常进行。为此，学校管理者应当树立新的大资源观和服务观，开发和挖掘现有资源潜能，实现领导"再造"，并努力为双方服务，以实现共赢。

3. 建立学生全面发展的人才培养机制

学校要注重科学教育、工程教育和人文教育的互动融合，以培养具有较强的科学意识、工程意识和人文素养的现代工程技术人才。这应该成为当前高等工科院校人才培养工作的一个重要理念。作为工科学生，除接受必要的工程教育外，还必须加强科学教育与人文教育的融合。因为没有科学的人文是残缺的人文，没有人文的科学是残缺的科学。工科学生只有在科学教育、工程教育和人文教育的和谐发展之下，才能实现其科学基础、工程能力和人文素养三方的互动融合，才能最终成为一个全面发展的人。正如爱因斯坦所说，学校的目标始终应该是：青年人在离开学校时，是作为一个和谐的人，而不是作为一名专家。要使学生对科学的价值有所理解并产生热忱的感情，那是最基本的。他必须对美和道德具有鲜明的辨别力。否则，他连同他的专业知识就更像一只受过很好训练的狗，而不像一个和谐发展的人。培养具有完整科学知识结构、突出工程实践能力、强烈改革创新精神的现代工程师，是工科院校教育资源共享的校内资源管理体制建立的目的所在，它离不开教育资源共享平台与共享机制的建立。因此，把工科学生培养成能适应社会变化、有较好修养、独立思考、注重协作及和谐的人，给工科院校育人工作提出了新的更高的要求。

教育资源共享的校内资源管理体制的建设，是时代赋予高校的责任，也是高校管理与时俱进的体现。构建教育资源共享能促进文理渗透、学科交叉，科学教育与人文教育融合，培养全面发展的工程科技人才。校内资源管理体制是一项复杂的系统工程，牵扯了诸多利益与问题，需要在实践中不断地探索与总结。作为工科院校，要采取有力措施，以充分利用并实现教育资源共享的校内资源管理体制，这样才能进一步推动高等工程教育的内部管理体制与运行机制的改革与创新，培养出我国新型工业化发展需要的创新型工程科技人才。

5.3 建立科学的学术评价制度

5.3.1 明晰评价主体

评价主体问题，即谁来评。要充分发挥政府在办学上的政策指导作用，教授、专家在学术上的领导决策作用以及社会中介组织在学术上的监督与参评作用，以确保和维护学术评价工作应有的独立性和责任感。学术评价要充分利用政府强有力的组织保障、资源保证、政策支持等优势，充分调动教授、专家在学术咨询、学术决策等方面上的积极性、主动性、创造性，充分发挥社会中介组织在学术监督与学术评价中的作用。从学术评价发展来看，需要由政府、学术界与社会中介组织共同评价。政府参与评价，主要提供政策支持与引导，给学术界与社会中介组织搭建学术评价的良性互动平台。学术界发挥核心作用，充分尊重教授、专家在学术评价中的主体地位，加大他们的管理权与决策权。社会中介组织一般信誉比较高，有独立的社会化学术评价机构，主要发挥第三方监督与评价作用。

5.3.2 规范评价程序

评价程序问题，即如何评。要坚持程序公正、标准合理，采用专业的撰稿人和审稿人双向匿名的同行专家评审制，实行回避制度、申诉制度、民主表决制度，建立结果公示和意见反馈机制。总之，评价应该依靠研究本身，广泛听取同行的意见，依靠同行的集体审议。同行对相关领域的研究工作比较了解，懂得其中的分量。例如，在高水平期刊或杂志上发表的第一手论文，同行会认为这是顶尖的。同时看重通过著作、教科书，对世界产生的影响力。应该指出的是，在学术评价中，重数量、轻质量极易导致学术泡沫。因而，要注重研究成果的数量，更加突出研究成果的质量，即要由量化向质化转变。这就要求研究成果本身要有分量、有创新点。这有利于引导学术评价制度朝着重视研究成果质量的方向发展，回归研究本位，从而有助于净化学术环境，推动学术健康发展与繁荣。即以质量为导向，淡化数量，重视质量。尤其值得指出的是，一定程度的量化是可以的，但要坚决抵制过分的量化，特别抵制不以质量为第一位的量化。因为哲学告诉我们，量和质是一对矛盾的对立统一，二者相辅相成，互为因果。量是质的前提，没有量，质则无从谈起；质是建立在一定量的积累之上的，质是量的生命，没有质的粗制滥造的量，即使再多，也不会有生命力。

5.3.3　坚持评价标准

要回归工程领域内以"课题做到企业里，论文写在产品上"为主的评价标准。鼓励教师和科技人员把研究方向、科技创新方向瞄准在企业、市场需求之上，并在相关技术方面，寻求与企业更多的技术结合点，把论文"写在产品上"，把课题"做到企业里"。从根本上激励教师和科技人员参与到企业的科研项目中，使研究成果切实转化为技术产品，从而转化为现实生产力。在学位论文答辩、学术论文发表、学术著作出版、科研项目立项、专利申请、成果鉴定等方面要体现正确的政策导向，放弃学术研究的"GDP 主义"，摒弃"学术垃圾"、形式主义等不良倾向。

社会科学和自然科学研究由于各自不同的特殊性，两者成果性质不同，评价方式和具体标准也不同。社会科学研究成果的质量主要看其在同行中产生的影响，看该项研究成果在同行中的被引频次。他人引用是比较客观的标准，但不同学科不宜进行横向比较。需要提及的是，在学术评价当中，简单依据核心期刊和刊物影响因子判断具体论文质量是不准确的，许多重要科学论文并未发表在 *Nature*、*Science* 上。要防止学术评价活动中存在"官本位"等现象，在改进学术评价制度时还要防止一种倾向掩盖另一种倾向。要建立多元化的评价标准，对基础研究成果应侧重其学术性价值，应用性成果应侧重其社会价值。当然，社会科学的确存在着学科的复杂性，一般研究周期比较长，需要根据具体情况具体对待。

5.3.4　恪守学术道德

恪守学术道德要依靠三种力量：一是道德力量；二是法治力量；三是行政力量。国家建立学术诚信库，学术评价关键依靠个人的诚信道德。强调学术道德，加强学术自律，此为道德力量。国家要不断建立健全法律，尽快出台惩治学术腐败的法律法规，给学术行为不端者以法律的惩处，此为法治力量。政府成立学风建设委员会，监管学术腐败，不给学术腐败分子以可乘之机，此为行政力量。除此之外，重要的是同行专家监督，所有的学者都应接受世界各地同行的监督。在浮躁和功利的社会风气中，更需要宁静的心态、钻研的精神，在全社会营造向往学术、敬畏学术的良好氛围。

学术评价要以质量为评价导向，采用规范的评价程序、综合的评价方法和严格的法律保障，构建一个社会和学术界公认的公开、公正、公平的学术评价制度，推动我国学术事业又好又快的发展。建立起科学、合理、公正的学术评价制度是一项系统工程，不是一蹴而就的。加强学术道德建设，需要政府、学术界以及社会中介组织的监督和协调。

5.4　建立面向社会需求的开放办学机制

高校要加强与社会、企业界的合作。在社会主义市场经济条件下，高等院校尤其是高等工科院校与经济、社会的联系日益频繁、日益密切。面向社会、开放式办学是经济全球化下高等工科院校主动适应市场经济发展的必然选择。因此，工科院校要打破体制机制的壁垒，走出校门、走向社会、融入工业企业，主动与企业建立产学研合作关系。

5.4.1　加强校企互动融合

工科院校与企业建立产学研良性互动机制，必须建立一支"双师"型师资队伍。"双师"指教师具有"双重"身份，既是高校教师，又是企业工程师。采用"走出去、请进来"的开门办学策略，即组织工科教师定期到国内外企业实习实训，并聘请有实际工程经验的国内外工程师来校教学和指导。教师与工程技术人员结合的教学团队，取得了良好的效果。在教学过程中，更加注重实践教学环节及学生动手操作能力的培养，毕业生受到企业的欢迎，取得了较好的社会效果。此外，特色是高校建设、发展的生命线。有特色则存，则发展。否则，只能淹没在综合性院校的汪洋大海之中。高等工科院校被誉为"现代工程师的摇篮"，应加强与行业企业的紧密联系和互动，共同发展建设优势学科和特色专业，保持学校的发展优势，从而做到以鲜明行业特色的学科优势占领人才培养与技术创新的制高点。

5.4.2　跟踪企业需求找课题

教育经济学原理告诉我们，应该考虑教育的投资与产出的关系，在一定的范围内，追求效益实现的最大化。在产学研三位一体中，主体是学校和企业。校企的产学合作，通过"研究"有机链接。教师和科技人员开展科研工作，选题要面向经济主战场，特别是经济发展和企业发展急需的应用性课题。教师和科技人员与企业的工程技术人员联合攻关，并依托校内外实习实训基地进行实践教学。学生进入产学研基地第一线进行课程设计、毕业设计等课程实践教学，根据企业发展实际需求选题，教师与企业工程师共同指导毕业设计，学生的毕业设计在企业中完成，参与企业的研发工作。同时鼓励教师与企业开展横向课题的研究，从而促进科研成果及时转化为企业的技术产品。

5.4.3　积极推进校企合作

校企合作是产学研一体化的有效实现途径。在校企的交流与合作中，企业参与课程体系建设，提供实习实训基地，配合共建实验室。很多企业支持高校开展大学生科技创新等竞赛活动，在学校里建立各自企业的俱乐部，使学生在校期间就对企业文化有所了解。学校加强校外基地建设，除与企业签订合作协议外，还在企业建立长期的校外实习基地，确保学校所设置的各项实践性教学环节的顺利实施。学校还根据教学需要，定期组织学生到企业进行现场实习。在校企合作中，核心是人才培养。学生进入企业实习，根据企业的实际需求选题，校企共同指导毕业设计，学生在真实的工程环境中完成毕业设计或毕业论文，从而真正实现毕业后上岗零过渡。通过与企业建立合作关系，校企共同负责专业方向的部分专业技能的教学任务和学生的实习指导，切实提高学生的工程实践能力和创新创业能力。

5.4.4　建立合理利益机制

产学研结合是一项系统工程，它体现在工程教育教学的各个环节。其中，有两点必须引起高度重视：一要建立合理的利益机制；二要让官、校、企三方良性互动。此两点为校企合作的保障机制。建立合理的利益机制需要双方寻找利益最大化。引导校企签订规范的合同契约，并界定分配过程中各参与方的利益。在实践中，规范合同管理，确保合同执行，强化过程监督。建立合理的利益分配机制，调动起产学研各方的积极性，是实现官、校、企三方良性互动有效保障。让官、校、企三方良性互动，除建立合理的利益机制外，还要充分发挥各参与方的积极作用。政府提供好"服务"，并做好监督与评价工作。校企充分发挥各自在人才、学科与技术方面的优势。在这一过程中，锻炼了科研队伍，实现了技术创新，促进了企业发展，从而实现了三方共赢。为此，高校要深化和创新校企合作的机制与模式，积极融入以企业为主体、市场为导向、产学研相结合的技术创新体系当中，努力与工业企业全方位合作，双向进入、互助双赢，全面打造产学研一体化平台，以提高工程技术人才培养的针对性和适应性。

产学研结合要求我们，一方面，在制订相关学科专业的教学目标、方法、内容和课程设置时，多听取企业的意见，使教育机构的人才培养和企业的人力资源需求很好地衔接。另一方面，在人才的培养过程中要充分利用大学、企业各自的优势，加强教学科研相互渗透，建设校内外实践基地，突出实践能力培养。

5.5　产学研合作教育的机制创新

随着第三次工业革命的到来，科学技术与经济发展日益成为密不可分的整体。但囿于历史传统的组织分工并未将二者融为一体，科技与经济分割于各自的组织系统。大学只注重知识创新与传授，缺乏直接解决企业经济和科技实际问题的能力。建立健全产学研合作教育的动力机制、运行机制、保障机制，达到产学研合作教育的互惠互利，致使人才培养、科技创新、产品开发三位一体共同发展的长效共赢目标。

5.5.1　产学研合作教育的动力机制

产学研合作的动力机制即建立引导、推动产学研合作教育发展的机制。产学研合作的动力机制即需要产业界、科研领域、教育领域之间的相互作用产生的内部动力，以及系统与外部社会环境相互作用产生的外部动力。

1. 内部驱动因素

在产学研合作教育中企业最大的动力因素来自市场竞争力的推动和企业自身技术创新的需要，同时这也是企业应对市场经济规律发展的必然选择。因此，需要进一步完善市场经济体制，增强企业提高核心竞争力的内在动力，推动企业进行自主创新。企业应该改变短期利益驱动的狭隘目光，以市场为导向，着眼于企业长远经济利益，逐步强化企业管理中的产学研结合理念。随着市场竞争日趋激烈，以产学研合作为载体实施技术创新，依靠科技进步强化企业的后发优势，成为企业改革的潮流趋向。企业应具有长远战略眼光，增强合作意识，加大经费投入，着眼于企业长期发展目标主动寻求合作，将高校的科研成果、应用技术与企业的工艺改进有机结合，达到校企双赢格局的实现。

合作层次应有所提升。企业技术创新及与教育界合作应制定长远规划，摒弃急功近利的思想和短视行为。将产学研合作作为长期工作，稳步提升产学研合作层次，使产学研向更深层次迈进。企业依托高校和科研院所的科技成果和人才为企业制订中长期发展计划，对企业核心技术难题开展技术攻关，优化企业的工艺生产流程。对企业优势技术进行持续开发创新，力求保持核心技术的竞争力。同时，高校的技术创新和教育理念的创新，使其科技成果转化所需资金由单靠国家政策支持向企业风险投资方向转化。高校更加趋向于在市场经济条件下与企业联合开发项目中求得发展契机，同时这也是高校的内在发展动力驱使的必然结果。

2. 外力驱动因素

产学研合作是产业结构优化升级的必然选择。产业结构升级推动工程教育理念变革，这就要求建立以企业为主体、以市场为导向的产学研合作教育的技术创新联盟。将技术创新与应用融入工程人才培养过程，使其成为企业自主创新能力提升的人才资源。学校应找准市场经济中的定位，搭建校企合作平台，选择相关合作企业方，促成基于共同利益、目标、愿望基础上的合作。企业作为独立的经济主体，始终将利益置于企业发展的重要位置。高校可以采取多种鼓励措施，吸引企业参与产学研合作教育。例如，为企业在职人员提供培训；产学研合作企业具有选择毕业生的优先权；协助企业研发新产品、开发新技术等。学校应找准双方契合点，利用学校人力资源优势和相关激励政策，主动为企业服务，力求科研成果与企业产品创新无缝对接，吸引企业展开与高校的广泛合作。学校定期开展由多家企业联合参与的产学研合作会议，校企共同制订培养方案，对学科专业设置进行调整。力求使课程设置更贴近企业现实需求，专业教学应以突出职业能力为基础，重点培养学生的实践创新能力与意识。专业调整应以就业为导向，瞄准市场进行专业定位。严格按照产业发展和市场人才需求规格，优化课程结构。

政府引导推动力支持。产学研三因素可以概括为"一个主导，两个主体"，即政府是产学研合作教育的主导因素，应发挥宏观指导功能。政府应利用政策推动力，加强对产学研合作教育的组织协调，强化政策法规的导向作用，推动产学研合作教育的发展。两个主体为学校与企业，学校是产学研合作教育的直接利益相关者，而企业则可能参与动力不足，需要政府采取政策引导，提高企业主动参与合作教育的积极性。

5.5.2　产学研合作教育的运行机制

产学研合作的运行机制通常情况下是由合作各方共同协商来确定的，是指包括大学、科研院所、企业内的机构、人员、资金、设备、场所等硬要素，以及结构、文化、政策、创意、技术、管理等软要素，为完成一定的功能、实现一定的目标而组合在一起，按照一定的规律和程序协同工作的工作原理和运行方式。产学研合作教育要依托高校和科研院所的技术创新优势、企业的工艺革新及硬件设施，以面向生产的项目开发为纽带，用教育服务地方经济，真正建立起全方位、深层次的产学研合作教育运行体制。

1. 分工机制

分工机制是指按照责、权、利统一的原则，对产学研合作战略联盟内部各方进行科学、合理分工的规则与具体方式。高校与科研院所是科技原创和知识生产的源头，掌握着大量的技术含量高、产业化前景好的项目和前沿科技动态信息，拥有人才、技术、信息、资源、管理经验和先进实验设备，是产学研合作的智力支持。企业拥有生产基地、先进设备和资金支持优势，具有准确把握市场信息的敏感度，对供需状态的变化具有敏捷的反应能力。根据高校与企业各自的特点，应对产学研合作中二者的角色加以分工。高校应发挥人才优势，积极提高科研水平，把握科技发展动向，在理论系统知识深化的同时注重加强实践实训，提高科技成果的实用性和市场转化率。企业要积极捕捉市场需求信息，寻求与学术界的合作，与高校协作建立共享信息交流平台，加快自主创新能力，缩短科技成果转化周期，保持企业创新能力的可持续发展。只有产学研三方结成纽带，彼此休戚与共、协同运作，才能使产学研合作教育持续健康发展。

2. 信息沟通机制

为了有效整合资金、信息、科技成果，提高产学研合作效率，建立有效的产学研合作信息网络沟通机制是十分必要的。可以利用现代化的高新技术手段与网络平台建立高校科技人才和科技成果信息资源库、企业科技需求信息库，拓宽合作主体的沟通渠道，建立面向市场的科技信息网络，形成科技成果转化平台，及时发布产学研合作信息，如高校科技成果发布信息、企业的市场交易供需信息等，并适时公布阶段性的成果和项目洽谈情况。适时举办科技成果展览会、洽谈会，促进技术信息交流。同时，可以建立信息交流联席会议制度，定期邀请有关专家和学者参会，及时公布最新技术成果和人才需求信息，消除信息交流障碍，加大科研成果的转化率。高校可以设置科技成果转化相关部门，促进科技成果与企业需求的有效结合。

3. 组织协调机制

由高校和企业组织成立产学研合作教育委员会，学院负责宏观指导，完善产学研合作规章制度，健全保障体制与评估体系。委员会要根据市场经济的发展变化适时调整高校专业设置，负责制订合作的具体目标、策略和进程安排。学术专业建设委员会下设办公室。高校各院系成立相应的组织机构，分设专业学科带头人，成立产学研合作教育工作领导小组，负责专业培养目标的确定、教学方案的制订、专业结构的调整、课程开发、教材建设、科研项目的立项审批和实训安排等工作，参与企业为产学研合作提供实践环境。院系负责管理实训学生，调遣优秀教师参与企业员工培训，降低培训成本，形成学院统筹指导、系部组织实施的产学研合作管理体制。

4. 利益分配机制

利益分配是产学研合作教育中至关重要的问题，对产学研合作教育的持续发展具有决定性的意义。利益分配的公平性与合理性直接关系着产学研合作教育的进展，是市场经济条件下产学研合作整合的枢纽。必须建立完善的利益分配方式与分配比例，协调与完善外部利益分配机制与内部利益分配机制的关系。外部利益分配机制即高校、企业与科研院所之间采用契约的形式，本着公平原则分配各方利益，以促进成员间的团结协作。同时，又要考虑风险投资相关原则，风险投资率应与利益获得多少成正比，调动合作方的风险投资积极性。在合作初期，可运用协商方式规定各方利益分配规则与实施办法，并根据合作具体运作、风险承担主体和贡献率大小，适时变化利益分配关系，保证合作组织的正常运作。内部利益分配即参与个人与学院、学院与学院之间的分配。一般情况下，利益主体为合作项目的学院领导小组，学校只获取少量管理费用。高校教师以个人名义利用职务发明参与企业经营必须在学校核实登记，学校入股参与分配。同时，设立高校、学院与教师参与产学研合作收益的利益分配方法，保证各方利益与贡献率的一致性，保证产学研合作链条的良性循环。

5.5.3　产学研合作教育的保障机制

产学研合作教育的保障机制是监控、保障产学研合作教育稳定有效开展的机制。

1. 政府方面

制定与完善产学研合作教育的政策法规保障。制定产学研合作教育科技成果转化与科技创新实施细则与配套措施，确保政策落实。必须在法律上明确规定各用人单位在产学研合作教育中承担的责任与义务，利用财政倾斜政策鼓励社会各界积极参与社会实践和生产实习。企业有义务为高校学生提供实习实训基地，为其提供实践训练的机会。政府也应充分考虑企业的利益，建立产学研合作教育平台，对参与产学研合作教育的企业根据参与实习的学生人数和物资损耗予以财政专项补贴和税收减免政策，并给予其技术咨询、人员培训等优惠政策和相应服务，调动企业参与积极性。

建立产学研合作专项基金体系。开展产学研合作需要稳定的资金来源，建立完善的经费投入保障体系是当务之急。政府可以建立专项的产学研合作教育基金，明确参与合作的企业方投入产学研合作教育的经费。中央到地方财政既应设立产学研合作科技成果转化专项基金，同时也应对产学研合作教育方面制定专项基金投入的相关规定。产学研合作教育基金重点用于技术引进、合作攻关、成果转化和产品前期开发等，完善对企业参与产学研合作教育的资金政策激励机制，有利于解决高校在生产实习中出现的资金短缺问题，为高校产学研合作教育模式的多样探索提供资金保障。

完善产学研合作教育中介机构。中介机构是产学研合作教育创新环境的重要组成部分，是政府开展产学研合作教育的助推力，是产学研与金融、资本要素连接的纽带与桥梁。除了传统的技术市场，行业协会等中介机构，还有技术转移网络和信息平台等形式。产学研合作教育的中介机构的建立，对企业的技术创新、信息沟通交流、咨询服务、协调彼此利益关系发挥着积极促进的作用。完善产学研合作教育的科技中介服务机构，有助于高校与企业以及科研院所之间的知识转化交流和技术转移。因此，政府应对建立信息技术交流平台、生产力促进中心、技术转移中心、国家大学科技园、科技创新机构、管理咨询中心等中介服务机构提供倾斜政策，为科技中介机构提供全方位、多渠道的信息支持。

2. 高校方面

高校要进行教育体制改革，培养适应市场需求的适销对路的工程人才。

高校在师资队伍建设方面，与企业协同建立双师型教师队伍。进行高校教师人事制度改革，并实行高校教师全员聘任制，调整教师学历结构，加强对教师教学业务能力和工程能力的双重考核。新任教师要到企业生产环境中进行岗前培训，对在职教师则进行继续教育，可以从企业引进优秀技术人才和管理人才充实高校教师队伍，完善产学研合作教育的师资保障。

增强技术创新能力，保障科技成果的市场转化率。高校应拓展与企业的信息交流渠道，获取企业对人才的素质和能力的需求信息，根据市场变化进行相应教学改革。同时，高校应根据自身的专业特点，积极组织承担有关经济发展的重大科研项目。实现由跟踪模仿到原始创新的跨越，加快知识更新速度，达到集成创新与消化吸收再创新，为高校自主创新能力的发展注入新活力，同时高校还可以为企业的技术创新、咨询和决策提供支持。

完善产学研合作教育的内部分类考核机制。必须建立产学研合作教育严格的质量监督机制，制定完善的评估体系。对从事高校基础教学、基础研究、应用技术研究、科研成品开发的不同工作人员进行分类评价，建立不同的职称评定审核标准，将其纳入产学研合作责任考核体系进行综合考核。高校做好产学研合作项目的评估工作，对有关重大项目进行前期分析、中期跟踪、后期评估，注重科研成果的应用性价值和市场开发前景。

3. 企业方面

加强技术创新主体地位保障。企业应采取积极措施，由原有一对一的与高校的具体技术问题的短期合作，转向建立技术创新联盟的共性技术研究，形成核心技术优势，提高企业的自主创新能力。同时，有助于为企业带来持续的科技创新活力，保证创新成果产业化。

完善企业的考核制度和分配激励政策。企业骨干技术人员与高校保持长期稳定的产学研合作关系，以保持和提高企业技术人员参与技术创新的活力。参与产学研合作教育的业绩与技术创新能力考核同样计入企业管理者和企业骨干技术人员的业绩考核指标。调动企业部门参与产学研合作教育的积极性和主动性，以及支持高等教育改革的自觉性。大中型企业应转变观念，优先占领市场制高点。加强超前投入风险意识，这种风险投资一方面为产学研合作教育获取资金保障，另一方面为企业的技术更新、产品扩展挤占更广泛的市场份额，使企业获得更高的经济利益。

　　建立由政府主导、以高校为主体、企业积极参与的产学研合作机制。企业是产学研合作教育的风险承担主体和经济收益主体，着眼于企业长期发展和长远经济利益，与高校、科研院所深层次全方位的合作。吸引高等院校、科研院所更多地开展体现市场需求的应用型技术成果研究，并深入企业进行科技成果转化工作。

参 考 文 献

安佰伟. 2010. 高等工程教育内部管理体制与机制创新 [D]. 哈尔滨：哈尔滨理工大学

毕宪顺，赵凤娟，甘金球. 2011. 教授委员会：学术权力主导的高校内部管理体制 [J].
　　教育研究，(9)：45-49

毕宪顺. 2011. 制约与协调：高校内部管理变革的使命 [J]. 高等教育研究，(10)：65-71

蔡毅. 2003. 建立一套良好的学术评价体系 [J]. 学术界，(6)：58-72

崔玉祥，靳晨，朱超云. 2014. 校企合作协同培养工程人才的机制新探 [J]. 黑龙江高教
　　研究，(4)：100-102

刁培萼. 2000. 教育文化学 [M]. 南京：江苏教育出版社

韩延明. 2011. 论 "教授治学" [J]. 教育研究，(12)：41-45

刘道玉. 2009. 彻底整顿高等教育十意见书 [N]. 南方周末

任银平. 2011. 加强 "教授委员会" 建设，完善 "教授治学" [J]. 中国电力教育，(14)：
　　17-19

孙冬梅，王丽霞. 2011. 教授治学的必要性及实现路径研究 [J]. 中国电力教育，(22)：5-7

徐先凤. 2013. 教授治学问题研究综述 [J]. 山东理工大学学报，(1)：95-100

查建中，何永汕. 2009. 中国工程教育改革三大战略 [M]. 北京：北京理工大学出版社

张晓晶. 2009. "名师" 九成有 "官帽"，再证高校行政化 [N]. 新华每日电讯

第6章　高等工程教育人才培养模式创新

人才培养模式的转变是由经济社会发展变化的现实条件所决定的，高等工程教育人才培养模式创新直接受到工业革命发展的影响。通过对工业发达国家工程科技人才培养模式的研究，可以看到，高等工科院校必须从国家新型工业化发展的战略需求出发，坚持工业企业的人才需求导向，突出学校的优势和特色，不断探索工程科技人才培养模式的创新。

6.1　工程人才培养模式演变

通过对德国、美国工程人才培养模式与我国工程人才培养模式演变的研究，对当前如 CDIO 模式、合作模式、综合模式、创业模式等工程人才培养模式进行分析，探明今后工程人才培养模式的改革趋势。

6.1.1　近现代工程人才培养模式演变

1. 德国工程人才培养模式演变

早期欧洲教育主要分为面向人的心智与面向客观事物两种取向。这两种取向分化出两种教育模式，一种是古典教育模式，一种是实科教育模式。实科教育把科学教育、人文教育、专业教育相结合，以培养实用性较强和知识面较宽的文凭工程师为目的，是一种开放式宽口径模式，也可以称作专业教育模式。工程教育最早源于实科教育。欧洲大陆模式因为"偏重技术、以技为主"，应属此模式。传统的德国工程人才培养模式历来被认为是欧洲大陆工程教育模式的代表。

早期德国本科层次的工程教育与非工程教育差别明显，非常强调学生设计能力与动手能力的培养。随着第二次世界大战后德国的再次崛起，德国工业的发展对高等工程人才的需求急剧增长，从而对德国的高等工程教育提出了更高的要求。德国本科工程教育以培养文凭工程师（diploma of engineering）为目标，注重培养学生的工程设计能力和理性务实的精神。此外，还有一些著名的工科大学把培养技术负责人列入培养目标。可见，德国的工程师培养在校内即可完成，学校交给社会的已经是合格的工程师，可以喻为"成品"。

德国工科院校普遍建立了模块化的课程体系。工科学生要想成为文凭工程师通常需要用六年以上的时间，需要经过基础理论学习、工程设计、实验、基本训练、工业实践与实习等多个环节的严格训练。本科生教育包括基础科学、工程科学和工程技术训练。这些内容分两个阶段完成，第一阶段为基础学习阶段，一般为两年，主要学习各系的共同基础课程，同时要通过严格的考试，对学生进行选拔和淘汰。之后进入第二阶段，即专业学习阶段，规定也是两年，在这一阶段学生要选择专业方向，完成本专业的必修课、选修课和任选课程的学习任务，还要完成学校规定的实验、课程设计、专题报告、实习和毕业论文，然后在第五学年，用 3~6 个月时间完成毕业论文。

值得一提的是，德国高等工程教育中，实践环节在教学中具有十分重要的地位，德国将工业实践作为大学教育的一部分，学生的毕业设计也都源于企业工程实际问题。这一方面得益于教学内容的设置，另一方面也得益于产学研的良好结合。与我国企业界普遍不愿意接受实习生的现状相比，德国企业界比较愿意接纳学生，他们将其当做一种社会责任与义务。实践学习主要包括三个方面：一是习题课、讨论课和实验课，课时占较大比例；二是学生要完成工作量较大的两个课程设计；三是在校期间学生要完成长达 26 周的生产实习（包括基础实习和专业实习）。通过这些教学环节，学生被逐步培养成为合格的文凭工程师。德国的工科教师普遍具备高水平的学术研究能力和多年的企业从业经历，有着丰富的工程实践经验。他们能够真正体会工程工作的特殊性，把所教内容融会贯通，然后联系学生实际来从事教学，从而给学生以切实有用的引导。此外，德国工程教育的产学研合作也比较成功，德国工科大学特别注重从企业界和工业界聘请具有一线工作经历与经验的高级工程师担任名誉教授，而德国企业界也将这一交流当作对个人和企业崇高地位与影响力的认可，从而积极应聘。名誉教授必须免费在大学为学生上课。德国高等工程教育产学结合还有一种方式就是共同建立研究所、实验室。在人员配备上，企业界人士占有相当大的比例，他们的工资一般不由学校承担。每个研究所设有专业指导委员会，委员会主席也来自企业界。这种方式可以稳固大学与企业界的联系，提高工程教育的实践程度，使其处于前沿水平。同时，也可以增强企业的科研能力，给企业工程师提供继续教育的机会。

目前，德国的工程教育中通识课程的比例有所上升，不少学校都在丰富课程内容上进行了改革，这一迹象表明德国工程教育一直以来的"注重实践、以技为主"的特征正随着世界经济发展对人才需求的变化而改变。注重通识课程与实践课程的齐头并进，是德国工程教育改革的主要发展趋势之一。

2. 美国工程人才培养模式演变

美国工程教育"注重科学、以学为主"。因其以培养学科领域内的通用人才为目标，故称作"通才教育模式"。这种模式将科学教育、人文教育、学科基础教育相结合，强调课程的基础性、宽泛性、可选择性和学科交叉性，重视培养学生的创新精神与创新能力。

美国的工程本科学制为四年，工程类学士学位有工学士（bachelor of engi-neering，BE）、工程学理学士（bachelor of science in engineering，BSE）等类型。美国的工程类学位设置是双轨制，学位设置和学科专业混合在一起。在工程学位系列中，专业型学位与学术型学位双轨并存，学生攻读学位可以在两者之间改换。

美国工程教育主要分为工程学学位和工程师学位两大类型，同时培养工程学者和工程师。美国工程教育的认证由美国工程与技术认证委员会（ABET）负责。美国工程师的注册工作由美国各州工程师注册局具体负责实施。注册局对成为工程师的必备条件的规定是：获得经过 ABET 认证的工程专业学士学位；拥有注册局认可的四年以上工程工作经验；通过由注册委员会专门命题的基础测试和专业考试。

在美国的大学里，通常在第一学年学生可以从基本必修课中根据学校要求和自身情况选择若干课程，并拟定自己的课程计划；在第二学年，学生在学习各种学校要求的课程的同时进入系计划课程学习阶段。在第三与第四学年，学生集中学习自己选定的作为主修的系计划课程。除了系计划课程和专业课程外，学生每年都有时间去修读选修课程或兼修计划课程，或与教师一起参加正在进行的课题研究。

虽然美国大学对习题、实验等环节的要求较严格，但传统上没有生产实习环节，美国工程教育对工程技术与工程实践能力的要求总体看来要低于德国。以麻省理工学院为例，本科四年培养理学士（bachelor of science，SB），目标是"培养学生具有运用扎实的基本原理、全方位洞察与展望自然和社会现象的能力、孜孜不倦的学习习惯和严密而系统的学习方法，以保证学生今后的业务提高和个人成长"。美国工科学生接受学校教育后，通常进入企业的培训机构从事一到两年的工程技术学习，才能真正完成工程师的培养。因此，比较德国与美国的工程教育模式，把德国的本科工科毕业生称为"成品"，而美国本科工科毕业生称为"毛坯"，学生实践培训的不足在一定程度上偏离了工业界对工程技术人才的要求。因此，20 世纪 80 年代起，美国工程教育界在美国国家科学基金会等部门的支持下，对高等工程教育进行了长期的调研，提出了如建立大工程观、重构工程教育等改革建议。在回归工程教育实践的呼声中，一些大学开始设置一些选择性的实习环节，美国本科工程教育界强调工程实践的趋势越来越明显。

3. 我国工程人才培养模式演变

近现代中国工程人才培养模式的演变大致经历了以下几个阶段。

第一阶段，19 世纪末到新中国成立前以通才教育为主的阶段。这个阶段的工程教育吸收借鉴了德国、美国、日本等教育强国的经验，进行了一系列教育改革，取得了一定成绩。但由于受到政治因素、经济因素等影响，未能良好发展。

第二阶段，20 世纪 50～80 年代的专门化阶段。这一阶段主要以培养德才兼备，体魄健全，既有高度政治觉悟，又能掌握现代科学技术的工业建设专门人才为培养目标。这一时期的工程教育主要是照搬苏联的工科人才培养模式，非常强调专门化。院系调整后的分科很细，不少专业是按产品、装备设立的，专业面过窄，通常是学机的不懂电，学电的不懂机。客观地讲，这种模式为当时的社会主义建设培养了大量急需人才，从这一点上看是值得肯定的。但也要看到其培养出的人才基础知识薄弱、只能适应单一岗位。这些弊端已被我国 20 世纪末国企改革出现的大量技术人才无法实现技术再就业的现实所证明。

第三阶段，20 世纪 80 年代到 20 世纪末的尝试将通识教育与素质教育相结合的探索阶段。在这个阶段，针对高校长期存在的忽视学生的综合素质培养、学生普遍缺乏广博的知识、就业选择面过窄、难以适应社会需求等问题，工程教育的培养目标转向了强调重视学生获取知识和能力的培养上，提倡人文教育与专业教育结合。许多工科院校都开设了通识课程，内容涉及人文社科各个方面。然而，从近 20 年的改革实践与学生就业情况看，这种模式所培养的工科人才仍难以适应经济社会与科技进步发展的要求。

第四阶段，21 世纪初至今的多样化探索阶段。学者针对当前我国的工程人才培养模式，提出了种种看法，在指出我国工程教育存在的诸多问题的同时，尝试提出改革建议。普遍认为，要通过加强产学研合作和"做中学"、使教育为产业服务、重视教学实践环节、加强学生的综合素质和各种能力的培养等途径来改革工程教育人才培养模式。有学者认为，多样化是我国工程人才培养的发展趋势。参照不同标准对人才培养模式进行分类，从人才的整体智能结构看，可以将其分为通才模式、专才模式、通专才结合的通识模式、宽基础复合型模式。从人才的智能水平结构看，可将其分为英才培养模式、优秀人才培养模式、应用型人才培养模式。从人才的培养过程看，又可以分为教学科研结合型模式、校企结合型模式、产学研一体化模式、合同制培养模式。还有学者认为，我国较为常见的工程人才培养模式主要有三种：通识型，即专业知识与非专业知识共同构成知识结构。T 型，即课程主要由相近的专业课程组成。复合型，即辅修第二专业或读双学位。

由上可知，较之工程教育强国，我国工程教育的自主探索之路才刚刚起步，因此，面对当前我国所处的特殊阶段，不必急于定位，而应该采取兼容并蓄、冷静分析的态度，从理论与实践两个维度开展研究与探索。但有一点可以肯定，随着我国工程教育改革进程的加快，工程人才培养模式已经呈现出多样化发展趋势。

6.1.2 当前工程人才培养的典型模式

1. CDIO 模式

CDIO 模式是一种目前在世界范围内产生较大影响的工程人才培养模式。CDIO 是 Conceive-Design-Implement-Operate（构思、设计、实施、运行）四个英文单词首字母的组合。它是按现代工业产品从构思研发到运行改良等一列过程而设计，基于经验学习理论等教育学和心理学理论基础上的一种工程人才培养模式，是对杜威"做中学"和"基于项目的教育和学习"（project based education and learning）的抽象概括与表达。

CDIO 是 2000 年 10 月美国麻省理工学院、瑞典查尔姆斯技术学院、瑞典皇家技术学院、瑞典林克平大学四所大学共同发起的一个旨在改革本科层次工程教育的教育方案（project）。CDIO 模式培养出的工科毕业生，大多以具备扎实、广博的基础知识，活跃的创新思维与创新能力，不盲从、善思考、见解独到的思辨能力，善于合作的团队精神与沟通能力，优质高效运作工程项目的能力等优势而为用人单位称道。

Knut and Alice Wallenberg 基金向 CDIO 项目提供了近 2000 万美元的资助，2004 年 CDIO 工程教育理念正式形成，并成立了 CDIO 国际合作组织，世界几十所著名大学加入了 CDIO 国际组织，这些学校的机械系、航空航天系参照 CDIO 模式进行人才培养。

CDIO 的目标是为工程教育创造出合理、完整、通用、可概括的教学目标，能够将个人的、社会的和系统的制造技术和基本原理相结合，使之适合工程学的所有领域。它的最大特点是基本原理简单、有很强的操作性和广泛的适应性，不但可以被任何工程教育项目所采用，有助于工程教育课程的设置和教育方法的研究，而且可以推动考核标准的制定。CDIO 提出了系统的能力培养、全面的实施指导，包括培养计划、教学方法、师资配备、学生考核、学习环境、实施过程和结果检验等十二条标准，有很强的操作性。值得一提的是，其标准中所提出的要求均直接来自对工业界的需求分析，如波音公司的素质要求和 ABET 的标准 EC2000。CDIO 以工程项目（包括产品、生产流程和系统）从研发到运行的生命周期为载体，让学生以主动的、实践的、课程之间有机联系的方式学习工程，是一个包含工程设计、工程实践、工程服务的完整价值链与过程链。CDIO 将工程毕业生的能力分为工程基础知识、个人能力、团队能力和工程系统能力四个层面，要求以综合的培养方式使学生在这四个层面达到预定目标。

近几年国内关于 CDIO 方面的研究成果很多，有的是对 CDIO 本身的分析，有的是对 CDIO 带给教育实践的启示的讨论。查建中教授针对 CDIO 提出的具有可操作性的能力培养、全面实施和检验测评的十二条标准提出了个人看法。他认为其中有七项标准是关键，它们体现了 CDIO 方法论区别于其他教育改革计划的特点，另外五项标准是补充，极大地加强了 CDIO 方法论并反映了工程教育中的有效实践。

目前，在教育部高教司的支持下，我国许多高校的院系借鉴 CDIO 的理念和模式开展了工科专业教学改革。从汕头大学工学院的整体探索开始，CDIO 现已推广到我国不同层次、不同类型高校的工程专业的课程改革实践之中。汕头大学工学院通过对 CDIO 模式的研究，针对我国当前工程教育的弊端，提出了以工程项目设计为导向，使毕业生具有社会责任感、健全人格、良好职业素质为培养目标的 EIP-CDIO 人才培养模式。2006 年，汕头大学工学院以其在 CDIO 方面的研究与创新而成为中国第一个 CDIO 国际合作组织成员。EIP-CDIO 模式是汕头大学工学院结合我国人才培养的新要求和高校实际情况，对国际 CDIO 模式的发展与创新。

（1）EIP-CDIO 的内涵。由图 6-1 可知，EIP-CDIO 模式对 CDIO 模式进行了补充与完善，它将工程师所必备的一些其他素质，如职业道德（ethics）、诚信（integrity）、职业素质（professionalism）融入 CDIO 当中。注重培养学生专业知识技能的同时，对学生进行人文精神的熏陶，使学生成为具备良好职业道德、高度社会责任感、专业知识与技能都符合时代要求的合格工程师。汕头大学工学院对 CDIO 的发展值得借鉴。在当前这个市场经济氛围日益浓厚的社会环境中，很多人原有的价值观受到强烈冲击，开始崇尚拜金主义、享乐主义、极端个人主义，对中华民族传统的价值观念与人文精神有些误读，这样做无论对个人发展还是对社会的进步都是有害的。从某种意义上讲，仅有专业能力的人是无法适应社会需要的，强烈的爱国心、较强的抗挫折能力、坚韧不拔的意志、富有同情心、热爱生活等情感品质对工程人才而言，远比掌握一门高深的技艺重要。

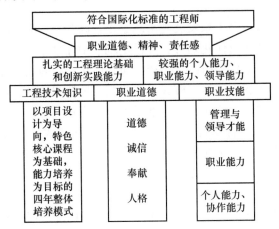

图 6-1　EIP-CDIO 的培养框架图

（2）EIP-CDIO 的课程设置。EIP-CDIO 培养模式通过项目设计，将整个课程体系有机而系统地结合起来。围绕项目设计将所有学生需要学习和掌握的内容设计为一个系统的课程体系。通过导论性的基础课程，从开始阶段就将工程实践引导入门，让学生对后续课程有所了解；在教学计划和教学实践中，围绕项目设计将相关课程有机联系起来；通过贯穿专业学习全过程的 CDIO 项目，让学生在学习专业知识的同时直接体验高级设计过程，在知识的学习和应用之间形成良性互动。

EIP-CDIO 课程设置的特点主要体现在以下七个方面：

① 通过工程师职业道德课程，以及成长沙龙、社会实践等活动开展 EIP 方面的培养。

② 通过导师制，加强教授对学生的学业辅导，并在职业道德、诚信、职业素质等方面给予指导。

③ 加强基础学科与人文学科的课程，强调数学分析能力的培养。

④ 以课程群的方式将全部专业核心课程有机结合，使教师能以相关知识有机联系的方式传授，学生能以多元因素合理联想的方式掌握专业知识，培养自学能力。

⑤ 加强实验与动手能力的培养，合理增加实验课时，使实验实践环节更好地与课堂教学结合。

⑥ 通过工程项目的团队设计来培养工程设计能力和协同工作能力，拓宽工程科学知识。培养创新意识、项目设计能力、团结协作精神和理论联系实际的作风。

⑦ 鼓励互动和探究式学习。

2. 合作模式

随着教育与经济社会关系发展越来越紧密，高等工程教育的人才培养模式已越来越呈现出多元化、立体化趋势。并已出现了中外合作办学、工学结合、校企合作、政校企合作、教学科研结合、产学研一体化、合同制培养模式、订单式人才培养模式等高等工程人才培养模式。这些模式虽然叫法各异，但其实质都是针对人才培养过程中参与主体而言的，都属于合作模式。可以说，合作模式早已不是新名词，1987 年世界合作教育协会就给出了合作模式的定义：凡是学校与产业单位共同培养学生，学生在教育过程中参加适量生产劳动的教育模式，都可以称为合作教育模式。其基本组成要素是学校和社会的教育环境、教育资源，基本条件是学校与区域社会各部门的紧密合作。

大量研究表明，我国的合作模式在操作层面还面临着诸多问题，许多合作还仅停留在表层，而不能深入实质。人们通常把造成这些问题的主要原因归于体制机制僵化。例如，企业一线技术人员难以真正来学校做兼职教师，其原因可能是企业繁重的工作任务使技术人员没有时间来学校授课；也可能是学校的聘任机制、办学模式、学制规定、课程设置和评价方式不够灵活，企业人员来校授课受到种种制约。又如，学校之间、校企之间的资源不能实现真正共享也是因为受到包括人员配备、利益分配、管理制度等方面问题的制约。

从某种程度看，在运用合作协同等创新模式的同时，创新思路更加重要。与体制问题一时难以改变的现状相比，从社会上引入除政府之外的第三方主体到学校与企业之间，通过第三方来架设多方合作的桥梁，可以使长期阻碍合作模式有效运行的一些因素得以消除。目前，我国已经有一批服务于用人单位与高校间合作的企业产生。它们通过到校园做职业素质教育与企业形象宣传等途径，来密切学校与企业的关系。有的从第三方角度、运用人力资源理论等管理学方面的知识及其对人才市场的了解，来协助高校通过市场化运作，为企业输送所需要的毕业生。有的则通过"模拟训练营"等新途径把大企业的营销、广告、公共关系与对学生的职业培训结合来协助高校培养人才。

总之，无论是从国外多年的实践结果看，还是从合作模式的教育学理论论证，充分发挥一切教育资源开展合作教育，都是一种使受教育者既具备丰富的理论知识，又具有较强的实际动手能力的有效途径。如何使这种模式的价值得以实现与最大限度发挥，是当前及今后我国工程教育人才培养模式改革的着力点。

3. 综合模式

如果国内工科院校对 CDIO 模式的学习与借鉴是我国高等工程教育向国外学习的结果，那么综合模式则是我国高等工程教育研究者认真钻研、努力探索的最新成果。浙江大学科教发展战略研究中心柳宏志等提出的综合工程教育模式，时任教育部高教司理工处处长李茂国阐明的"包容战略"，都对综合模式进行深入研究与探讨。

综合模式的培养目标可以描述为：培养具有合理的知识结构与较高的专业素质，具有国际视野、远大抱负和创新精神的高素质、创新型工程技术人才。综合模式以重基础、重设计、重创造的"三重"教育理念为指导思想（图 6-2）。

在改革方向上坚持工程基础、工程设计、工程管理、工程实践四者之间的不断强化与互动，不但要注重强化学生的自然科学基础，更要注重培养学生的工程科学基础，通过实现教学环节的文理综合与理工综合，积极搭建起"多规格、多通道、模块化、宽专交、开放性、互动式"人才培养互动平台和产学合作教育网络。此外，综合工程教育模式从学生的综合素质、基础理论、动手实践、创新设计、工程训练等多个环节，全方位提高学生的动手实践能力、自主设计能力和综合创新能力。参加综合工程教育改革实践的学生不仅要有扎实的数理科学和工程

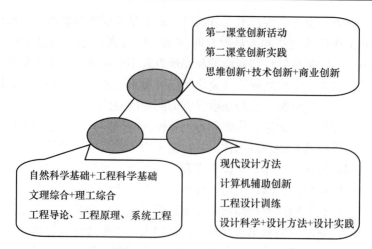

图 6-2　综合工程教育人才培养模式创新的"三重"指导思想

科学基础，还要有良好的文理结合与多学科交叉的工程意识，不仅要具有较强的设计创新能力，还要有优秀的工程项目组织与领导能力。

4. 创业模式

目前，创业模式已融入我国高校创新创业教育的过程中。首先，这种模式响应了我国当前国家鼓励毕业生创业的政策，为解决毕业生人数猛增而求职难问题提供了一种新的思路；其次，创业者不受专业限制，国内外许多企业的创建者都有工科背景，技术出身的企业家层出不穷，创业模式可以为学生在学校期间进行创业规划提供帮助；再次，国外高校历来重视对学生创业意识与创业能力的培养，为了弥补我国这方面与国外之间的巨大差距，我们也应在这方面展开积极研究与实践探索。宁波大学与浙江万里学院的创业模式值得借鉴和研究。

（1）宁波大学"平台＋模块"创业模式。这里的"平台"是指"大学生创新创业训练计划"平台。学校以"把成才的选择权交给学生"的教育理念为指导，以全面培养创新创业型应用人才为培养目标，采取了一系列重大教学改革举措。将学生课外科技、文化、社团、社会实践、职业技能培训等第二课堂的活动进行了梳理，内容涵盖科研创新培养计划、创业训练计划、科技竞赛培养计划、人文素质提高计划、职业技能培训计划五方面。

"模块"即四级联动模块。学校创业指导中心启动了"项目准入、全真管理、企业孵化、定期考核"的四级联动模块指导模式。项目准入模块是指所有入驻创业基地的团队项目都必须经过相关论证与学校审核，并有一定的发展潜力。创业指导中心对这些项目进行再论证之后，对学生做出是否准予入驻的通知；全真管理模块要求入驻创业基地的各团队需要按照企业模式运作，在规章制度、运行机制、人员管理、绩效考核等方面，都要有一套系统的方案；企业孵化模块是指对那些符合小企业运行条件、具备进入大市场条件的团队，学校扶助其注册成立有限公司，加快团队身份变化；定期考核模块是学校每年对各个团队进行一次全方位的考核，对于表现突出的团队，学校根据《华夏创业奖励基金评定办法》，发放一定奖金。

（2）浙江万里学院的"创业训练营"模式。该校与共青团宁波市委共同创建了浙江省首个面向社会、独立建制运行的以青年创业培训为宗旨的学院——宁波青年创业学院，学院以"创业训练营"模式开展创业教育。"创业训练营"联合宁波市代表性行业的企业共同开展创业教育，课程分为理论教学与实践体验两大部分。通过为选择不同创业行业的青年提供个性化的培训服务，帮助其更理性地把握行业特点，培养的学生普遍具有创新、合作、实干等创业者所必备的良好品质。2008 年暑期，"创业训练营"结合宁波新兴行业，分成外贸业、艺术设计业、文化传媒业、会展业、食品业、教育咨询业、IT 业、通信业、机械制造业等 9 个培训方向，每个培训方向面向全体高校学生招收学员。暑期"创业训练营"的培训内容分为 3 个培训模块：公共教学模块，指导学员从创业者的角度来重新审视自我，并初步了解创业基本知识；素质拓展模块，用军事化管理课程磨砺学员意志品质，培养其团队精神；行业实践模块，由合作企业协助实施，通过组织学员进入相关合作企业接受理论培训，并参与企业的实际项目运作来帮助学员了解行业特点、感受企业文化、体验创业艰辛、提升创业能力。

除上述创业模式外，有的高校还开设了咨询专家小组、企业家俱乐部和未来企业家俱乐部，分别由咨询专家、从事企业管理的学生家长和有志于企业管理研究的学生组成。他们定期集中或分组开展咨询诊断、管理经验交流或管理疑难问题讨论及对管理经验或咨询意见学习模拟等活动。有的高校通过为有志于创业的学生开设管理学知识讲座等形式搭建高校与企业之间的学习、交流和商务支持平台。在这个平台上，优秀企业家、管理学者、高校教师、大学生之间能够得到充分互动。还有的高校举办由企业管理专家指导、企业家参与、学生观摩管理诊断的咨询活动，不仅为从事企业管理的家长提供企业管理经验交流、疑难诊断与咨询的平台，同时还为学生提供直观展现企业管理的实际案例和企业诊断实训的窗口。通过这些举措，学生在校期间就能将管理理论与实务对接，增强了自身对社会的适应能力和就业竞争能力，塑造了企业家人格。

6.1.3　工程人才培养模式发展趋势

工程人才培养模式的趋势研究是创新型工程人才培养模式研究的必要组成部分，它不但有助于创新工程人才培养模式，也可以为新模式的构建提供理论与实践参考。

1. 多元化

各个高校积极地开展了工程人才培养模式的探索与实践，浙江大学的"综合教育模式"、西安交通大学的"书院制模式"、汕头大学的"EIP-CDIO 模式"、北京工业大学的"实践教学一条线模式"都各具特色。伴随着高等教育改革的深入，各种模式竞相出现。

从模式内部各要素看，各类改革也体现出了多元化的趋势。主要体现在入学时学生选拔方式与评判标准多元化、人才培养目标多元化、人才素质构成本身多元化、教学内容与课程体系多元化、教育方式与教学手段多元化、学生评价多元化等方面。

2. 融合化

从高等教育改革中业已形成的合作模式、综合模式、CDIO 模式等工程人才培养模式中，可以很明显地看到多种教育要素间相互融合的特征。人文与科学、工程与技术、知识与应用、传承与创新、借鉴国外经验与进行独立探索的融合是人们对工程教育发展趋势的普遍共识。自乔尔·莫西在 20 世纪末提出"大工程"教育理念以来，"重视工程科学理论的分科教育"向"更多地重视工程系统及背景教育"转变的呼声已经被工程教育界所接受，人们认识到现代的工程教育离不开知识的集成、学科间的相互交叉、课内与课外、国内与国外的融合。

3. 实践性

实践是工程的本质，工程教育要求学生更多地参与到工程设计、制造、研究的实践中，培养学生从实践中发现问题、分析问题、积累经验、培养解决问题的意识与能力。德国工业大国地位的树立与其向来注重校企间密切合作，为学生创造尽可能多的工程实践机会是分不开的。很长一段时期，美国的工程教育把人才培养的重点放在对学生自由意识与创新能力的培养上，对学生工程实践能力的培养要相对弱一些。而今，美国工程教育早已一改往日重理论轻实践的传统，强调实践才是工程专业的根本。以问题为中心，融合理论教学和研究型教学的实践性课程来培养学生的创造能力，强化对教师和学生进行工程实践训练的教育模式，对世界许多国家都产生了深刻的影响。可以认为，对工程人才实践能力的培养是今后工程人才培养模式创新的最主要特征之一。

4. 创新性

这里的创新包涵两层含义：一方面是指工程人才培养模式本身要注意培养学生的创新意识、创新思维、创新精神、创新人格、创新能力。另一方面是指工程人才培养模式的建构要有所创新，要结合学生个体的实际情况，学校自身所具备的条件和所处地区的经济文化环境，用人单位对人才的具体要求等因素，建构出具有自身特色的工程人才培养模式。时代的发展得益于需求的推动，而需求的满足离不开创新。毋庸置疑，今后的工程人才培养模式改革中，创新元素将会越来越多地渗透于工程教育要素的各个方面。

5. 人本性

大学所培养的人才首先应是"人"，即独立、自由、和谐发展的人。教育者在建构创新型工程人才培养模式时必须从以人为本的角度出发来考虑问题，把模式的构建建立在以人为本这一根本前提之下。以人为本也就是人本性，即把人的独立性与主体性发展放在创新型工程人才培养目标的首位，坚持人的精神属性、自然属性、社会属性之间的辩证统一。以学生与教师为中心，为学生和教师的全面发展服务，通过激励他们的内部力量来培养他们的主动性、领悟性，使他们能够进行独立思考，预测未来事物发展方向，做出自我抉择，实现心灵的自由。马斯洛心理学研究早已表明，个体只有在受到尊重，基本需求得到满足的情况下，知识和技术的真正掌握才能成为可能。

6. 合作性

一个苹果分给两个人，每人只能得到一半，而两人之间交换知识，每个人的知识量将会倍增，这个以分享苹果与分享知识来体现知识分享重要性的例子可以作为合作提升价值这一理论的佐证。未来世界离不开合作，这个道理同样适用于教育领域。要想实现教育价值的最大化，就必须使教育各要素间相互合作。学校、企业、社会等多方主体共同参与开展教育活动，必将成为未来工程教育发展的趋势。东西方之间、国家之间、地区之间、院校之间、各系之间、班级之间、个体之间的合作活动将会成为教育的常态。知识传播者、教育媒介、教育场所、教育方法等各种教育资源将会通过各种形式的合作而共享。

6.2　多元交叉工程人才培养模式

模式的构建应基于对人才培养模式发展趋势的把握。本节继前文对工程人才培养模式的分析，从目前中国工程教育存在的问题、构建创新型工程人才培养模式应遵循的原则分析入手，分别从人才培养目标、课程体系构建、教育方法与手段、教师培养与教师队伍建设、教育评价等几个方面对渗透多元交叉思想的创新型工程人才培养模式进行了分析。

6.2.1　工程教育人才培养模式存在的问题及原因

我国工程教育领域明显存在"四化"现象：一是"去工程化"，目标变成了培养科学家而非培养工程师；二是"学术化"，培养过程过于强调理论导向；三是"软化"、"虚化"，乃至"娱乐化"，过于强调通才和素质教育，忽视通才教育的专业性；四是"边缘化"，盲目追求办成综合型大学的目标而抛弃了办学特色。

朱高峰院士谈到我国工程教育存在的主要问题时指出如下几点：一是工程教育定位不明确，学科专业划分过细，学生知识面太窄，科学基础不坚实并缺乏工程实践的基础训练；二是培养层次、结构体系和人才类型与企业需求存在一定程度脱节，缺乏对综合运用知识解决工程问题能力的培养；三是对继续教育重要性的认识不足，继续教育与产业和企业结合不够紧密，培训与供给的矛盾较突出。

当前我国高等工程教育存在如下典型问题：不同类型高校人才培养目标模糊或者趋同现象较为严重；学科划分仍不够宽泛，教育内容的交叉性不够，缺乏对学生人文素养的培养，难以满足社会对复合型人才的需求；课程体系仍显陈旧，滞后于生产实践；工程教育的理论与实践脱节，学生缺乏动手能力的问题依然相当严重；工科教师普遍缺乏实践能力和工程实践经历；教育资金投入不足、教育评价体系不健全等。

产生上述问题的原因比较复杂，涉及教育系统自身、企业、社会传统观念等多个方面。

从教育系统自身看，通常高校在人才培养模式方面的改革不到位，大多停留于理论探讨而少有实际举措。固然，教育实验不同于科学实验，它关系到人的终身发展，牵涉到社会的各个神经，但如果只是停留在理论阶段，我国的高等工程教育质量必定不会提高，创新型国家的建设就无从谈起。因此，教育工作者要以解放思想、大胆实践、精心求证的工作态度，严谨而负责的研究态度来探索有利于培养创新型工程人才的新模式。还有一些高校只顾盲目扩招，忽视教育质量的提高。对这类学校国家应该从法律角度进行管理与规范，加大社会监督的力度，对学生及家长负责。

从工业界来看，工业界普遍缺乏自主创新的意识与能力。不少工业企业长期以来习惯于从先进国家直接引进技术，不重视创新和自主研发以及自主品牌的建设，缺乏对创新型高层次人才的强烈需求意识，参与工科教育的意识与热情不够。例如，在轿车生产行业，关键技术仍然掌握在一些工业强国手中，我国的企业多是以廉价的劳动力与低价的厂房等作为参与生产的资本，其中存在的潜在危机即关键技术受控于人，导致我国企业缺乏核心竞争力。

从我国传统文化看，几千年来国人重学轻术的思想根深蒂固。不但不少学生鄙视技能训练，就连许多学生家长、工科教师都认为学校是学习知识的地方，从事技能活动低人一等。因而，许多人视工厂实习、工程训练等实践环节为走过场，未能从工程科技人才全面发展的需要上对其重要性充分认识。

综上所述，解决我国当前工程教育存在的问题，创新工程人才培养模式至关重要。

6.2.2　构建多元交叉工程人才培养模式的基本原则

1. 权变原则

权变就是权衡应变。不管是工程人才培养模式的设计还是应用都应该从实际出发，因时、因地、因人制宜。既要有高度的原则性，又要有灵活的选择性。教育工作者应该根据内外条件来构建与人才培养目标、受教育者自身实际情况、用人单位需求最相吻合的人才培养模式，绝不能教条地照搬照抄他人做法。在创新工程人才培养模式上不要盲目迷信国外、迷信权威、迷信名牌院校，而要深刻冷静地分析自身的情况，因地、因校制宜，灵活运用和借鉴别人的成果，结合自身的实际来探索自己的模式。

2. 开放原则

开放就是不故步自封，要面向世界、面向未来，开阔眼界、广泛吸收借鉴有价值的东西。面对全球化的人才竞争，我国的高等工程教育必须走出封闭，走向开放。创新型工程人才培养模式的构建者如果能够深谙各国多元文化，具有国际眼光和视野，就能够冷静分析国内外不断出现的新模式，并借鉴其合理可行之处。因而，广泛而深入地了解国内外较为成功的工程人才培养模式，取其精华，结合实际，为我所用，都是构建创新型工程人才培养模式所应遵循的原则。

3. 服务原则

1904 年，范·海斯出任美国威斯康星大学校长，开始倡导大学通过传播知识、专家服务等形式直接为社会服务，这就是著名的"威斯康星理念"。从此，服务社会和培养人才、发展科学一起成为了大学的三大主要职能。教育的本质之一就是提供服务，它是培养人才、发展科学职能的延伸。这个服务既应指向企业社会，也应指向学生个人。创新型工程人才培养模式的构建要充分尊重学生个性发展，使学生能够在满足用人单位需求的同时发展自身的个性爱好，为自身的身心健康成长打下良好的基础。

4. 平衡原则

针对当前高等工程教育中存在的种种问题，创新型工程人才培养模式的构建要着重加强对这些问题的解决，但同时也应找到其中的平衡点。不能一味地强调实践而忽视理论知识的重要性；不能为了培养学生的多方面能力而轻视其专业知识的储备；不能一味追求就业导向而放弃学生终身学习能力的培养。总之，构建创新型工程人才培养模式时必须考虑各要素之间的平衡协调。

5. 可操作原则

在不断推出的创新型工程人才培养模式中发现，某些模式的可操作性其实并不强。这可能也是人们不断创建模式、改造模式的原因之一。造成模式缺乏可操作性的原因多种多样，其主要表现在：受功利心的驱动，为了研究而研究；坐而论道、纸上谈兵，缺乏实地调研；盲目跟风，照搬照抄他人模式而不顾自身实际。我们无法一次性构建出一个完善的模式，但是在构建模式之初，就应该首先考虑其是否具有可操作性，是否能够真正为创新型工程人才培养工作服务。否则，这种模式就失去了其存在的价值。

6. 可持续发展原则

自 20 世纪 70 年代法国成人教育家保罗·朗格朗提出终身教育观念至今，世界经济的发展对个体的要求一再证明着终身教育这一观念的正确性。新的行业、新的工作岗位的层出不穷，要求教育带给人们的不仅是某一种具体的知识技能，还要使人们拥有独立学习的愿望与能力，掌握快速领悟新事物的本领，以便适应不断变化的岗位需求。这一点对于身处科技发展日新月异时代的工程人才来说，显得尤为重要。过去我国培养的工科人才知识结构单一的问题十分突出，许多人因不能胜任我国企业改革中新的岗位对人才的要求而下岗的教训应该警醒。因此，建构人才培养模式时必须通过打破学科壁垒、改革课程体系等途径，使受教育者具备终身教育的思想与能力，保持自身的可持续发展。

7. 知行统一原则

我国高等工程教育长期以来，受科学教育思想影响较深，过于注重理论知识而忽视了实践能力培养，致使所培养的人才难以满足用人单位对人才的要求。改革工程人才培养模式，提高工程人才的实践能力是当前工程教育应解决的首要问题之一。包括教学、科研、生产相结合等模式在内的工程人才培养模式之所以受到学界肯定，是因为其能够将理论与实践相结合。

6.2.3　多元交叉创新型工程人才培养模式的理论基础

1. 教育多功能说

人才培养目标是教育的出发点，是对教育所要培养人才的质量标准和规格要求的总设想。确定学校教育的培养目标就是回答学校教育要培养"什么样的人"的问题，从这个意义上，教育目标的制定取决于教育者对教育功能的理解。不同的维度，教育功能可以进行不同的划分。通常，人们多从教育的作用把教育功能划分为个体功能与社会功能。教育的个体功能是指教育对个体发展的促进功能，包括教育促进个体社会化的功能和教育促进个体个性化的功能，以及教育的个体谋生和享用功能。教育的社会功能包括教育改善人口质量、提高民族素质的功能；教育促进文化延续和发展的功能；教育促进经济发展的功能；教育促进政治民主化的功能；教育调节人与自然的关系，促进社会可持续发展的功能。

基于对教育功能的以上认识，教育从中世纪大学诞生以来，随着社会与教育的发展逐渐形成了基于人文的、学术的、社会发展需要的、个人发展需要的四种功能认识基础上的人才培养目标。不同的社会意识形态、不同的受教育环境下的教育所体现出的功能是不同的。

2. 多元智能理论

多元智能理论自问世之初就成为教育心理学领域的一项重要理论而被教育工作者广泛重视。它为多元交叉创新型工程人才培养模式中的人才培养目标、课程体系构建、教师培养等要素的表述提供了心理学依据。加德纳认为，人类的智能至少可以分成七个范畴：范畴之一，语言智能（verbal/linguistic），即有效地运用口头语言和文字的能力；范畴之二，逻辑智能（logical/mathematical），是从事与数字有关工作的人特别需要的有效运用数字和推理的智能；范畴之三，空间智能（visual/spatial），空间智能强的人对色彩、线条、形状、形式、空间以及它们之间关系的敏感性很高，感受、辨别、记忆、改变物体的空间关系并借此表达思想和情感的能力比较强；范畴之四，动作智能（bodily/kinesthetic），是指善于运用整个身体来表达想法和感觉，以及运用双手灵巧地生产或改造事物的能力；范畴之五，音乐智能（musical/rhythmic），主要是指人敏感地感知音调、旋律、节奏和音色等能力；范畴之六，人际交往智能（inter-personal/social），是指个体与他人进行沟通的能力；范畴之七，内省智能（intra-personal/intro-spective），主要是指认识自己的能力，包括正确把握自己的长处和短处，把握自己的情绪、意向、动机、欲望，对自己的生活有规划。

1995 年，加德纳对其提出的上述多元智能理论进行了补充与完善，增加了第八种范畴——自然探索智能（naturalist），这种智能是指个体能认识植物、动物和其他自然环境的能力。

3. 人力资本理论

关于人力资本的研究一开始主要是在管理学领域，后来，随着学科间的交又，它开始受到其他学科的关注。近年来，在教育学领域，人们在研究教育管理与人才培养时，意识到对人力资本理论的了解有助于其研究的开展。

人力资本理论主要包括四个方面：第一，人力资源是一切资源中最主要的资源，人力资本理论是经济学的核心问题。第二，在经济增长中，人力资本的作用大于物质资本的作用。人力资本投资与国民收入成正比，比物质资源增长速度快。第三，人力资本的核心是提高人口质量，教育投资是人力投资的主要部分。不应当把人力资本的再生产仅视为一种消费，而应视为一种投资，这种投资的经济效益远大于物质投资的经济效益。教育是提高人力资本最基本的主要手段，所以也可以把人力投资视为教育投资问题。生产力三要素之一的人力资源显然还可以进一步分解为具有不同技术知识程度的人力资源。技术知识程度高的人力带来的产出明显高于技术程度低的人力。第四，教育投资应以市场供求关系为依据，以人力价格的浮动为衡量符号。

4. 建构主义思想

建构主义是学习理论中行为主义发展到认知主义以后的进一步发展，其本身并不是一种理论。建构主义者主张世界是客观存在的，但是对于世界的理解和赋予意义却是由每个人自己决定的，个体是以自己的经验为基础来建构现实的，或者至少是解释现实的。学习活动是学习者在与客观环境互动中自主建构的过程，教师只是学习者建构知识、能力、价值观的辅助者，其作用主要是帮助学习者建构学习情境，让学习者在学习情境中提出问题，或针对工作中遇到的问题结合系统的知识进行分析探讨，找到解决问题的方法。

建构主义者强调学习的主动性、社会性和情境性。在知识观方面，建构主义者一般强调知识并不是对现实的准确表征，它只是一种解释或假设，会随着社会的进步而不断地被新的假设所取代。建构主义者还认为，知识不可能以实体的形式存在于具体个体之外，学习者对同一命题也会有不同的理解。在学习观方面，建构主义者认为，学习不是由教师把知识简单地传递给学生，而是由学习者自己建构知识的过程。特定情境的学习历程决定了学习者建构起基于自己的经验背景的知识体系。在教学观方面，把所有的学习任务都置于为了能够更有效地适应世界的学习中，教学目标应该与学生的学习环境中的目标相符合，应该在课堂教学中使用真实的任务，整合多重的内容或技能，鼓励学生反思、批判的精神，发展学生的自我控制能力。

5. 学习型组织理论

学习型组织理论是彼得·圣吉针对 19 世纪和 20 世纪组织管理中的弊端提出的，曾被誉为 21 世纪最具竞争力的创新型发展组织理论。这一理论强调通过

"自我超越"形成良好的组织文化和发展环境；通过"改善心智模式"纠正个体看问题的角度，从而以开放、接纳的态度面对挑战；通过"建立共同愿景"加强成员的参与意识，激发对组织的奉献精神；通过"团队学习"提高成员间的沟通效率，促进个人和团队的共同发展；通过"系统思考"认清自身所处的环境，使组织发挥更大的效能，将个人的主动性和创新能力整合成为团体智慧和团体动力，促进组织不断发展，在激烈的竞争中立于不败之地。

学习型组织理论强调组织成员之间的合作关系，鼓励组织和成员进行持续不断的学习，提倡集体分享和创新发展。学习型组织理论要求教师要审视与分析教学行为和教育结果，反思教育理念、教学风格、教学手段、教育资源的组织与运用。它还要求教师要与学生互动，提倡教师间的协同工作，共同参与教学目标、手段、内容的制定，建立共同的愿景来加强团体学习。

6. 人的"全面发展"学说

马克思关于人的全面发展学说是我国教育目的的理论基础，因此也是创新型工程人才培养模式构建的理论基础。马克思是从生产力与生产关系的社会实践角度来考察人的发展的。在马克思看来，人的全面发展是指人的劳动力、道德和审美诸方面的全面发展。具体而言，马克思关于人的全面发展的内涵包括：人的生产物质生活本身的劳动能力的全面发展，既表现为人的体力和智力的全面发展，也表现为人的才能和志趣的全面发展。人自身的全面发展，它意味着"人以一种全面的方式，也就是说，作为一个完整的人，占有自己的全面本质"，"均匀地发展全部的特性"。

在马克思主义学说的基础上，毛泽东同志提出了社会主义制度下人的全面发展的思想，指出："我们的教育方针，应该使受教育者在德育、智育、体育几方面都得到发展，成为有社会主义觉悟的有文化的劳动者。"从而科学地解决了社会发展需要与人的全面发展的统一性。随着社会主义市场经济的建立与发展，邓小平同志提出了培养新时期的"四有新人"目标，即培养"有理想、有道德、有文化、有纪律的社会主义公民"，并针对新的时代特点，提出了"尊重知识，尊重人才"的要求，进一步科学阐明和丰富人的全面发展学说。进入知识经济时代，国家新型工业化发展对创新人才的全面发展提出了更高的要求，这体现了知识经济条件下社会经济发展与个人全面发展的有机统一，是对马克思关于人的全面发展学说的丰富和发展，同时也是对马克思学说的理论创新。

7. 激励理论

激励理论是管理学的重要内容。激励是心理学术语，是指通过外部刺激达到激发人的行为动机的一个持续的心理过程，实质上就是满足需要的过程。激励理论诞生于 20 世纪 50~60 年代，之后不断丰富和完善。

激励理论被广泛运用到其他领域。在教育领域，按教育的侧重点与行为关系的不同，激励理论可分为内容型、过程型、行为改造型三种类型。内容激励理论旨在发现促使被激励者努力工作的具体因素，因此这一理论实际上是围绕人的各种需要来进行研究的，故又称需要理论，其中包括马斯洛的需要层次理论、赫茨伯格的双因素理论和麦克里兰的成就需要理论。过程激励理论关注的是动机的产生和从动机产生到实施具体行为的心理过程，主要包括北美著名心理学家和行为科学家维克托·弗鲁姆（Victor H. Vroom）的期望理论和亚当斯的公平理论。行为改造型激励理论主要认为激励的目的是改造和修正人的行为，研究如何通过外界刺激对人的行为进行影响和控制。这一类型的代表性理论包括美国心理学家斯金纳的强化理论和凯利的归因理论。

6.2.4　多元交叉工程人才培养模式的培养目标

基于对上述教育功能理论、多元智能理论、构建主义思想学说等观点的认识，多元交叉工程人才培养模式的人才培养目标要体现多元化、个性化的要求。围绕培养高素质的创新型工程人才这一大的目标，结合各校自身情况灵活制定。在具体制定过程中应该包括如下要素。

1. 目标的制定应体现多元交叉思想

目标的制定应考虑多个维度，充分体现多元交叉思想。长期以来，我国工科院校的人才培养目标趋同现象明显。为了培养符合新型工业化与市场经济双重挑战的人才，各工科院校的人才培养目标应体现出自身特色，体现兼顾教育的个体功能与社会功能、现实功能与长远功能的多元交叉思想。

多元交叉思想在我国古代传统教育思想中已有体现。儒家经典《大学》开宗明义："大学之道，在明明德，在新民，在止于至善"，"明明德"是指通过发扬人性中本来的善，培养健全的人格；"新民"是指通过教与学的统一，达到修己利人，推己及人，化民成俗；"止于至善"则是指教育的终极目标，即通过教育使社会达到"至善"。继而《大学》阐明"修身、齐家、治国、平天下"，这成为大学教育的社会责任和终极追求目标。

创新型工程人才培养目标的制定既要体现出以人为本的思想，培养个体自身的完善，又要满足社会对人才的需要，培养国家栋梁。既要使企业用人标准与学校人才培养目标一致，又要使个体终身发展与眼前就业相结合。

2. 目标本身应体现多元交叉思想

工程人才培养目标是结合学生实际为学生量身定制的培养目标。按照加德纳的多元智能理论，学生与生俱来的语言智力、逻辑智力、空间智力、肢体动作智力、音乐智力、人际交往智力、内省智力、自然探索智力都是不同的，体现个性化的多元人才培养目标有助于发挥学生的最大潜能。具体地讲，创新型工程人才的培养要以培养具有多元交叉的身心素质、知识结构、能力体系、思维方式的创新型人才为总体目标。身心素质包括健康的体魄、积极乐观的心态、理智与情感的平衡、能够自我调节情绪等。知识结构是指基础知识、专业知识、人文知识、经管知识等。能力体系是指实践能力、沟通能力、自学能力、敏锐的洞察力、独立思考与创新的能力等。思维方式包括分析与综合、比较与分类、抽象与具体、归纳与演绎、顿悟、创新等。

在制定人才培养目标时，应该综合考虑各方面因素，并有针对性地制定出能够体现多元交叉特色的具体目标。

6.2.5　多元交叉工程人才培养模式的课程体系

课程体系是指一个专业所设置的课程相互间的分工与配合。它主要体现在基础课与专业课、理论课与实践课、必修课与选修课之间的比例关系与顺序安排上。课程体系是否合理直接关系到人才培养的质量与学生的就业前景，科学的课程体系是创新型工程人才培养模式的核心。

1. 课程体系的建设应渗透多元交叉思想

在构建多元交叉创新型工程人才培养模式的课程体系时，应该注意以下几点。

（1）注意课程安排上的动静结合、比例合理，给学生提供多元化的课程选择自由。必修课、限选课、任选课的合理组织有利于拓宽学生选课的空间，发挥主观能动性，扩展自身的知识面，提高综合素质。除了加大选修课与人文素质课的比例，还应该紧跟国际热点与前沿，把更多前沿专业技术知识以讲座、讨论等形式纳入课程体系。

（2）各课程模块本身要体现知识的多元性。要求设计的模块既包含培养学生眼前就业必备的课程模块，又包含培养学生终身学习能力的课程模块。例如，在专业课程模块注意培养学生的实践能力，就应该构建多元的知识体系来达到培养目标。要把校内课程与企业实习相结合，把工程设计和工程实施相结合，把个人独立完成的内容与需要团队分工合作的内容相结合。

（3）课程体系本身要有综合性，把多元交叉的知识组织到课程体系当中。现代科学技术发展的主要特征之一是既高度分化又趋向综合，学科的交叉性与相互渗透性使得许多工程项目成为涉及多学科领域的综合性课题。在保证课程体系必要基础性的前提下，扩大知识面，使各类学生既学习社会科学、人文科学，又学习自然科学、技术科学，这种跨学科的课程体系应贯穿于整个培养过程之中。

（4）课程设计上既要吸收借鉴先进经验，又要符合自身实际情况。在课程体系的设立上既要充分借鉴国际知名院校工程学科的课程培养体系，调整课程结构，使其与国际接轨，又要结合国情、校情，构建切实可行的课程体系。科学调整理论课程与实践课程的比例，既不能脱离人才市场需求，片面加大理论课程，又不能只顾眼前，盲目追求就业率，而一味培养学生技能，使学生基础不牢，缺乏发展潜力。

2. 多元交叉工程人才培养模式的课程体系结构

传统工程教育的课程体系是直线型的，通常低年级开设公共理论基础课程，之后进入专业基础课程学习阶段，最后是更细化的专业课程的学习。这种课程体系的弊端早已在毕业生接受企业挑选时暴露出来，学生知识能力结构无法满足用人单位的要求。

多元交叉创新型工程人才培养模课程体系的建构应该改变传统课程建构的思路，从企业对员工知识能力的要求出发进行设计。例如，可以通过建构必修核心课程模块、人文课程模块、经管法律课程模块、专业选修课程模块、工程综合项目模块等包含多种课程模块在内的多元交叉课程体系来培养满足企业需要。图 6-3 为渗透多元交叉思想的课程体系。

图 6-3　多元交叉创新型工程人才培养模式课程体系结构图

在这一多元交叉创新型工程人才培养模式课程体系中，必修核心课程模块直接针对企业需求，通过分析企业职位描述来设计课程模块，它包括基础理论模块、职业技能模块和创新思维训练课程模块三部分。基础理论模块是人才培养的基石；职业技能模块强化工程人才动手能力；创新思维训练课程模块是为了满足创新型国家建设对创新型工程人才的需要而设定的。其中，基础理论模块又可细分为工程技术原理、数学等工程教育理论核心课程。职业技能模块分为工程设计，包括工程设计方法与工程设计工具的使用。工程技能实践包括软硬件组装与操作、毕业设计、企业参观与实习等。创新思维训练课程模块分为创新学概论、创新思维方法的学习与创新思维能力的培养等课程模块。例如，要把 TRIZ 理论这样的创新理论介绍给学生，帮助学生利用这一理论与方法发展自身的创新能力。

专业选修课程模块旨在帮助学生增强工作能力，提高就业竞争力。它是为学有余力，希望进一步掌握本专业及其他专业知识的学生建构的。例如，软件工程专业集成方向的学生可以选修嵌入式方向的一些课程，暖通专业的学生可以选修一些电学方面的课程等。

工程综合项目模块是基于大工程观、培养跨学科的基础宽厚而扎实的工程人才的思考提出的。用系统思维的方式设计出的综合工程项目，既可以为学生提供运用专业知识解决问题的能力，又可以为学生提供与人交流与合作的能力，培养团队精神。

人文课程模块是出于培养工科人才的人文情怀、拓宽视野、陶冶情操、培养健全人格的考虑设计的。希望通过开设音乐欣赏、名著导读、诗词鉴赏等课程，为学生营造健康的文化氛围，帮助学生树立正确的人生观和世界观。

经管法律课程模块是为了学生职业发展而设置的，主要包括工程师职业道德修养、经济、管理、法律、职业规划等课程模块。

多元交叉创新型工程人才培养模式的课程体系应该是一个完整的统一体。其各个模块都是构成该体系的必要组成部分，各个模块之间相互配合、相互联动。所以，要从整体与局部的关系来设计课程体系，在重视每一部分的同时，不能忽视其整体效力的发挥。

6.2.6　多元交叉工程人才培养模式的教学方法与教学手段

1. 多元交叉教学方法与教学手段

广义的教学方法是指为达到教学目的，完成教学任务所采用的途径和方法的总称。其中也包括教材的编写方式、教学组织形式等。狭义的教学方法则是指在教学活动中，教师如何对学生施加影响，如何把科学知识传授给学生并培养其能力，发展其智力，使其形成一定道德品质和素养的具体方法。高等教育学中所说的教学方法，一般指狭义的教学方法。

以教师、课堂、书本为中心的灌输式教学方法由于片面强调教师的主导性和支配地位，压制学生的积极性、主动性和创新性而受到越来越多的质疑。因此，必须集思广益，大胆创新，除了结合自身实际，运用启发式教学法、探究式教学法等方法外，还应该将多元交叉思想渗透到教学方法与教学手段的选择与创新中，寻找多种多样的教学方法与手段。

（1）"理论—实践交叉"教学法。这种教学法的具体构想是：把教学内容细分为多个单元，一个单元的理论教学之后紧跟着一次实践教学，或者是一次实践教学作为感性认识，随后安排与之相符的理论教学。这样做既符合学生的学习心理，便于学生深入、直观、牢固地掌握知识，也有利于教师及时了解教学效果，调整教学内容与教学进度，进行教育反思与教育评价，避免一味地将知识灌输给学生，使学生"消化不良"。

（2）"情境＋问题"教学法。通过访谈学生发现，大多数学生认为课堂上枯燥的理论学习会带给他们茫然与厌学情绪，因为他们无法获知这些知识究竟与今后的实际工作有何关联。"情境＋问题"的教学方法也许可以对解决这个问题有所帮助，针对学生对于所学知识与实际工作的关联性缺乏明确认识，从而产生茫然与厌学情绪等问题，通过创造围绕工程中遇到的实际问题的情境来把学生带入工程实际问题中，增加解决问题的真实性与紧迫性，激发学生解决问题的强烈愿望。此外，通过合理的设计教学内容，把多种理论知识与实践能力交叉融合的方法也可以提高教学效率，避免内容重复。

（3）"参观体验＋启发"教学法。工程教育培养的学生最终是要走向企业的，学校与企业联合培养人才的体制壁垒是目前学生缺乏就业能力的主要因素之一。打通大学与企业之间的围墙，让学生在校期间多接触企业，做好成为社会人，运用所学知识解决实际问题的准备是这一方法设计的初衷。在学生深入企业的过程中，教师通过适度的启发，使学生对未来工作的环境有所了解，有助于学生做好职业规划，从而有目标地设计自己的发展方向与知识能力结构。这种方法还可以引导学生发现问题、思考问题、培养创新精神，更加主动地投入学习当中。

（4）"头脑风暴＋交流互动"教学法。结合"头脑风暴"法的学习训练，引导学生自发组成学习讨论小组：提出问题、讨论问题、争论问题。通过思想碰撞、观点交锋，启发创新思维。开启学生封闭思维为开放思维，最大化地为思维的发散与优化创造机会。

2. 多元交叉教学方法在实际中的运用

在多元交叉教学方法的实际运用过程中，需要注意以下几个问题。

（1）突出工程教育特点，采用多种教学手段创设实践机会。实践性是工程教育的主要特点之一，教育者要有开放的思维模式与思想体系，广义地理解实践的内容。实践应该包括：实验，即教学实验、科学实验等；实习，即教学实习、生产实习、毕业实习；设计和论文，包括课程设计、毕业设计和毕业论文；讨论和演练，包括课堂讨论、专题讨论、辩论、演讲、习题课、作业、科学技术写作、模拟教学等；操作和劳动、社会调查、社会服务、科研实践以及在企业内边工作边学习的企业教育等。在科技迅速发展和教育资源不断丰富的今天，运用多媒体技术、数码摄像技术、网络技术、训练模拟技术、虚拟现实技术等方式，可以解决许多时空、经费、人身安全等长期以来阻碍实践活动真正有效开展的问题。

（2）探讨校企共赢模式，共建协同环境。实际中尽管多数学生对实践充满了期待与参与的热情，但真正到了实践现场，往往又发现现实与想象的差距巨大，他们抱怨企业没有真正给他们提供动手操作的机会，缺少耐心细致的讲解等。分析产生这些问题的原因，应该站在同时考虑校方与企业共同利益的角度上。如果校方与企业间能够多沟通协商，在双方共赢的基础上展开实践教学，就会使实践的目的与结果的吻合度加大。

在这个方面不妨借鉴工科专业以外专业的经验。郑州大学旅游管理学院通过采用"本科生总经理导师制"培养模式，使学生的实践能力大幅提升。这一模式的主要特点与优势就在于"找对人"，"导师制"已经不是新鲜的提法，"总经理导师制"却提供了一个新的思路，把有着实质性权力、丰富工作经验、行业口碑好的企业负责人聘请为兼职教授做学生的实际导师。通过这些导师的协调，学生的实践机会与质量有了保障，学生能力提升的同时，就业能力随之提高，就业机会也随之增多。

（3）建立多方参与的资源共同体，实现资源共享。面对扩招，教育资源的增长远不能满足教育的实际需求。因此，有必要建立资源共同体，通过校内合作、校校合作、校企合作、引进社会第三方等途径，使教育资源得到最大限度的共享与利用，从而为学生创造更加合理的受教育环境。目前，实施这些措施的关键与难点是找到各方的利益共同点，这个问题的解决之道在于学校、企业、社会、教育行政部门之间的相互协调沟通。

（4）充分激发师生参与教育活动的热情，发挥师生在教育活动中的主导与主体地位。高校要发挥教师在教育活动中的主体地位，通过教师的引导使学生在储备知识的同时激发创新精神、培养创新思维与创新能力。纵观我国高等工程教育教学方法的演进，能否真正有效地发挥这些方法的作用，关键还是要看教师在其中所起的作用。孔子的因材施教对于两千年后的创新型工程人才培养依然有效，结合学生实际情况，充分利用现代教育资源，有助于培养创新型工程人才。

同时，还要发挥教育活动中学生的主体地位。发展逻辑思维能力的作用对于工科学生是非常必要的。形象思维、联想思维、直觉思维等非逻辑思维能力的开发，在某种程度上更是创新型人才所不可或缺的，学生要在树立职业理想后，在教师的引导下，发挥主观能动性，有意识地培养自己的创新意识、创新精神、创新能力。

（5）教学方式的选择与顺序安排应该体现多元交叉思想。在教学方法的设计上，要有一定原则。结合工程教育的特点，尽量把那些能够融入实践课程的知识安排到实践课程中，穿插讲解，融会贯通，这样有助于学生理解。注意知识之间的难易性与承接性等特征，合理安排理论课与实践课的顺序、时间间隔等要素。

6.3　多元交叉工程人才培养模式的教师队伍建设

在教师培养与教师队伍建设中，同样需要多元交叉观念，形成学校与社会及行业企业共同参与的多元立体式的选拔培养和终身学习的培养体系。

6.3.1　树立终身学习的理念

　　教师培养与学生培养可以并驾齐驱，让终身学习贯穿教师一生。《礼记·学记》指出："是故学然后知不足，教然后知困。知不足然后能自反也，知困然后能自强也。故曰教学相长也。"教师如果能努力发挥主观能动性，就会使自身的教和学生的学两方面相互作用，从而起到互相促进、共同提高的作用。教育要因地制宜，灵活把握，而不能僵化教条。高等工科学校要结合自身实际来培养工科教师。

　　保罗·朗格朗在 20 世纪提出"终身教育"这一观念时，人们更多地把它归属于对教育的培养对象即"受教育者"的要求，而忽略了它同样是对作为"教育者"的要求。作为学生的榜样示范者，终身学习的思想与行为应该最先做出表率，另外，就个人职业成长而言，人格培养与学问修养的养成也需贯穿于教师的一生，否则，面对如此日新月异的新时代，面对学生接受信息媒体的空前多样，教师将难以保持其学术权威角色。

6.3.2　培育基本的教育素养

　　教师应具备多方面教育素养。苏联杰出的教育理论家和实践家苏霍姆林斯基认为：教师最基本的教育素养包括精通自己所教学科，能用多种方法来研究学生，有深厚的语言修养，有自己的"创造实验室"，并且逐年丰富。"经师易得，人师难求"，经师能把书本知识传授给学生，发挥教育的知识传递功能，通过选拔与培养，这样的教师有很多。但如果工程教育的教师只有专业知识与技能，是不能称为教师的，他们还需要在品德修养上堪称楷模，成为人师。从某种意义上讲，教师的人品重于教师的学识。因为知识的传递途径在今天这个信息时代十分便捷，学生发挥主观能动性就有可能在学识上大有所获，但人品的修养则不然，它是在潜移默化中养成的。作为学生接触最多的人之一，教师的品德修养对处于思想形成阶段的学生的重要性不言而喻。

　　"以师道而言，教育工作者对学生人品的教育要负一辈子的责任。"一名教育工作者如果不能把人品教育作为己任，就是失职。《礼记》认为，教育目标就是培养"敬业乐群"之人，这同样也适用于对教师的评价。对这四个字的理解，南怀瑾先生的诠释是："敬业"就是好好学习学问，好好学习做一个人，学习人文，养成人格，再学习谋生技术，对学习、对行为、对工作要有诚恳敬重之心。"乐群"就是培养在社会共同生活中的道德、伦理、礼节、秩序、能力。倘若没有好的品质，即使教师教学水平再高，也不可能对学生学业有强大而持久的正面影响，教师的爱岗敬业精神和优良的师德师风应渗透于各个环节的始终。

6.3.3　培养创新精神与工程实践能力

学校要尽可能为教师提供工程实践的机会，培养有创新精神与创新能力的教师。可以结合地区情况、院校自身条件，切实有效地开展一些如研讨会、学术报告会等活动，为教师相互学习、共同发展创造条件。

扮演着教学主导角色的教师，是教育创新的主要承担者。无论是建构用来发展学生各方面能力的综合工程项目，还是对学生在实践过程中的表现做出针对性的评定，都没有现成的模式可寻，都需要教师运用创造性思维来实现。要在保证教师遵循教育规律的前提下，激发他们的创造动机，努力营造创新氛围，注重创新意识的养成，提高创造品质。

6.3.4　建立科学的选拔和考评机制

建设优秀的教师队伍，形成一支结构合理、团结奋进、富有创造性的教师队伍。教师团队建设不是一朝一夕的事，它既需要良好的传统与氛围的长期积淀，也离不开打破常规、不拘一格、唯才是举的魄力。就目前我国来看，由于受到体制机制的影响，想要做到像麻省理工学院那样从企业中积极引进优秀人才充实教师队伍有很大难度，但应该做些这方面的尝试。从体制机制上下工夫，改革用人制度、分配制度、考核评价与激励制度。用人机制上，要用好现有人才，留住关键人才，引进优秀人才，培养未来人才。改进招聘方式和人才引进与支持方式，将教师引进的决策权真正交给院系。在分配制度上，要借鉴企业的如"基本工资＋岗位津贴＋绩效奖励"等绩效工资制度，探索适合高校的分配制度。在考核评价与激励制度方面，要建立科学的考核评价体系与奖励机制，为优秀人才提供精神与物质的双重支持。

6.4　多元交叉创新型工程人才培养模式的教育评价

评价或是对事物进行价值分析和评判，或根据确切的事实，按照一定的标准，来评价成果的价值。教育评价是按照一定社会的教育性质、教育方针政策和所确立的经营目标，对所实施的教育活动的效果、完成教育任务的情况以及学生学习成绩和发展进行科学的价值评判过程。科学的评价体系是推动教育创新的有力杠杆，是树立教育创新思想，推进教育创新发展最直接有效的引导力量。科学的教育评价制度是多元交叉创新型工程人才培养模式顺利实现的有效保障。

6.4.1　评价对象要体现多元化

对学习质量、教育质量、管理质量进行动态综合考核考查。由于教育活动的复杂性与变化性，单一静止地考察是无法真正反映出教育活动的质量的，要对师生双方进行评价，从注重对学的评价转向对教与学的共同评价。作为教育活动的主体，师生共同承担着各自在教育活动中的角色，教育活动是师生互动的结果。如果评价仅指向学生，是不可能实现评价的作用的。只有对教育活动的教与学的全过程进行评价，才能客观地反映情况和发现问题，为教学持续的改进提供可靠依据。

6.4.2　教育评价注重过程评价

教育评价要从注重结果转向注重过程。传统的教育评价是一种结果性评价，结果评价模式有着能够从教育活动全过程做整体评价等优点，但其弊端也十分明显。这种评价不能挽回学生在活动中的已有错误，不利于其及时更正，影响学生发展。其淘汰性的选择容易带给被评价者消极情绪，与教育促进人的身心和谐发展的教育目的相违背。因此，注重过程的教育评价更为科学。

6.4.3　评价方法多元化

评价方法应该多元化，学分制应该反映多元交叉的特点。这里着重谈对学分制的一点思考。作为一种对学生受教育情况的考察手段，学分制有其合理性，但如何科学地对其进行设计，使其发挥应有的作用值得探讨。学分制应该是一种能够考虑学生个性的有着多种结构与不同量化指标的评价制度。学校要针对学生个体的差异性，各个学科专业对学生知识与能力掌握的基本要求来拟定不同的学分标准。此外，要尽可能地实行弹性学分制，允许学生把学习与工作交叉进行。

6.5　产学研合作教育模式

产学研合作教育并没有固定的模式，由于各个学校的办学特色、培养目标、专业设置不尽相同，所采用的产学研合作教育的模式也有所区别。

6.5.1　校内外实训基地建设

人才培养是一个系统工程，高校虽然在某些教育资源与条件上具有一定的优势，但是缺乏培养学生工程实践能力的实践环境，因此建设校内外实训基地对培养工程科技人才尤为重要。校内实训基地是高校实践教学的主体，对培养学生的实践能力较为有效和直接，建设好校内实训基地是实践教学的前提条件。应完善专业基础课实训实验室和校内专业实训基地建设，积极探索校企共建校内生产性实训基地新模式。由学校提供场所和技术支持，企业提供资金、设备和市场信息采集及反馈。校外实训基地既能弥补校内实训基地设备、场所、功能方面的缺陷，又能解决校内实训基地建设经费和空间不足等问题，为产学研合作提供真实实训环境。校外实训基地由技术骨干作为兼职教师，他们能为学生提供切合生产实际的理论和技术指导，有效缓解学校教师教学安排的压力。由于学生在校外实训基地受到的是实际生产环境下的职业技术培训，有利于学生掌握生产技能，培养学生的职业能力，缩短工作适应期。较为典型的是香港理工大学的工业中心、深圳职业技术学院的工业实训中心。

6.5.2　订单式培养

订单式培养就是学校和企业根据社会需求共同制订培养计划和培养方案，签订用人合同，利用双方的资源共同负责招生和培养，学生毕业后直接到用人单位就业的产学研合作教育的人才培养模式。企业的订单不仅包含人才需求，还包括高校的课程设置、教学方法、培养目标等预定培养要求。这种模式的优势是企业需求与学校人才培养目标的一致性。订单式培养必须建立在校企双方相互信任、密切合作的基础上，为校企合作培养应用型人才搭建平台。因其就业方向明确，培养人才专业性强，企业参与程度高，可以有效地培养学生的岗位职业能力，提高学生的就业率和人才利用率。订单式人才培养过程可以分为以下四步：签订培养协议；选拔优秀人才；制订教学计划；改革教学模式。通过教学方式和考核制度的变革，提高学生的实践能力和对岗位的适应能力。在课程安排上，利用企业培训为主、日常或业余定期进行学校的专业课程教育为辅的方式。课程设置上，采用校企合作共同商议培训课程的方式，培训任务可由公司高管和校方教师合作承担，确保人才培养达到企业要求。通过这种方式，企业可以提前介入高校人才培养，缩短学生的工作适应期，节省人力和物资损耗，提高人才就业率。但订单式培养模式学习目标较为明确，学生的基础理论知识扎实度不够，培养学生的多种职业技能和转岗能力时间有限。

6.5.3　工学交替模式

工学交替模式是指理论学习与生产岗位实习交替进行，将学校教学环节与企业生产实践有机结合，以就业为导向培养应用型技术人才的教学模式。德国的"双元制"和新加坡的"教学工厂"就是工学交替模式的先例。工学交替是在校企合作过程中逐步形成的，其实质是产学合作、联合育人。工学交替可以分为以下几种教学模式。

1. 中后期实习模式

这种模式又称为"厚三明治"模式。即采取不延长学制的方法，在国家规定的学制内完成教学任务，学生在校期间有长达一学期或一学年的实习时期。学生先进行课堂专业基础知识的学习，然后到企业进行实习实训。学生对专业知识有了全面的了解和掌握，在生产企业可以促进专业知识到专业技能的转化，能较快适应顶岗的角色，缩短学生走上工作岗位的适应期。但由于理论知识学习与顶岗培训间隔时间较长，容易造成教学内容理解深度不够、学生技能生疏。同时，顶岗实习时间与就业时间重合，易造成学生实习只停留于形式层面。

2. 前实习模式

前实习模式即在学生进行专业学习之前先进行实习的教学方式。前实习模式有利于学生对即将学习的理论知识形成感性认识，提高学生的学习兴趣。但前实习模式不能提供较强的理论指导，注重在探究学习中获得理论知识的总结，缺乏学习重点的导引，造成教学效果的不理想。同时，前实习模式与就业时间相隔较长，不利于为学生提供就业前的岗位培训，专业理论学习与专业技能训练结合不紧密，培养人才质量不高。

3. "三明治"模式

学生先到企业进行一年的实习，然后回到学校进行二至三年的专业理论知识的系统学习，最后一年到企业集中实训。通常意义的"1＋2＋1"或"1＋3＋1"模式即"三明治"教学模式。后发展为工学交叉模式，即理论学习与实践实习交叉进行，每学年又分学期的理论课程和实践操作实习时间，由此循环进行，直至学生学完所有的课程内容。这种实习模式遵循"实践—理论—实践"的原则，比较具有针对性，可以及时针对理论知识的学习进行技能深化，有利于学生实践技能训练和掌握。

4. 预分配的"311"模式

这种模式将学生的实习实训与就业有机结合的有效形式。学生前三年在学校进行系统理论知识的学习，第四年通过企业与学生双向选择，安排学生到预分配单位工作一年，再返回学校进行一年的有针对性的理论知识学习，完成毕业设计。西北工业大学、南京航空航天大学先后引进了这种模式，在实践中取得了显著效果。

5. 教学实习一体化模式

教学实习一体化模式将企业作为教学场所，将课堂转移到实习单位。可以将专业理论知识直接应用于生产，实现二者的紧密结合。这种教学模式可以有效节约学校的预算开支，增加学生的实践经验，寓教学于生产过程中，在实训中增强学生的探究能力、团队协作能力、专业技术能力，激发学生的学习热情和学习兴趣。这种模式对校企合作要求程度高，要求学校和企业共同制订工学交替合作教学计划，安排专业课程设置，共同实施教学。实践证明，这种教学模式是提高学生技能和职业素质的有效途径，也是高等工程教育适应市场需求的改革趋势。

6. 共建技术研究中心

共建技术研究中心是科研合作的新潮流，也是加强校企合作的重要形式。技术开发中心可以将先进制造技术研究中心、工程支持中心、技术转移中心和人才培养中心融为一体，有助于高校实现工业应用、创新研究和孵化企业的功能。学校通过共建技术研发中心，有效开展应用性科研，使校企由简单的优势互补发展为企业成为技术创新的主体，促使高校发展为技术创新和高新技术产业化的生力军。技术研发中心要注重发挥其研究开发功能，对内加强教学、科研与实训的有机结合，促进科研开发与资源共享。对外加强与企业的合作，以服务寻求企业支持，以贡献谋求共同发展。

参 考 文 献

艾红，崔玉祥. 2011. 试析多元立体卓越工程人才的培养模式 [J]. 黑龙江高教研究，(6)：140-162

程静. 2003. 高校人才培养模式多样化：诠释与应对 [M]. 北京：北京工业大学出版社

顾建民. 1999. 美国工程专业学位的现状分析与前景展望 [J]. 机械工业高教研究，(5)：93-97

顾佩华，等. 2008. 从 CDIO 到 EIP-CDIO——汕头大学工程教育与人才培养模式探索 [J]. 高等工程教育研究，(1)：12-20

郭洪林. 2005. 企业人力资源管理 [M]. 北京：清华大学出版社

韩晓燕，张彦通. 2008. 英美注册工程师制度的级别划分研究 [J]. 高等工程教育研究，(5)：39-42

李茂国. 2008. 中国工程教育全球战略研究 [J]. 高等工程教育研究，(6)：1-12

李霞. 2010. 多元交叉创新性本科工程人才培养模式研究 [D]. 哈尔滨：哈尔滨理工大学

李中生. 2008. 礼记精粹 [M]. 广州：花城出版社

柳宏志，孔寒冰，等. 2008. 综合就是创造——综合工程教育模式的探讨 [J]. 高等工程教育研究，(6)：13-18

宋振杰. 2008. 团队领导——九大核心技能造新型管理者 [M]. 北京：北京大学出版社

陶勇芳，商存慧. 2006. CDIO 大纲对高等工科教育创新的启示 [J]. 中国高教研究，(11)：81-83

王沛民. 2007. 工程教育：问题与对策建议 [R]. 杭州：浙江大学科教发展战略研究中心

王蕴，孙静. 2008. 人力资源管理 [M]. 北京：清华大学出版社

查建中. 2008. 工程教育改革战略 "CDIO" 与产学合作的国际化 [J]. 中国大学教学，

（5）：16-19

张新科. 2006. 德国高等工程教育的发展轨迹和模式特征 ［J］. 继续教育，（7）：60-61

赵宏伟. 2009. 破解人才培养"软肋"——"本科生总经理导师制"培养模式调查 ［J］.
　　教育旬刊，（131）：29

Eysenck M. 2000. 心理学——一条整合的途径 ［M］. 阎巩固，译. 上海：华东师范大学
　　出版社

Margaret S. 2005. A strategic vision for higher education ［J］. The Presidency, 8 (2)：22-24

Schaffer H R. 2008. 发展心理学的关键概念 ［M］. 胡清芬，等译. 上海：华东师范大学
　　出版社

Weisberg R W. 2006. Modes of Expertise in Creative Thinking. The Cambridge Handbook
　　of Expertise and Performance ［M］. Cambridge：Cambridge University Press

第7章 高等工程教育课程体系创新

高等工程教育课程体系是指高等工科院校根据人才培养目标而设计和构建的由各自独立又相互关联的课程所构成的有机整体。课程体系是工程科技人才培养的主要载体，是工程教育理念付诸实践和人才培养目标得以实现的桥梁，课程体系的设计与创新是人才培养目标实现的关键环节。为保证工程科技人才培养目标的实现，必须全面分析、深入研究，开展课程体系创新。

7.1 高等工程教育课程体系创新的基本原则

人才培养目标是对培养对象在知识、能力和素质方面提出的理想预期，课程体系则决定了培养对象所具有的知识、能力和素质结构，决定了教育理想能否成为教育现实。工程科技人才培养的课程体系创新应遵循以下原则。

7.1.1 适应人才培养目标的根本需要

1. 聚焦课程体系中课程建设的共同目标

高等工程教育培养目标就是造就一大批能够适应和支撑产业发展、具有创新能力和国际竞争力的创新型工程科技人才。工程科技人才培养目标主要是通过相应的课程体系的实施来实现的，满足工程科技人才培养目标的需要是课程体系创新的根本要求。高等工程教育要以主动服务国家三大战略为主要目标，根据各工科院校的服务面向人才培养定位和特色确定专业人才培养课程体系，设计和构建要达成的总体目标。

2. 体现培养目标与培养标准的关联性

工程科技人才培养目标是通过相应的培养标准体现其对工程科技人才在知识、能力和素质方面的要求，因此满足培养目标需要的课程体系的根本价值就必须通过达到培养标准的各项要求来具体体现。高校以工程科技人才培养通用标准和行业标准为基础，制定学校工科专业的人才培养标准，也称学校标准。在课程体系创新中，这样的标准与专业人才培养的课程体系之间的关系是：在课程体系设计阶段，学校标准引导课程体系的设计；在课程体系实施阶段，学校标准是课程体系要达到的目标。在工程科技人才培养过程中，课程体系要随着工程科技人才培养目标和培养标准的调整而做相应的变化，从而体现课程体系满足培养目标的根本原则，这体现了课程体系与培养目标和培养标准的关联性。

3. 保持课程体系动态调整的相对独立性

相对稳定的培养目标和培养标准不能限制课程体系进行必要的变动，以适应外部环境和需求的变化。这是因为，虽然培养目标和培养标准在一定时期内应该是稳定不变的，但随着经济社会、工程技术、科学文化的发展和进步，要求在相同的培养目标和培养标准表述下，对课程体系和教学内容进行相应的调整、充实和更新，以适应外部环境的变化和经济社会发展的要求，这体现了课程体系相对于培养目标和培养标准的独立性。例如，本科层次工程科技人才培养的通用标准中规定要"了解生产工艺、设备与制造系统"，随着生产工艺的改进，生产设备的更新，先进制造系统的出现，在通用标准条目不变的情况下，相应的课程设置和教学内容应该及时进行动态调整和更新。

7.1.2 体现学科专业整体的继承和发展

全面系统地掌握相关学科专业领域的知识和精髓是工程科技人才培养的基本要求，因此课程体系必须体现相关学科专业领域整体的继承和发展的价值。这就要求课程体系的设计和构建要认真考虑现代工程学科的特征、学生所学知识的效用、课程内容的结构和学科专业发展的趋势等几方面因素，从而使工程科技人才培养的相关学科专业领域的知识得到全面系统的继承和发展。

1. 学科专业的交叉性和综合性

现代工程学科的一个重要特征是学科间的相互渗透和纵横交叉，这种学科专业的交叉性使得各学科之间的发展不仅相辅相成、相得益彰，而且相互交叉、相互渗透，由此形成了学科专业的综合性这一现代工程学科的另一重要特征。

学科专业的交叉性和综合性也表现在工程科技人才应具有的知识、能力和素质上。对某一专业而言，传统的单一学科的知识已经不能满足现代社会对工程科技人才的要求，工程教育对各种学历层次工程科技人才在知识、能力和素质方面提出明确的基本要求，达到这些基本要求的前提就是要突破传统的单一学科体系的限制，设计和构建跨学科交叉融合的课程体系。

2. 知识信息的有效性和稳定性

学科专业的迅速发展使得与学科专业相关的知识和信息浩如烟海，但在有限的学制内，学生不可能也完全不必要将这些知识全部学到。与此同时，课程教学中存在着讲授知识陈旧、学非所用、理论脱离实际、重理论学习轻能力培养等现象。这就要求在课程体系和教学内容的改革中要注重专业知识和教学内容的选择，以确保学科专业核心知识得到有效的传承。

组成课程体系和教学内容的知识和信息要具有有效性和稳定性。有效性表现在学生所学知识在日后的职业发展和终身学习中是基本的、无可代替的和必不可少的，包括基本规律、基本原理、基本技能。稳定性是指学生所学的知识是不易老化的和长期有效的，能够在日后较长的职业生涯中发挥作用。因此，构成课程体系和教学内容的知识和信息的选择需要通过广泛的调研和精心的比较，如通过与行业企业的沟通，通过问卷调查，通过毕业生的反馈等，学科知识有效性和稳定性是学生所学知识必须同时具备的。

3. 课程内容的逻辑性和系统性

工程科技人才培养涉及更广的知识面和更复杂的课程体系设计，因此更要注意课程体系和教学内容的逻辑性和系统性，表现为学科知识具有的特定结构、内在联系和逻辑关系等。这有利于学生由浅入深，由表及里地学习，掌握和运用知识。因此，要按照逻辑性组织好学科知识序列。系统性表现为知识结构的系统性和知识点覆盖的全面性，它对于学生日后胜任本职工作，以及知识的获取、更新和创造均具有重要的作用。因此，要在有限学制内合理设计知识结构，科学确定知识点。

4. 学科发展的继承性和前沿性

课程体系和教学内容的主要功能之一是对学科专业整体的传承，具有继承性和稳定性。随着现代工程学科以及相关学科的迅速发展，各种知识不断创新，各种信息资源不断丰富，知识的内涵、功能和获取方式等都发生深刻变化，这就需要准确地把握工程学科以及相关学科发展的前沿信息，把最新的学科知识及时补充到课程体系和教学内容之中。只有将学科发展的继承性和前沿性结合起来，才能完整体现课程体系和教学内容在学科专业领域上整体的继承和发展的价值。

7.1.3　突出学校人才培养特色

高等工科院校之间存在着层次类型、办学理念、办学优势、服务面向、行业背景、培养目标和课程资源的差异，这就要求每一所高校都要办出自己独有的、与众不同的人才培养特色。高校的人才培养特色要通过其课程体系的特色来体现。因此，高校工程科技人才培养的课程体系要有反映本校在人才培养方面独有的、区别于其他高校的特色。

1. 体现学校的教育理念

由于在办学类型、学科类别、办学历史、区域社会、办学主体等诸多方面存在差异，不同高校具有各自不同的办学思想和教育理念，高校可以强调将创新能力的培养作为教育的核心价值。也可以将终身学习和自我发展能力作为人才的基本素质等。这些体现不同高校办学追求的教育理念应该通过本校的课程体系潜移默化地表现。

按照新的教育教学理念构建课程体系。工程科技人才培养为创新工程教育教学理念提供了新的平台，学校应该借助这一平台，根据本校人才培养目标和定位，提出新的教育教学理念，由此引导构建工程科技人才培养的课程体系。这方面典型的例子是哈佛大学闻名世界的"核心课程"体系，这种体系凸显出哈佛大学富有特色的办学理念，"让每一位本科生都能在教师的适度指导下，接受广博的文化、科学基础教育"。

2. 针对学校的服务面向

面向地区经济社会发展培养人才是每一所高校的根本任务，不同地区由于其经济社会发展水平、产业结构和支柱产业等的不同，对高层次人才有着不同的要求。服务面向地区对人才类型、规格、能力和素质的特定要求，应该成为高校的人才培养目标、标准和质量要求。这种具有针对性的具体要求要通过制定学校的人才培养目标和标准，落实到各专业的课程体系之中。

校企合作建设课程体系。工程科技人才培养要求学校与企业共同制定和实施培养方案，包括共同建设课程体系和教学内容。要充分发挥合作企业所具有的工程教育资源和优势，包括教师资源、先进设备与技术、实验环境、研究开发条件等，与本校的人才培养优势实行优势互补，共同设计与构建工程科技人才培养的课程体系和教学内容，尤其是注重开发那些综合性、实践性、创新性和先进性的课程和教材，使得开发出的课程体系和教学内容具有鲜明的特色。

3. 突出学校的办学优势

每一所高校都具有自己的办学优势，具有其他高校所不具备的办学特色，这些优势都将为本校人才培养水平的提高发挥作用，也应该成为本校人才培养上与其他高校不同的优势所在，尤其是一些具有行业背景的高等院校，要通过课程体系的构建凸显本校的行业特色和优势。

借助其他学校的办学优势与本地区其他学校共享教育资源。地方院校有特色的课程体系设计和构建的一个主要瓶颈是本校课程资源的不足，即不能提供足够的课程以适应人才培养多样化和个性化的需要。这种制约因素可以通过与学校所在地区其他学校课程资源的共享得到克服。通过允许学生跨校选课并互认学分，不仅使学生完成了课程学习，而且还满足了课程体系的要求。

实现学生在本地区跨校选课并互认学分需要满足以下条件。

（1）学生所在高校与课程开设高校地理位置相近，以保证学生时间安排上的可行性。

（2）学生跨校所选课程的教学水平要高于学生所在学校，这样才能得到学生所在学校的认可。

（3）学生宜采用插班听课的方式到课程开设学校听课，以减少对方学校教学组织上的压力。否则，如果要求单独开课，则可能因为学生人数不够，或教师时间不合适而无法实现。

（4）在获得课程开设学校学分的同时，学生要按规定支付给课程所属学校相应的学费。

4. 强调高校的行业背景

高校的行业背景对培养工程科技人才具有重要的意义，校企合作学校的行业背景直接影响课程体系设计、课程设置和教学内容选择，对调整课程体系结构、加强实践性课程、做到学以致用均具有重要的影响。在课程体系的改革和教学内容的更新上要充分发掘和利用社会行业企业资源，除了与合作企业共同开发专业课程外，学校可以组织其他在各自领域具有权威性的社会资源，如政府部门、事业单位、非产学合作企业或其他高校有针对性地共同开发一些综合性、跨学科、涉及面广的课程。这不仅能够克服以往高校闭门造车的弊病，更重要的是能够较大程度地提高所开发课程在工程科技人才培养中的效用和水平。

7.1.4　体现学生主体发展的最终价值

体现学生的主体发展也应该是工程科技人才培养课程体系的价值取向。合格的工程科技人才应该具有满足未来自身发展需要的基本素质，包括综合基础素质、职业发展素质、终身学习和创新素质，而这些素质需要在整个教学体系的实施过程中逐步培养。因此，教学体系不是简单传授知识，而是向学生提供整套学会生存与发展的知识、技能和素质体系，具有满足学生全面发展需要的最终价值取向。

注重学生主体发展的最终价值应该表现在课程体系的设计思想上。要将学生的全面发展，即知识的获取、能力的培养和素质的提升作为课程设计的指导思想。一方面要明确每一门课程在工程科技人才培养中的贡献。另一方面要清晰每一项能力的培养和素质的提升需要哪些课程的共同作用，由此形成的课程体系才能落实其对学生主体发展的最终价值。

注重学生主体发展的最终价值还要将学生作为具有主动性、能动性和创造性的主体。学生是课程的主人，要重视调动他们的主观能动性，使他们积极地参与课程学习、主动地获取知识、不断地提高能力、创造性地探索未知的世界，从而在学习课程的过程中使自己得到全面的发展。

工程科技人才培养的课程体系应该能够协调处理好以上关系，并使它们有机地统一起来，这样才能使学校培养的工程科技人才不仅满足总体目标要求，而且具备各校自身独有的特色，不仅具有成为工程领域杰出专业人才的潜力，而且具备在未来的社会进步中发挥引领作用的素质。

7.2　建构模块化课程体系

课程体系的结构是由各课程要素及其相互关系决定的，课程体系的不同价值取向将影响课程体系的结构。不同的课程体系结构具有不同的性质和功能，从而产生不同的人才培养效果。课程体系是由通识课程与专业课程，理论课程与实践课程，必修课程与选修课程，课堂教学与课外活动等四对课程要素及其关系构成的，这些课程要素之间的比例关系形成了课程体系的主体结构框架。不同层次和类型的高校，由于各自的服务面向、办学理念、办学特色、人才培养定位和课程体系价值取向等不同，采取了不同方式来协调课程体系中各课程要素之间的关系，因而形成了不同的课程体系结构。典型的课程体系结构有层次化课程体系和模块化课程体系两类。

7.2.1　层次化课程体系结构

层次化课程体系源于苏联，它是以培养专门人才为目的，以专业知识为主线，由基础课、专业基础课和专业课三部分依次构成的课程体系结构，形象地说就是"三层楼"式课程体系。我国高校自从 20 世纪 50 年代初期持续到 80 年代中期都采用此种课程体系结构，它对新中国成立后 30 余年高等教育的发展产生了重要影响。

这种课程体系的优点：

（1）课程体系内部各课程之间的纵向逻辑关系强，符合学科发展规律、由浅入深的认知规律和循序渐进的教学原则，有利于学生在较短的时间内较为系统深入地掌握本专业工作所需的专业知识。

（2）采用这种课程体系的教育，学生能够在较窄的专业领域内进行深度学习，达到较高的专业水平，适合社会分工过细的行业和专业，有利于学生毕业后在较短的时间内胜任本专业内高级岗位的工作。

（3）在急需大批高级专门人才的严格计划经济年代，能够在短时间内培养出知识面窄、专业水平精深的大量高级专门人才，对当时经济建设和社会发展起到了积极的推动作用，有其存在的合理性。

层次化课程体系曾经对我国高校人才培养产生了重大的影响。这种课程体系存在的不足：仅从满足行业专业的需要而不是学生的全面发展的需要设计课程体系，重专业知识轻基础知识和人文社科知识，导致学生知识面狭窄、非专业能力欠缺、人文修养薄弱、综合素质较差。

这种课程体系的主要缺点表现在以下两个方面：

（1）从专业教育的需要来设计和构建课程体系，导致课程范围十分狭窄，跨学科专业的课程、人文社科课程等严重不足，使得学生知识面过于狭窄，不能满足现代社会对工程科技人才在知识、能力和素质上的要求。

（2）课程体系内所设的课程几乎都是必修课程，学生基本不能自由选课，使得学生个性需要难以得到满足，不利于因材施教，难以满足经济社会发展对多样化人才的需求。

7.2.2　模块化课程体系结构

模块化课程体系是参照计算机软件系统模块化设计和编制的思路所设计的课程体系结构，由若干个完整的课程模块构成的课程体系形式。每一个模块又由若干门课程组成，这些课程一般分为必修课和选修课两类，也可分为必修课、限选课和任选课三类，少数模块可以或者为必修课或者为选修课。

模块化课程体系的主要优点如下：

（1）具有很强的适应性和灵活性。课程体系由若干模块组成，各模块之间有着明确的逻辑关系，每个模块具有各自的功能，模块之间相对独立，这样就能够对一个或几个模块进行调整或修改，而不影响其他模块和整个课程体系各模块间的关系，在现代大工程背景下能够适应经济社会发展对课程体系动态变化的需求。

（2）突破学科专业领域的界限，灵活地设计和组织具有不同功能的课程模块，从而构建具有不同价值取向的课程体系，以满足学生的全面发展和个性发展的需要。因此，在最大程度上克服了层次化课程体系的不足。

（3）课程模块中的每个模块一般由若干门课程组成，规模小、目标明确、容易操作和实施，不仅有利于学生安排时间、选择感兴趣和需要的模块学习，提高学生学习的积极性和完成模块课程学习的信心，而且有利于进行模块实施效果的评价和模块课程的调整。

这种课程体系的不足：容易形成因过于追求学生的"全面发展"和"个性发展"，而成为各种各类课程的"大拼盘"和"万花筒"，而失去课程体系应有的功用、价值和特色。

7.2.3 "平台＋模块"课程体系结构

模块化课程体系的另一种表现形式是"平台＋模块"课程体系。在这种课程体系中，必修课程是由几个相互关联、逐层提升的平台构成的，而选修课程是由多个相互独立的专业方向模块和跨学科选修课程模块组成的。平台中的课程是学生必须掌握的共同知识，一般包括公共基础、学科基础和专业基础等方面，反映了人才培养的基本规格和全面发展的共性要求。模块中的课程则是可以由学生根据自己的兴趣、爱好和特长自由选修的专业层面的课程，体现了人才培养的多元化和学生个性发展的要求。由此可见，"平台＋模块"课程体系实际上是分别按照对学生的共性和个性要求进行设计和构建的一种模块化课程体系。

"平台＋模块"课程体系中，必修课程一般是由公共基础平台、学科基础平台、专业基础平台三个层次不同但又是相互联系、逐层递进的平台构成的。一般情况下，平台是根据不同学生的共性发展和学科特点要求设置的，由学科、专业共同的知识课程组成，体现了基础课程教育和共性教育，反映了人才培养的基本规格和要求。

选修课程是由多个相互独立而知识完整的专业方向模块和选修课程模块组成的，模块化课程体系的结构形式可以多样，模块数量和大小没有限制，可以根据实际需要灵活确定，而且容易对各个课程模块进行调整和完善，因而适合各种不同类型课程体系的构建，尤其适用于有多个目标、多项功能要求的复杂课程体系的构建。

"平台＋模块"课程体系的特点：

（1）课程体系中的"平台"包含同一学科各专业学生的必修课程，平台的模块课程分别包含了通识教育、学科教育和专业教育的基础知识和基本能力要求，体现了人才培养的基本规格和全面发展的共性要求，能够为高层次人才培养奠定坚实的基础。

（2）课程体系中的"模块"为学生提供了各种可能的专业方向和兴趣爱好的选择，使得学生在共同的平台基础上，根据个人的兴趣、特长和志向，在教师的指导下，选择专业方向和其他选修课程，满足个性化需要，实现人才培养多样化的社会需求。

由此可见，"平台＋模块"课程体系结构对各种类型、不同需求的学生具有很强的适应性和灵活性，是一种能够较好地协调和满足工程科技人才培养教学体系创新四个方面价值的课程体系结构。

7.3　拓展与整合课程体系

作为工程科技人才培养的基本要素，课程和教学环节是细化后的工程科技人才培养标准得以落实的着力点，关系到培养标准中所规定的知识、能力和素质要求能否真正得到落实，是能否培养出符合培养标准要求的创新型工程科技人才的关键。因此，课程体系的创新与重组是实现工程科技人才培养标准的保证。

7.3.1　加强人文与社会科学课程

1. 人文与社会科学课程在工程人才培养上的功能

（1）培养学生作为合格的公民所必须具有的基本知识、健全人格、良好素质和基本生存能力，使他们学会如何做人，能够处理好人与人、人与社会、人与自然之间的关系；

（2）培养学生作为优秀的工程人才所必须具有的综合素质，具有社会责任感、工程职业道德、爱岗敬业精神和正确的价值观，能够处理好工程与社会、人与自然和谐可持续发展等方面的问题；

（3）促进学生专业知识的学习、工程素养的形成和工程能力的培养，能够从历史、哲学、政治、经济、文化、管理等人文社科的角度认识世界、发现问题、把握社会、创造未来、造福人类。

2. 加强人文与社会科学课程的措施

（1）精心设计满足工程科技人才培养需要的若干门人文社会科学课程作为必修课，明确规定人文社会科学课程所需学分；

（2）精选课程教学内容，突出其对工程教育的相容性、实用性和互补性，而不是片面追求知识传授的系统性和全面性；

（3）在人文社会科学课程中尽可能加入工程元素，给某个工程专业学生讲授人文社会科学课程的教师应保持相对稳定，使这些教师逐年加深对相关工程专业的了解，进而不断提高所讲课程与工程专业的结合程度；

（4）由人文社会科学教师与工科教师共同研究、设计、准备和讲授工程教育和人文社会科学教育相结合的综合性课程，摆脱狭窄的专业教育模式的束缚，使人文社会科学教育更好地与工程教育融合；

（5）要求工科教师提高自身的人文社会科学素养，将人文社会科学知识渗透到工程专业课程中，形成人文社会科学教育与工程教育的自然融合，让学生在工程专业课程的学习过程中感受到人文社会科学知识的力量；

（6）尽可能采取现场教学、多媒体技术、理论与实践结合、案例分析等方式和手段提高人文社会科学课程的教学效果。

7.3.2　注重知识结构的系统性和知识点布局的全面性

课程体系整合重组的根本原则是有效地实现课程体系的价值取向。要实现课程体系的总体价值，在进行课程体系的整合重组时就要注重知识结构的系统性和知识点布局的全面性。

1. 注重知识结构的系统性

注重知识结构的系统性既是系统科学思想所强调的整体大于部分之和在课程体系上的反映，也是工程、科学、技术、经济和社会交叉综合发展这一主流的客观要求。归根到底，它反映了现代社会对工程科技人才全面发展的需求和期望。知识结构的系统性不仅表现在本学科专业领域知识构成的整体性，反映出学科自身的继承、发展和前沿性，而且要体现学生全面发展对知识面要求的整体性，以及诸学科领域之间的内在联系、相关性和完整性。

2. 强化知识点布局的全面性

知识点布局的全面性强调的是知识结构的系统性中有效知识点的选择，这些有效知识点不仅要满足学生职业发展的需要，而且要满足社会对工程科技人才应承担的社会责任所需能力和素质的需要，同时要满足学生终身学习和不断创新的需要。因此，在进行课程体系的整合重组过程中，要突破各学科领域的界限，不受原有课程和体系结构的束缚，对课程进行实质性的有机融合和重新组织。

具体而言，首先，要改变以往按人文科学、社会科学和自然科学分类或按照等级结构设置课程的做法，打破原有专业、课程之间的壁垒，摆脱学科知识系统的束缚。其次，要强调课程内容的综合性，以跨学科的方式选择课程内容、组织和整合课程体系，注意不同学科知识的相互渗透、融合和新知识的吸收利用，保证知识结构的系统性和完整性。再次，要改变因过于讲究学科自身结构而导致的课程设置过细、过多和缺乏整体性的状况。最后，要避免因人设课、课程内容的脱节和交叉重复，精简课程门类，降低必修课比例。凡此种种，突出知识结构的系统性和知识点布局的全面性，实现课程体系的整体优化，促进学生知识、能力、素质的全面协调发展和提高。

7.3.3 处理好通识教育课程与专业教育课程的关系

高等教育是基础教育的延伸，大学的教育目标是培养全面发展的专业人才。现代社会要求工程科技人才首先应该是一个社会人，即具有在社会生存和发展、承担社会责任所必须具备的综合知识和素质，然后才是一个能在社会大环境下发挥职业专长的专业人。高等教育的本质决定着其课程必须具有专业性，现实社会与高等教育的联系又要求其课程具有通识性。因此，通识教育与专业教育应该构成大学教育中相互关联、密不可分的整体。

1. 专业教育与通识教育

（1）专业教育。专业教育是指大学培养专门人才的教育，它是为学生从事某一领域工作所需的知识和能力做好充分准备的高等教育。专业教育的知识边界和能力要求是非常清晰的，它们往往限定在严格的专业范围之内，有清晰的学科界限。只要在社会分工基础上的专门化职业领域还存在，就必然存在专业教育，专业教育是大学教育的主要特征和本质反映。

（2）通识教育。通识教育是大学教育的重要组成部分，是所有大学生都应该接受的成为具有社会责任感和综合素质高的人所必需的一种非专业性教育。通识教育涉及面广、不受学科和专业限制，重视学生的基本知识的学习和基本技能的掌握，强调学生全局视野、责任意识、奉献精神、职业道德和社会能力等方面的培养，旨在培养全面发展的人才。

通识教育强调基础知识、技能和素质的综合性，专业教育强调专业知识和能力的系统性和完整性，两者不同的价值取向是在由它们构成的大学课程体系的整体性中必须解决的基本矛盾。

2. 通识教育课程与专业教育课程结构形式

通识教育课程与专业教育课程比例的合理性是大学课程体系设置决策中首先考虑的问题。当然，不同层次不同类型的大学，在确定通识教育课程与专业教育课程的比例时可以各自有所侧重，不必强求一律。在协调这两种教育课程关系时，不同的国家、不同的大学可以采用不同的方式。

概括起来有三种基本方式：

（1）"通中求专"，即以通识教育为主，在通识教育的基础上进行专业教育；

（2）"专中求通"，即以专业教育为主，在专业教育的基础上进行通识教育；

（3）"专通并举"，即两种教育齐头并进，两种教育课程比例差异不大。

确定这两类课程的比例关系的原则。学校可以从毕业生就业面的大小来处理通识教育课程和专业教育课程的比例关系。服务面越广的专业，通识教育课程比例越高。相反，服务面越窄的专业，专业教育课程比例越高。这是因为服务面越广的专业，就业选择面就越大，就需要有较高比例的通识教育课程，以适应可能面临的各种不同岗位不确定的挑战。而服务面越窄的专业，就业方向相对较为明确和清晰，应该在专业方面接受更多的训练，以便在新的岗位上尽快上手，更好、更快地胜任岗位工作。

3. 注重通识教育与专业教育的融合

通识教育与专业教育的融合是现代高等教育在课程体系改革方面的一种发展

趋势，也是学校实现工程科技人才培养目标的一种有效途径。将通识教育与专业教育进行有效的融合，不仅能提高每门课程及其他教学环节的功效，而且能够使得通识教育和专业教育之间相辅相成、相得益彰，更好地实现人才培养目标。

这方面需要做好以下四个方面的工作：

（1）改革通识教育，强化通识教育在专业人才培养中的作用，使通识教育在人文知识传授、个性品质培养、公民意识陶冶、非职业能力培养方面成为成功进行专业教育的前提。通过通识教育，培养学生的各种学习技能，为学生专业课程的学习和终身学习做准备；通过通识教育，提高学生对团队合作价值的认识和对可持续发展重要性的理解，为学生团队合作能力和工程师社会责任感的培养做准备。通过通识教育，培养学生批判性思维和创造性思维，为学生创新意识的形成和创新能力的培养做准备。

（2）专业教育的改革要注重与通识教育的衔接，使专业教育不仅是专业知识的传授、专业能力的培养和训练，而且是通识教育基础之上学生综合能力的培养和全面素质提升的延续。例如，采用基于问题的学习方法组织专业课教学，不仅能够培养学生分析问题和解决问题的能力，同时是对通识教育中形成的团队合作意识的实践，也能够培养学生团队交流、沟通与合作能力。学生到企业的实践活动，不仅丰富了学生的工程经历，提高了学生的实践能力，而且培养和提高了学生的组织能力和协调能力。学生在企业进行的毕业设计，除了是对学生所学的知识和掌握能力的综合训练和提升外，也是对学生社会责任感、敬业精神和职业道德的培养，是通识教育的继续。

（3）要从实现培养目标的角度，明确每一门课程或其他教学环节在工程人才培养上的作用，以及相应的教学方法或实现方式。每一门课程或其他教学环节，不论是通识课程还是专业课程，都是通过各自的实现方式在工程科技人才的培养上发挥着多方面的作用，而每一个标准具体指标的实现往往是多门课程或其他教学环节共同作用的结果。在课程体系改革与重组中，要认真分析和确定每一门课程的作用，以及采取何种实现方式最有效地发挥该门课程的作用。

（4）要从系统和整体的高度，注重每一门课程或其他教学环节之间的衔接，尤其是能力培养和素质养成在多门课程或教学环节之间的延续性和系统性，使在某一教学环节掌握的知识和能力能够延伸到后续教学环节中并得到强化和拓展，使培养标准要求的各种知识、能力和素质能够在整个课程体系的执行过程中得到有效的实现，从而发挥课程体系的整体效用。

7.3.4　能力的培养贯穿于整个课程体系

传统的课程把获取知识和拥有知识作为主要目标，事实上，知识如果得不到应用、不能够内化深化为能力，将很快被遗忘，教育的目的将大打折扣。因此，能力的培养要成为课程的主要目标。在工程科技人才培养的课程体系整合重组过程中就要把能力的培养作为一项明确的目标来落实，使能力的培养体现在每门课程之中，贯穿于整个课程体系。

能力培养的核心是使学生主动积极地参与课程的学习，成为课程的主人。学生的主动性和积极性取决于其求知的欲望、对事物的好奇、解决问题的勇气和战胜困难的成就感。基于这种认识，可以通过以下几方面发挥课程体系对学生能力的培养作用。

（1）按照具体问题、实际案例和工程项目组织课程和教学内容。这种方式构建的课程就形成了学生主动参与课程实施全过程的机制，学生能够通过问题的分析、案例的讨论、工程项目的参与、与同学的合作以及与教师的互动沟通有效地培养并提高知识和信息的获取能力、分析和解决实际问题的能力、创新意识和创新能力、交流、沟通、团队合作和竞争能力。

（2）注重课程的理论与实际的结合、注重课程的知识与现实社会的联系。这就凸显了理论知识的运用和价值，对培养和提高学生运用所学知识解决实际问题、应对现实社会中各种复杂局面、具备生存与发展的能力具有重要的作用。

（3）合理安排在企业学习阶段课程的实施以及顶岗学习。企业学习阶段课程的主要任务是培养和提高学校学习阶段未能充分具备的工程科技人才的各种能力和素质，包括专业能力、发展能力和综合素质等。因此，企业学习阶段课程的构建要以培养相应的能力为主要目标。

（4）设置学生在教师指导下自主完成的实践性和创新性项目课程。这类项目性课程是学生所学理论知识的综合运用和多种能力培养的有效方式。项目的完成需要学生发挥自身的主观能动性，寻求解决问题的方法和途径，通过各种渠道获取需要的资源，得到他人的合作与支持，协调处理好各方面的关系等。

（5）发挥多门课程在能力培养方面的协同作用。这是因为，一种能力的培养往往不是一蹴而就的，而是需要多门课程的连续作用，才能够使其能力得到逐步的形成和提高。因此，在课程体系整合重组时要注重相关课程在能力培养上的关联性，使这些课程在能力培养上形成一个有机协同的课程群。

7.4　课程体系的优化

在工程科技人才培养过程中专业课程体系的改革与重组后，还需要从以下几个方面对课程体系进行优化，以进一步完善课程体系的构建。

7.4.1　处理好必修课与选修课的关系

学校的人才培养是有一定的标准的，没有一定的标准，也就没有好的教育质量可言。因此，大学课程体系要具有一定的规定性或统一性，它在课程体系中的具体体现是必修课程。但是，社会对人才的要求是多样的，大学生的需要往往是不同的，况且每个学生的个性也是有差异的。因此，课程也必须是多样化的，才能给学生提供多种选择机会，这也就是人们通常所说的选修课程。

1. 规定性和选择性的关系

规定性和选择性是大学课程体系设计决策中必须处理好的一个基本矛盾。必修课是学习某一专业的每一个学生都必须学习的课程，既有公共课、基础课，也有专业课内容，旨在保证所培养人才的基本规格和基本质量达到所应具备的基本知识与技能要求。

选修课是学习某一专业的学生可以有选择地学习的课程，旨在满足学生兴趣爱好与个性发展的需要，拓宽学生的知识面或者加深专业性知识，充分挖掘学生的潜能。根据选修范围，选修课还可分为公共选修课、大类选修课、专业选修课。根据选修的自由程度，选修课可分为指定选修课和任意选修课。指定选修课是指学生必须在某一学科领域或一组课程中选修，如要求学生在自然科学和社会科学领域中选修若干学分的课程；任意选修课则可以在任意学科领域的课程中选修。

2. 统一性和个性发展的关系

课程体系中必修课与选修课的有机结合是解决人才培养的统一性与学生个性发展的主要途径。必修课与选修课是在工程科技人才培养课程体系中必须具有的两类课程。必修课是每一个学生都必须学习的课程，旨在保证学生拥有工程科技人才必须具备的基本知识与技能，是工程科技人才培养对学生规定的统一要求的具体体现。但是，社会对工程科技人才要求的多样化以及学生自身需求的个性化，需要高校提供给学生按照社会或自身要求选择课程学习的机会，因此选修课是满足工程科技人才培养多样化和学生个性化的具体体现。

3. 统一性和多样性

在规定的学制下，必修课与选修课的关系是统一性和多样性之间的矛盾，这一矛盾的关键在于必修课与选修课之间的比例，即选修课的学分占总学分比例的确定。选修课比例结构受到几方面因素的影响，首先是高校的服务面向的大小，即高校毕业生可以选择就业的区域。服务面向越广的高校毕业生，由于面对着更多的市场选择，在知识、能力和素质上要有更大的灵活性。因此，需要有更大比例的选修课。其次是社会对工程科技人才需求的多样性程度，多样性程度越高的专业选修课比例应该越高。再次是学生的个性化水平，个性化水平越高的学生群体越期望有更多的选修课。

　　4. 必修课程和选修课程的界定

　　必修课程和选修课程范围的界定也是处理好必修课与选修课关系必须考虑的因素。必修课程的确定较选修课程容易，可以通过在工程科技人才培养的学校标准中找出最基本、最共性的要求，作为确定必修课程的依据。必修课的学科范围应该涵盖公共课、基础课和专业课等。而选修课程的确定和学科范围的界定要结合必修课的课程和学科范围，按照知识结构的系统性和知识点布局的全面性要求统筹考虑。

7.4.2　加强实践课程模块的建设

　　实践课程是工程科技人才培养的重要途径。首先在知识方面，实践课程能够巩固所学的理论知识，加深对理论知识的理解。其次在能力方面，通过运用所学的知识，实践课程能够培养学生的实践能力，设计能力和创新能力。最后在素质方面，通过发现、分析和解决问题，通过面对现实工程领域和社会各种复杂的局面，通过与不同背景及经历的人交流合作，实践课程能够有效地提高学生的综合素质。因此，实践课程模块在工程科技人才培养的课程体系中至关重要。

　　实践课程模块的建设可以从以下几方面入手。

　　(1) 通过对原有课程体系的整合重组，并借助现代教育资源和先进教学手段，减少理论课程的课时数，增加实践课程的课时数；

　　(2) 通过教学方式和教学方法的改革，减少课堂教学学时数，增加课外自主学习和小组合作学习的时间；

　　(3) 增加设计性、综合性、创新性的实验和实训课程，使理论与实践密切结合；

　　(4) 设置基于项目的课程，按照工程项目组织教学，使学生直接参与项目的设计、分析和研究；

　　(5) 将学生参与实际工程项目研究活动作为一门实践性课程，使学生在校内或企业导师的指导下开展实际工程项目的研究；

　　(6) 设置社区服务课程，组织学生参加与课程相关的社区服务，应用其所掌握的知识和技能来满足社区的需要，同时锻炼和提高自己。

　　高校要与企业共同建设实践课程模块。在与拥有国家级工程实践教育中心的企业共同进行工程科技人才培养课程体系设计的同时，高校要依靠企业先进的技术、仪器、设备、场地，借助企业完善的生产、设计、开发和创新条件，利用企业真实的工程实践环境和先进的文化氛围，与企业具有丰富工程实践经验的工程师、高级管理人员一起重点做好实践课程模块的设计和建设。此外，为了提高实践课程的实施效果，要将实践课程模块中的主要课程纳入企业培养方案，使之能够在企业中实施而更好地实现课程设计目标。

7.4.3　重视课外学习的补充作用

课堂学习是指教师按照课程教学大纲的规定，组织教学内容，采用适当的教学方法，在规定的时间组织学生学习的教学活动。

课堂学习的主要优点是：教师面向学生集体授课，节约了教育成本，提高了教学工作效率。学生在课堂中是一个学习集体，课内外可以相互交流、合作学习和共同提高。每次课堂学习有固定的时间间隔，有利于学生对课堂讲授内容的吸收和巩固。不同课程的课堂学习交替进行，可以减轻对一门课程的学习疲劳，提高学生的学习兴趣和效果。

课堂学习的局限性是：不易对学生因材施教，难以兼顾各个学生的兴趣、爱好和特长。

课外学习又称课外活动，是现代大学教育的重要组成部分。

课外活动是指在课堂教学之外，按照教育教学和学生个体的需要，在教师的直接或间接指导下，由学生自主独立或合作完成的一种教育活动。课外学习的主要特点表现在以下几方面。

（1）能够因材施教，满足每个学生的兴趣、爱好和特长的需要，支持个性化发展；

（2）活动内容、开展形式、规模大小和时间长短等灵活多样，没有固定模式；

（3）学生具有高度的自主性，学生可以根据自己的兴趣、爱好、特长和实际需要，自愿地选择、组织和参与各项教学活动；

（4）具有很强的实践性和创新性，学生能够亲自组织、直接动手设计和参与各项实践活动，培养自己的实践能力和创新能力。

由此可见，课外学习与课堂学习之间不是一种主辅关系，而是一种并列互补关系，对于完成大学教育任务同等重要，二者相互配合共同构成现代大学教育的整体结构。

课外学习的上述特点在工程科技人才培养上具有重要的作用：

（1）因材施教的特点有利于培养满足行业企业多样化需求的各种综合素质高、特长和优势突出的工程科技人才；

（2）灵活性的特点能够使学生很好地利用校内资源和在企业学习的机会，因地制宜、灵活地开展教育教学活动；

（3）主动性的特点有利于学生弥补课堂教学的不足、自主地选择自身的发展方向和发展路径；

（4）实践性和创新性的特点能够使学生更有针对性地培养并提高自身的实践能力与创新能力。

因此，应该将课外学习内容纳入工程科技人才培养的课程体系，实现课堂学习和课外学习的有机统一。要用大课程观来协调和整合参与高校的各种课程资源，包括本校拥有的内部资源，以及与本校具有合作关系的其他高校和企事业单位的资源，组织各种类型、各种形式和不同层次的课外活动，将各类工程实践活动、创新实践训练、学科竞赛活动、学术前沿讲座、社会实践活动、公益活动、社区服务等课外活动作为第二课堂课程模块纳入课程体系中统一实施和管理，并与学分挂钩。同时，配备责任心强、水平高、经验丰富、具有工程实践经历的教师，加强对学生课外活动的指导。

7.4.4　构建与国际接轨的课程体系

高校要注重构建与国际接轨的课程体系和相应的课程内容。这一方面是为了更好地学习借鉴发达国家先进的教育理念和教育经验，另一方面是为我国加入《华盛顿协议》参与专业申请国际化的工程专业认证，得到国际互认打好基础。

构建与国际接轨的课程体系要着重做好以下几点：

（1）以发达国家同类型院校为主要学习和借鉴对象。这是因为，不同类型院校在人才培养目标、定位、规格、模式等方面存在较大的差异，可借鉴性差。而同类型院校不仅具有较大的相似性，而且可比性强，容易学习和借鉴，具有较高的可行性和可操作性。

（2）要研究国外同类院校相近学科专业的课程设置、模块设计、课程结构，重点关注每门课程在实现培养目标中的作用、通识教育如何与专业教育融合、课程模块间的相互关系和整体作用，以及各种课程的教学方法等。

（3）要密切关注工程学科的发展动向，把握经济全球化对工程人才的根本要求，了解经济社会迅速发展对工程人才要求的动态变化，构建能够满足国际化和未来需求的科学的课程体系，设置融入前沿工程学科知识的课程，保证课程体系的先进性和有效性，以及教学内容的前沿性和实践性。

7.4.5　校企合作开发课程和教材建设

在总学时不变的情况下，学生企业学习阶段的设立以及加强实践教学和创新教育的要求，使得课程体系必须进行根本性的改革与重组。这方面不仅要大刀阔斧地摒弃陈旧的、脱离实际的课程和教材，而且要开发一些具有综合性、实践性、创新性、先进性的课程和教材。这类课程的开发和教材的建设需要高校与企业的密切合作，这是因为企业及其高级工程技术人员不仅最了解工程人才需要学习的知识、应该具备的能力，以及如何获得这些知识和能力，而且拥有高校所没有的大量的工程教育的宝贵资源和素材。例如，先进的生产设备和技术，实用的工程知识，丰富的实践经验，很强的研发能力，充足的实验场地等。因此，企业参与开发课程和进行教材建设是至关重要的，直接关系到工程科技人才培养的成效。

校企合作开发课程和进行教材建设可以按照逐步推进、分工合作和不断完善的原则进行。逐步推进是指学校与企业先由简单的合作开始，逐步过渡到深层次的合作。例如，校企可以首先合作开发学生在企业的实践性课程，并编写相应的教材，然后逐步发展到企业全面参与专业课程的改革与设计，并编写专业课教材。分工合作是指学校与企业在合作中要有分工，在分工中要有合作，发挥各自的特色，做到优势互补。例如，校内教师主要负责课程和教材的理论部分，而企业教师主要负责课程和教材的实践部分，但在理论部分的编写上要满足实践部分的需要，而在实践部分的编写上又要与理论部分相结合。不断完善就是指课程设计和教材内容需要不断地修改、充实和提高，需要经过多次的教学活动和教材使用才能使课程大纲和教材内容趋于完善。

不论是课程体系改革重组，还是课程体系优化，均是涉及面广，需要整个专业的校内专任教师和企业兼职教师，以及相关学科专业教师共同参与，才能完成复杂而细致的系统工作。

7.5　教学内容与教学方法手段的改革更新

课程教学内容与教学方法手段的改革和更新要以实现工程科技人才培养课程体系的价值取向为总体目标，采用模块化结构进行工程科技人才培养课程体系的设计和构建，并对原有的专业课程体系进行全面系统的改革重组和优化，最终形成一个"实基础、宽专业、重实践、强个性"的课程体系，满足创新型工程科技人才培养的需要。

7.5.1　课程教学内容与教学方法手段改革的原则

1. 科学设计课程教学内容结构布局

课程教学内容改革要按照知识能力大纲对课程结构的布局要求，以学生的主体发展为中心，在专业平台和教学团队上设计教学内容，精心选择和保留那些有效的，不可代替的，稳定而不易老化的，体现先进性、针对性和实用性的知识组成课程，使每门课程都发挥出培养知识、能力和素质的功能，均成为教学质量高并广受学生欢迎的优质课程。与此同时，要彻底改变因人设课的现象，杜绝课程间内容重复。

专业课程以及专业基础课程教学内容的改革,要重视与采用的教学组织形式和教学方式相结合。大力推行研究性学习方法,按照工程问题、工程案例、工程项目组织和改革相关课程的教学内容。

2. 建立教学内容与教学方法手段的持续更新机制

高校要根据工程学科和经济社会发展的需要,以及行业企业对工程科技人才要求的变化,及时更新教学内容,将相关学科专业的前沿和最新发展,以及对工程科技人才的新的要求引入课程,从而保证教学内容的持续有效性。

高校要制定激励政策,鼓励教师将学科前沿、最新工程科技成果等引入课程。高校应该建立开放式的课程体系和教学内容评价机制,让社会、学生、教师按照本校工程科技人才培养目标和培养标准动态地评价相应专业的课程体系与教学内容,以及时调整、完善、更新课程体系和教学内容,确保本校工程科技人才培养达到培养标准的要求,实现培养目标。

7.5.2　改革基础课程教学内容

以高等数学为例,作为工程专业重要的基础理论课,专业院系可以在要求担任本院系高等数学课程教学的教师相对固定的前提下,对教学内容的选择和知识在工程专业的应用上提出要求,并让任课教师逐步达到。在教学内容上要与本院校的专业教师一起共同选择本专业必需的、相关度大的内容。在知识的应用上要尽可能结合工程实际问题举例说明,使学生更加明确课程学习的目的性。

外语作为当代大学生的基本技能,其教学内容可以与专业课程的教学内容相融合,采用双语教学或用原版教材教授专业课程的方法,使得外语教学与专业教学有机地结合起来,这样不仅能够减少课程学时,而且能够使外语的学习与应用结合,大大提高学生在专业层面上的外语应用水平和能力。

体育课程的设置和教学内容的改革是势在必行的。要改变传统的体育课程大班上课,教学内容多年一贯制的做法,提倡和推广体育俱乐部制的做法,以达到体育课程教学的趣味性、目的性和长远性的本质要求。趣味性体现在体育活动或项目的选择要充分考虑到学生个人的兴趣爱好和自身条件,由学生自主选择2～3项体育项目参加俱乐部,这样才能充分调动学生参与体育活动的积极性。目的性体现在按照个人的兴趣爱好选择的体育俱乐部要能够对增强学生的身体素质、减轻学习压力、形成健康的心理具有重要的作用。长远性反映在通过学生自主选择和参与俱乐部的活动,提高运动水平和技能,使所选择的运动项目成为其长期的爱好,使其终身受益。

7.5.3　改革专业课程教学内容

传统教学中,教学内容陈旧,偏重理论知识的系统性,理论与实际脱离,教学方法单一，缺乏对学生综合素质的培养训练等，是制约学生创新能力培养的主要原因。产学研合作教育本着综合性技能人才培养的原则，注重学生创造力和实践能力的培养，以产学研结合作为切入点，针对不同专业的学生的特点，制订工学结合的教学计划。改变原有的学科设置格局，对学科知识进行横向及纵向梳理，由单一的专业知识教育向文理渗透的知识教育转变。打破专业壁垒，开展多边性综合教学。灵活设置专业方向，形成宽基础的立体知识结构。优化课程结构，调整理论教学与实践教学的比例，把实践性教学作为产学研合作教育教学计划的重心。对从基础课到专业课的实践教学加强综合性、设计性实验内容，提高学生综合运用知识解决实际问题的能力。根据现行课程体制，拓宽专业口径，建立交叉学科，构建以工作过程为载体的工学结合课程体系。

1. 拓宽专业口径

我国的高等工程教育早期沿袭苏联模式，专业划分过细。专业知识面狭窄，教学依照陈旧的学科体系，对学生创造力的培养和新兴学科知识的拓展不利。为适应当今经济全球化和信息化的趋势，特别是我国新型工业化人才的培养需求，必须拓宽专业口径，实行多样化的人才培养模式。我国专业目录将工程专业分为21 类，共 70 个，而美国 ABET 制定的鉴定准则设置为 24 个工程专业。高等工程院校应以学科群组织教学，打造宽口径的课程结构，拓宽专业基础，重视综合素质和创新能力的培养。

在市场经济的条件下，高校可以根据企业在市场竞争中对人才、科技的需要，对专业方向进行调整，但必须考虑到学校的传统专业设置及重点学科方向特色，并采取适合本校的高等工程教育教学方式。宽口径的专业设置有助于为学生打下深厚广博的知识基础，为学生将来在更广阔的工程领域的研究创造条件，可以依据企业岗位技能需求设置专业基础课程和公共课程。专业课程设置应以岗位所需知识和技能为基点，以能力培养为核心，建立创新型的课程体系。

2. 跨专业跨系选修课程

学校可以根据专业发展需要适时调整教学大纲和教学重点，实行学分制教学基础上的短学期理论教学与社会实践相结合的教学模式。规定每学期有固定的实习实训时间，可以在学生修完本学年的学分后进行实践操作训练。实行弹性学分制，允许学生跨系跨专业选修课程，可以使学生涉猎更宽的学科，延伸专业触角，成为复合型应用人才。允许低年级学生提前选修高年级课程，开放学生跨系跨专业选课的比例，适度增大选修课比例。加大实践环节课程比例，注重文理交叉渗透，设置跨学科课程。鼓励教师公开科研课题，由学生自由选择学年论文课题，组织学生形成符合自身知识结构及特点的课程学习体系。

3. 建立交叉学科专业

跨学科设置交叉学科专业是高等工程教育专业建设的趋势，也是培育新兴学科的重要途径。高等工程教育复合型、创新型的多元人才培养目标对学校人才培养提出了更高的要求。新兴交叉学科、边缘学科、综合学科不断涌现，知识领域呈现出立体网络的学科发展模式。学校可以充分利用市场调节机制，适时调整专业设置，建立交叉学科，增强在培人才的创新意识和专业综合能力。充分利用理工结合的优势，打破理科和工科课程的壁垒，构建理工融合的新教学体系，顺应专业人才的社会现实需求，学科不再具有单一性，必须联系相关学科的理论、技术和方法，整合不同学科要素，形成多元交叉知识网络，构建新型的理论知识构架。交叉性学科涉及人才发展的多个领域，兼顾多学科理论知识，提高学生掌握知识的广度和深度，使知识的融会贯通与创新能力的培养成为现实。

7.5.4 改革教学方法与教学手段

1. 教学方法与课程考核方式

为了保证教学质量，达到创新型工程人才培养目标的要求，必须大力推进教学手段和教学方法的改革。传统的教学方法以教师为中心，重视理论知识传授而忽视实践能力培养，而当代高等工程教育以创新型工程科技人才为培养目标，重视以学生为本的教育方法，实施多样化的教学。可以采用现场教学、问题式教学、启发式教学、讨论式教学、设计式教学、案例式教学、情景教学、角色模拟等多种教学方式。这有助于调动学生积极参与的热情，增强学生的主动学习能力、思辨能力和批判精神。

课程考核是对学生学习效果的检验。高等工程教育以创新型工程科技人才为培养目标，必须对考核方式进行调整。传统考试方式多只采用试卷形式，侧重理论知识的考核，忽视应用能力尤其是操作技能的检验，无法真正满足高等工程教育对人才培养的要求。因此，应将考试分为理论知识的考核和实践能力的检验两部分。理论知识的考核适度增加平时学习情况考察力度，可采用开卷、口试、答辩、小论文、大型作业的考核形式。实践能力考核则侧重实训平台的动手操作及情景模拟考核，或与企业实地考察学生实践操作能力。例如，科研项目评分可根据项目完成程度、现场操作验证等情况评定学生成绩。

2. 教学手段的现代化

教学手段是指运用教学辅助工具进行课堂教学的一种方法，可以是视听，也可以是实践活动。教学手段的应用是提高教学效率和效果的重要手段之一，在高等工程教育教学的过程中必须注重教学手段的现代化。为了增强教学的生动性与形象性，使学生掌握更多感兴趣的知识，更直观地接受教学内容，可以通过开展多媒体教学等形式，也可以充分利用现代网络信息技术，开发虚拟车间、虚拟工厂、虚拟实验室，在非真实的环境中进行实践演练，启发学生进行更深层次的思考和探索，激发学生的创新思维能力和适应市场环境的能力。

参 考 文 献

艾红. 2012. 黑龙江省高等教育教学改革项目——技术创新与高等工程教育创新研究报告 [R]. 哈尔滨：哈尔滨理工大学

崔军. 2013. 中外高等工程教育课程研究 [M]. 南京：南京大学出版社

李红梅，江志斌，郑益慧. 2013. 强化工程能力培养的高校课程体系改革 [J]. 高等工程教育研究，(5)：140-144

李茂国，朱正伟. 2014. 面向工程过程的课程体系研究 [J]. 高等工程教育研究，(4)：1-5

林健. 2013. 高校"卓越工程师教育培养计划"实施进展评析（2010~2012）（上）[J]. 高等工程教育研究，(4)：1-12

林健. 2013. 高校"卓越工程师教育培养计划"实施进展评析（2010~2012）（下）[J]. 高等工程教育研究，(5)：13-24

林健. 2013. 卓越工程是培养——工程教育系统性改革研究 [M]. 北京：清华大学出版社

刘莹，艾红. 2004. 创新设计思维与技法 [M]. 北京：机械工业出版社

孙锋，张兰，崔玉祥. 2013. 高等工程教育中的教与学 [C]. 第三届高等教育理工类课程教育研讨会，哈尔滨：117-120

袁云沛. 2011. 高等工程教育产学研合作教育人才培养体系研究 [D]. 哈尔滨：哈尔滨理工大学

张光斗，王冀生. 1995. 中国高等工程教育 [M]. 北京：清华大学出版社

周凌波，王芮. 2014. 从《华盛顿协议》谈工程教育专业建设 [J]. 高等工程教育研究，(4)：6-13

左健民. 2014. 论校企合作视角下高校"卓越计划"的实施路径 [J]. 中国高教研究，(2)：70-73

实　践　篇

实践篇由高等工程教育教学体系构建、高等工程教育产学研合作人才培养体制与机制构建、高等工程教育教师培养体系构建、工程科技人才培养质量评价体系构建构成。

本篇在实际操作层面建立工程科技人才培养的教学与课程体系，以及确保培养体系有效实施的运行机制，达到培养目标要求的评价和制度保障体系，为工程科技人才培养提供新措施和新路径。

第8章 高等工程教育教学体系的构建

教学体系是教学过程的知识基本结构、框架、教学内容设计、教学方法设计、教学过程设计和教学结果评价组成的统一的整体。高等工程教育教学体系是根据工程人才培养目标而设计和构建的由既各自独立又相互关联的各教学环节所构成的有机整体。构建高等工程教育教学体系要遵循基础化、综合化、理论与实践结合、产学研一体化的基本原则，形成适应新型工业化发展需要，重基础强实践、大专业小学科的高等工程教育课程结构体系及其有效的课程评价体系。

8.1 高等工程教育教学体系构建的基本原则

8.1.1 基础化原则

高等工程教育教学体系中要注重工程基础教育，传授给学生扎实的工程理论知识，为以后学习工程技能知识打下良好的基础。我国高等工程教育教学体系构建应该在深入了解新型工业化发展对工程人才提出的新要求下，制定培养适应新型工业化需要的现代工程师的基础理论课程体系。课程体系内容包括工程的基本概念，以及在分析和解决工程问题时所运用到的基本原理、基本规律、方法、步骤和工程实践技能。工程基础知识课程包括数学、物理、化学和计算机等。在强调基础化过程中要打破专业壁垒，传授给不同专业学生多种专业基础知识，保证他们宽厚的知识储备，使他们在以后的工作生活中更具竞争力。

8.1.2 综合化原则

高等工程教育教学体系构建的综合化原则就是设置跨专业跨领域的课程体系，为学生提供全方位多领域多层次的知识储备。一方面，工程活动本身就是综合运用多种学科知识和技能的过程，其中包含许多非技术因素，如实用性、艺术性，工程技术的安全性和可行性，环境的协调性，发展前景，经济效益和社会效益等。工程在实施过程中必须协调好这些非技术因素，趋利避害，实现最大的社会收益。另一方面，科学技术的迅猛发展带来了科学知识的不断更新，以这些知识为依托的工程内容也随之发展和更新。工程的内涵也从原来单一的生产活动，逐渐地演变成现在囊括工程问题研究、开发工程项目、工程项目规划、产品生产、产品销售、工程管理和工程指导等诸多环节而形成的一条工作链。因此，未来工程科技人才必须具有扎实的工程专业理论知识和工程技能，同时也应该具备其他相关专业领域内的一些基本知识，如经济管理、市场营销、生物学等，这样才能在快速发展的新型工业化社会占有一席之地，在越来越激烈的人才竞争中立于不败之地。

现代工程技术发展趋势决定了我国高等工程教育教学体系必须走综合化的发展道路，打破专业壁垒，加大人文社会类、市场营销类、经济类、环境保护类、工程伦理类等课程门类的设置。

8.1.3　理论与实践相结合原则

高等工程教育教学体系的设置要注重理论与实践相结合的原则，加强工程实践训练，注重培养学生的创新能力。构建高等工程教育教学体系要先认真研究新型工业化背景，教育教学与社会、科技、工程实践相结合的内容和形式，主动加强与社会的联系，把科学研究、技术创新和应用等活动与学生的培养过程紧密结合，据此设置理论课程和实践课程相互渗透的教学体系，推进人才质量的提高。高等工程教育要回归工程，对于工科类学科的学生必须加强工程意识和工程实践训练，因为这是培养学生创新能力和实践能力的基础，也是社会、企事业单位对工科毕业生的迫切要求。

8.1.4　产学研一体化原则

产学研合作一体化原则就是必须建立校企联合的有效运行机制，将企业追求经济效益的最大化目标与高校追求社会效益的最大化目标通过深层次的产学研合作相结合，做到校企双方利益的协调与制约，达到让学生成为技能人才，为企业和社会创造更多财富的互利双赢的效果。高校拥有学校间知识网络信息优势、多学科综合人才等人力资源与技术资源优势，可以为企业在解决生产发展和技术进步等重大课题上提供人力与智力支持，以提高企业技术创新能力，增强企业的核心竞争力。高校与企业在加强实习实训中提高教学质量和教师的专业科研能力，获得资金支持。同时，通过对市场动态信息的把握，可以适时调整专业方向，进行教育改革。双方在合作过程明确各自的义务与责任，着眼于长远利益。资源交换要体现价值双向平等受益，从而实现优势互补、风险共担的产学研一体化的人才培养体系。

8.2　高等工程教育教学体系的基本框架

高等工程教育教学体系是工程人才培养的主要载体，是工程教育理念付诸实践和人才培养目标得以实现的桥梁。工程人才培养目标是对培养对象在知识、能力和素质方面提出的理想预期，教学体系则决定培养对象所能具有的知识、能力和素质结构，决定了教育理想能否成为教育现实。因此，教学体系的设计与构建是工程人才培养目标实现的一项关键任务。

8.2.1　加强基础理论的教学体系

新型工业化要求工程人才必须具有扎实的理论基础知识。理论基础知识包括：公共基础知识和专业基础知识，专业基础知识为学生日后学习更为高深的专业知识提供所需的智力支持、工具与方法，公共基础知识为学生提供生存与创业必需的科学文化知识和思维方式。

1. 公共基础课

公共基础课总体可分为三大模块，即社会科学公共基础课、自然科学基础课和实践环节公共基础课。社会科学公共基础课一般包括：马克思主义基本原理、毛泽东思想概论、大学心理卫生、经济学基础、大学语文、中国当代文学、美学、外国文学、英语、教育学、法律基础、思想道德修养等。自然科学基础课一般包括：高等数学、计算机文化基础、现代科学技术简史、数学建模、生态环境材料、环境与可持续发展、生物学、化学、物理学、科研导论等。实践环节公共基础课一般包括：军事训练、基础课实验课程等。

2. 专业基础课

专业基础课程以课程的基本要求为主线，传授给学生工程分析和工程问题解决的基本原理、思维方式和技术原理，培养学生的工程意识和实践能力。专业基础课分为专业基础必修课和专业基础选修课。

3. 课程结构配置

在设置理论基础知识课程内容时，公共基础课围绕专业基础知识的逻辑性展开教学，科学规划课程结构，使专业理论基础知识和公共基础知识交叉和融合，使学生能够全面掌握所学的基础知识。设置高等工程教育课程内容时要加大基础知识内容，按照专业知识内在科学联系，合理设置课程体系。在选择这些基础知识时，不宜选择深奥的内容，浅显易懂最佳，知识要涵盖多个领域，以便为学生提供广阔的知识视野。加强基础理论的课程体系如图 8-1 所示。

8.2.2　大专业小学科的教学体系

随着人类对世界的认识不断深化，现代科学技术一方面呈现高度分化的发展

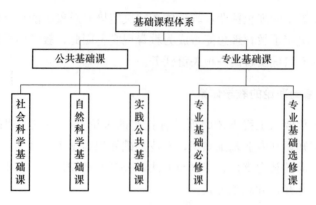

图 8-1　基础课程体系结构图

趋势，另一方面随着科学技术各学科间彼此渗透和相互促进，呈现综合化的发展趋势，科学技术的分化是综合化发展的结果。科学技术是课程设置的知识基础，科学技术的综合化发展必然促进教学体系的综合化，通过设置大专业小学科的课程结构体系来实现教学体系的综合化。

1. 专业平台课

专业平台的课程体系承担着通识教育和专业启蒙教育的任务，这种课程体系是根据社会对工程技术人才质量规格的总体要求而建立的。大专业平台所设定的课程都是一些通用的专业基础知识课程，培养工程人才的专业基础知识和基本技能，体现大专业平台的通识教育功能。学校应为学生提供宽泛而完整的专业知识结构，同一专业的不同学科方向都可以共用一种专业基础平台。

2. 专业方向课

小学科模块的设置是根据社会需求，把大专业细化为不同学科，使专业方向更加明确、专业教育更为深入，并紧跟学科发展前沿。小学科模块的课程是由具有专业特色的理论课程和实践课程构成的，重视培养学生在某一学科方向更深入的专业技能。学生可以按照自己的兴趣爱好自由选择学科方向，也可以根据社会人才市场的动态选择学科方向。

3. 设置步骤

大专业小学科的教学体系设置分为两步：第一步，确定科学的专业范围，建立宽泛的专业平台。把以前课程体系中细化的小专业划分归类，将相关和相近专业通过科学整合，形成一个宽泛的专业，工科院校围绕这个大专业建设相关的学科基础课程平台和公共课程平台。这种宽泛的专业平台能有效地避免知识的重叠和教育资源的浪费，使学生接受的知识结构更为合理和宽泛，并为他们以后更深入地学习专业知识提供了一个合适的专业基础平台和跳板。第二步，在专业中根据不同的学科方向确立不同方向的模块课程，这些课程不但要体现该学科的特色，而且要适应人才市场需求，确保培养出来的学生能够胜任未来的工作岗位。

各工科院校可根据社会和工业企业对工程人才的需求灵活地设置大专业平台和小学科模块，不断优化高等工程教育教学体系。大专业小学科的教学体系使知识宽实结合，保障了工程人才的基本规格和综合素质，并根据社会分工进行人才分流，实现了专业和岗位的契合。例如，车辆工程专业方向的大专业小学科的教学体系如图 8-2 所示。

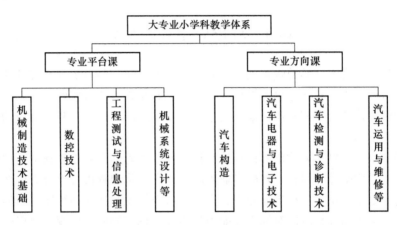

图 8-2　车辆工程专业方向的大专业小学科教学体系结构图

8.2.3　强化实践的教学体系

新型工业化发展要求高等工程教育必须在培养学生工程实践能力和创新能力方面有所突破和创新。因此，高等工程教育突出强化实践课程体系，在构建高等工程教育教学体系必须增加工程实践课程的比例，推进建设项目课程，加强工程技术知识和方法的传授，着力培养学生的工程实践能力。

1. 实践课程

实践课程一般包括各类实验、课程设计、金工实习、电工电子实习、技能训练、毕业设计和社会实践等，在设置强化实践的课程体系时，不仅要处理好实践课程的比例，而且要保证实验、实习和毕业设计等在实施过程中的成效。实践课程在实践过程中存在着很多问题，影响实践课程的教学质量，如时间较短、准备不充分、流于形式、教师指导不力、学校实验条件不充分等。教师应该重视实践课程的教学，努力完成实践课程的教学目标。

2. 项目课程

项目课程是围绕工程任务选择和组织课程内容，在学习中完成工程项目的课程模式。课程的内容涵盖了企业生产、项目管理、销售经营、售后服务等环节的工作项目和任务，并按照职业资格标准进行选择和整合。学生在教师的指导下，通过完成收集信息、制订工作计划、实施工作流程、评价工作成果等工作过程，获得职业知识和能力。项目课程按照职业资格标准培养学生的职业能力，是高等工程教育课程体系与社会需要相契合的有效途径。因此，在加强建设实践课程的同时也应大力建设项目课程。

8.3　理论教学体系构建

课程是实现人才培养规格的重要载体。创新型工程科技人才培养的课程体系依据创新型工程科技人才培养规格，以培养创新精神、工程实践能力、社会责任意识为目标，整合课程资源，建立与学生的知识和能力成长过程相适应的多元立体课程体系结构。

创新型工程科技人才培养课程体系构建的基本思路是：以创新型工程科技人才的综合素质培养为目标，打破专业界限。横向上将课程内容整合为自然科学与科学技术基础知识、学科专业知识、人文社科类知识和技能训练知识四类。纵向上根据学生不同成长阶段对知识和能力的培养目标不同而分层设置课程内容。

8.3.1　教学体系结构

创新型工程科技人才的培养过程可以分为三个阶段：引导阶段、塑造阶段和提升阶段。创新型工程科技人才培养的教学体系结构与工程科技人才的成长阶段相呼应（图 8-3），随着学生知识能力阶段性提升安排相应的课程，使得课程内容的安排呈现层次性。随着学生学习能力的上升，必修课的比例会逐渐下降，增加选修课的比例，逐渐拓展学生自由发挥的空间。

1. 引导阶段

引导阶段主要是引导学生尽早适应大学生活，对新的学习环境和新的学习方式的适应，并引导他们走进工程领域，对自己即将进入学习的领域有一个比较全面的认知，培养他们对工程领域的兴趣，明确学习目的，发现自身的爱好和优势，从而更好地选择自己喜欢和适合的职业并进行有针对性的学习。在引导阶段主要开设一些入门基础知识学习和基础实验和实践，特别设置专业导论课，通过导论课的学习让学生对自己未来所学专业课程的方向、内容和方法有初步了解，

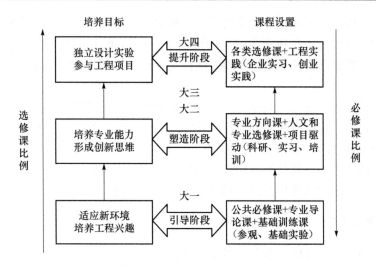

图 8-3　创新型工程科技人才培养教学体系结构

对所学专业形成一个基本的认识，为以后的学习和科研打好基础。此阶段以必修课为主，同时多举办一些讲座、座谈会，并组织学生深入企业和科研院所参观，聘请各行业的翘楚和各领域的专家学者做报告，用他们亲身经历的工程技术实践中生动鲜活的实例激发学生的学习兴趣，开拓学生的视野，为他们确定专业方向和未来职业方向规划目标。

2. 塑造阶段

在塑造阶段，学生主要是在进行专业基础知识和其他相关学科基础知识的学习，学习专业思维方式，锻炼基本能力。塑造阶段主要是开设各个专业的专业课程，目的是增强学生的专业能力。通过上一阶段的学习，使学生明确所学专业及其研究方向和职业方向，并对相关领域也有了基本的认识。因此，这一阶段除了要开设一些必要的专业课程，还应该增加选修课的比例，开设大量的选修课以供学生来满足自己的兴趣爱好。以项目形式增加学生的实践课程的设置，通过项目驱动，把自己所学知识融会贯通，真正做到理论联系实际。

3. 提升阶段

在提升阶段，学生要深入学习专业知识，形成独特的思维方式，提高专业素养和工程实践能力，使学生无论是在知识学习上还是在能力培养和个性完善上都有一个全面的提高。根据创新型工程科技人才培养的四个阶段，相应的课程内容的安排也应该呈现出一个层次性的特点。提升阶段主要以实践课程为主，除开设一些必修课外，学生可以根据自己的兴趣爱好选修一些自己需要的课程。这个阶段要给学生更多的实践和自由发展的时间和空间。实践课主要以公司实习和项目制作为主，可以为一些独立学习能力强的学生创造条件，帮助他们进行自主创业。学生根据自己特长、爱好和能力选择实践形式，全面巩固提高自身工程实践能力。

创新型工程科技人才培养是一个循序渐进的阶段性过程，每个阶段都有其特定的重点培养目标，因此课程内容应该针对不同阶段培养目标的不同而做出相应安排，使得课程内容设置呈现层次性。课程结构采用"必修＋选修"的形式，随着培养阶段的深入，其培养目标也越来越趋向综合能力培养，因此理论课比例变小，而相应增加实践课程比例，同时增加选修课比例。

8.3.2　教学内容

教学内容的选择应根据人才培养规格的要求，针对各阶段培养要求在教学内容的选择过程中，既要根据各学科的内在逻辑，选择能够帮助学生构建学科知识结构的关键核心课程，又要吸收学科发展的前沿知识，同时还要兼顾学生专业领域所需要的专业知识和相关知识。因此，教学内容的选择，课程资源的开发应该由学校、企业、科研院所共同参与。根据不同专业和学科的培养目标，教学内容分为自然科学基础知识、专业知识、人文社科类知识、实践技能训练等四类。

1. 自然科学基础知识

自然科学基础知识课程的设置，主要是为了让学生对自然科学有一个全面的认识，掌握自然科学基本理论知识和思维方式，突出思维和方法的学习，为专业课学习奠定基础。具体内容涉及数学、物理学、化学、工程图学、计算机等基础学科的必修课，天文学、地理学、生物学等适应学生兴趣发展的选修课。自然科学和科学技术基础课内容为学生奠定扎实的理论基础，设置自然科学基础知识课程模块内容综合考虑各学科体系的教学内容，避免出现重复教学现象。另外，还要适当扩大基础课的覆盖面，以拓宽学生知识储备。

2. 专业知识

专业知识课程模块的内容分为专业基础课和专业方向课。每个专业各有其知识体系，通过开设专业基础导论课，让学生对所学专业有一个基本了解，确定专业方向，为学习专业课奠定基本能力。专业课学习使学生能够深入学习本专业的知识，了解本专业领域的前沿发展动态。通过专业知识的学习，学生掌握本专业技能、设备和工具的使用，形成专业知识结构，能够运用所学专业知识解决工程定理问题，树立工程意识，加强独立获取信息、设计实验、解决工程问题的能力。专业知识课程内容选择要瞄准学科前沿发展动态，坚持与工程实际紧密联系，将企业生产中技术创新和产品开发的新技术成果引进教学。同时，要注意学科交叉，因为现代工程项目要综合考虑与环境保护、工程安全、法律法规因素，现代工程产品的设计除了要求拥有本学科专业知识外，还要有生态学、节能技术等相关方面的知识。

3. 人文社科类知识

人文社科类知识课程模块设置目的有两个：一是提高学生的思想道德水平，增强社会责任感。教育学生认识自己，树立正确人生观、价值观、道德观，为服务社会奠定基础。二是拓宽学生的知识面，拓展思维，开阔视野，提高创新能力和表达能力。人文社科类知识课程内容包括文学、历史、政治、经济管理、艺术、社会学、心理学、语言等人文社科类知识。其中，外语和文学写作课作为学生的基本技能，应贯穿大学四年教学。同时注意学科间联系，增加跨学科的综合性课程，如科学与社会、市场心理学等。另外，还要开设能力培养型课程，如创新思维与方法、创业训练、学习方法等课程。人文社科类知识课程设置以选修课的形式为主，除将一些关键课程列为选修课以外，可将其他课程以分散的形式贯穿学生四年的学习，学生可以根据需要自行安排选课时间。在教学方法上以鼓励学生自学为主，采用课内学习与课外调查相结合，注重培养学生的学习能力和社会活动能力。注意发挥学生自学能力和自由创意空间，注意学生人文和身心素质培养。

4. 实践技能训练知识

实践技能课程的设置是为了培养学生的工程意识，让学生能够将所学知识应用到实践中，通过实践检验学习成果。实践技能课程使学生对现代工业产品设计和制造流程有一个完整的体验，更有助于学生融通理论结合实际的教学内容。通过实践课程培养学生的创新能力和实际操作能力，学生亲自动手设计实验，培养研究与设计能力。让学生参与到具体的工程项目设计中，使学生对工程科学方法、工程组织能力、质量、环保、经济、安全和组织管理有亲身体会和深刻理解，进一步巩固理论教学知识。

这四类教学内容，每一类知识体系都设有必修课和选修课，学生在完成基础必修课的基础上，在教师指导下选择自己感兴趣或可以辅助本专业知识学习的课程。在选修制度上打破学科限制、年级限制，学生可以在选修课系统内自由选择自己需要的课程。

8.3.3　教学改进实施

1. 实施探究式教学

培养工程科技人才的创新能力需要教师进行探究式教学。转变教师角色，从传统的课程实施者和执行者转变为课程的开发者和教学的研究者，进行创意教学和个性化教学，指导学生进行研究性学习，充分调动学生学习的主动性和创造性。探究式教学运用发现与研究的方法，在学生学习理论课的概念和原理时，教师给他们一些事例和问题，使学生自己通过阅读、观察、实验、思考、讨论、听讲等途径去独立探究，自行发现并掌握相应的原理和结论。在教师的指导下，以学生为主体，让学生自觉主动地探索，掌握认识和解决问题的方法和步骤，研究客观事物的属性，发现事物发展的起因和事物内部的联系，从中找出规律，形成自己的概念。在探究式教学的过程中，学生的主体地位、自主能力都得到了加强。强化工程人才研究性学习的能力，培养他们从学科领域或现实生活中选择和确立主题，在教学中创设类似于学术研究的情境，通过独立自主地发现问题、实验操作、调查研究、收集与处理信息、表达与交流等探索活动，获得知识，培养能力，培养严谨的科学态度，特别是发展探索精神与创新能力。

2. 实施案例教学

转变传统传授式教学方式，实行基于案例分析的启发式和研讨式教学。教师将知识教学融入真实案例中，同时留给学生独立思考的空间，注意通过启发引导学生的思维。在课程进行的不同阶段，精心设计能够启发学生思维的问题，给予学生充分思考的空间。适时以问题为中心，组织学生以研讨的方式共同寻求解决问题的办法，引导学生开动脑筋，帮助学生掌握知识的突破口和切入点。在启发和研讨的教学氛围中，学生可以各抒己见，产生思维的碰撞，在互相争论中获得启迪和创意观点。实施案例教学需要理论联系实际的真实案例，学校与企业共建案例库，企业为学校提供工程项目实例，丰富教师的教学资源。教师通过案例为学生展现工程项目从立项到实施及验收的整个过程，针对项目实施过程中所应用的新技术、所遇到的新问题，为学生深入讲解其解决问题的方法，锻炼学生在遇到同样问题时，从一个实际工程技术人员的角度尝试提出不同的解决策略，形成工程思维，拓展创新思路，提升创新能力，切实感受理论学习对工程实践的基础作用。

8.4　实践教学体系构建

实践教学是培养创新型工程科技人才的创新能力和工程素质的重要环节。实践教学体系的构建与理论课程体系紧密联系，相辅相成。实践教学体系以理论课程内容为基础，将各类课程知识整合在一起，通过不同形式，内化为创新型工程科技人才的工程实践能力和创新能力，提升创新型工程科技人才的综合素质。

8.4.1　实践教学体系环境要求

创新型工程科技人才实践教学体系的构建，需要校企协同开发实践教学资源，共同担负起创新型工程科技人才培养的责任。学校作为人才培养的主体，主动与企业和科研单位沟通，深入了解市场的需求，制定实践教学培养目标。企业和科研院所作为创新型工程科技人才培养的共同体，在培养创新型工程科技人才的工程实践能力和创新能力过程中负有共同的责任，积极为学生提供实习机会，及时提供教学效果的反馈，为实践教学设计建言献策，以给学校和学生创造良好的实践环境。

8.4.2　实践教学体系结构

实践教学体系的构建与理论课程体系的构建相辅相成，实践教学体系在纵向上呈阶梯型结构，分阶段培养。横向上注重课内教学与课外引导并重，并且根据学生的不同情况设计不同的实践路径。根据创新型工程科技人才培养规格，实践教学体系相应地分为三个阶段：基础实践阶段、综合实践阶段、拓展实践阶段，如图 8-4 所示。根据每个阶段的培养目标和学生的水平，选择不同的实践教学方式和内容。

图 8-4　实践教学体系

1. 基础实践阶段

基础实践阶段主要由基础课程的实验、各种社会实践活动、企业认识实习、工程基础训练等基础实践教育环节构成。旨在培养学生的实际动手能力、基本操作能力、工程意识和工程素质，为学生工程实践能力的培养打下良好的基础。实践教学体系的基础阶段以培养学生工程兴趣，掌握基本实验方法，熟悉基本实验和技术设备的操作为重心。因此，这一阶段的实践教学安排以参观、讲座和实验室实验为主。参观企业和工厂，增加学生对工程的认识和兴趣，了解未来的工作环境和工作内容。请专家或企业家开设专题讲座，让学生与工程技术人员直接沟通，了解企业需求以及当前工程技术发展和前沿科技成果。进入实验室做实验，一是进行验证性实验，巩固所学理论知识；二是掌握基本的实验设备操作和实验方法。

2. 综合实践阶段

综合实践阶段主要由创新创业活动、学生社团活动、毕业设计、工程项目研究、企业顶岗挂职、国际交流活动、社区服务活动等综合性的实践教育环节构成。旨在系统、全面地培养学生的综合素质、工程创新和创业能力、工程岗位适应能力和以团队合作为主的社会能力。综合实践阶段主要是通过让学生参加一些具体的科研项目和生产实习，在实践中将所学的各类知识融会贯通，并在参与项目的过程中培养其在团队工作中的协作、沟通和解决问题的能力。在此阶段有志于自主创业的学生可以选择参加学校组织的创业培训，以获得更好的创业指导与实践锻炼。

3. 拓展实践阶段

拓展实践阶段主要由专业课程的实验和设计、企业生产实习、工程实践训练、企业轮岗实习和毕业实习等专业实践教育环节构成。旨在培养学生处理和解决专门问题和实际工程问题的工程实践能力、工程设计能力和工程创新精神。拓展实践阶段主要由职业技能培训活动构成，旨在促使学生熟练掌握某一工程专业的综合职业技能，以满足行业企业中某一类工作岗位或岗位群对工程人才的要求。高校可以根据企业各种工程岗位对职业技能的需要，有针对性地对学生进行相关职业技能训练，也可以组织学生参加行业机构组织的职业技能培训，获得代表职业应用能力水平的专业技术资格证书。在此阶段，根据学生的能力和兴趣不同，为学生在相应领域提供培训、指导、资金和政策的帮助与支持。例如，为一些能力强、水平高并有志于自主创业的同学提供创业指导和资金支持；或者为学生提供更多的实习和科研机会，以及就业指导等。

8.4.3　实践教学内容

1. 教学实验与实习

普通实习实践主要有认识实习和公益劳动等形式，实践场地有企业或校外实习基地、校内工程训练中心、社会大型公益活动举办地等，学生在普通实习过程中，不仅对本专业有广泛的工程认知，而且可以操作简单的设备和基本的工具，对未来所从事专业有基本感性的认识，还能够提高实践动手能力。

教学实验实践主要有与通识课程和专业课程相关联的各种课程教学需要的实验实践以及专门实验课的实验实践，实践场地以校内的各种基础实验室、工程训练中心和专业实验室为主，除了掌握科学的实验方法外，学生还要对实验原理进行认真的思考，通过对实验现象的细致观察和深入分析，加深对理论知识的理解和掌握。为了培养学生的工程实践能力和创新思维，这类实践应该强调开发设计性、综合性和创新性实验。此类实践课程由学校组织开设，以巩固课堂所学理论知识为目的。在实验内容上应多设计一些自主设计实验和综合性实验，减少验证性、单科实验。项目内容也应趋向综合性、实践性强的实际问题。学生通过现场实习操作，学习工艺知识，掌握工艺方法，进行一系列独立设计、制作和综合训练，使学生在认知的基础上，通过反复的思考、实验和比较的过程，实现自己的创意，为工程创新能力的培养和企业工程实践打下坚实的基础。

2. 实际科研项目实践

实际科研项目实践主要是通过参加教师的科研项目或直接到企业参与企业的实际工程项目的研究，为学生提供分析、研究和解决实际工程问题的机会，使学生能够综合运用所学的知识、所具有的工程实践能力和基本的工程创新能力；在校内导师和企业导师的指导下，与项目组其他参与者分工合作，共同完成项目研究任务，在工程实践能力、团队合作能力，尤其是工程创新能力方面得到实质性的提高。本科生的毕业设计和研究生的学位论文是进行研究项目实践最常见的一种形式。学生在校期间真正参与到科研项目研究中，是培养学生综合实践能力的重要途径。学生参与的科研项目来源于以下两个方面。

（1）学校教师的研究项目。学校教师在进行科研时，公开向校内学生"招聘"自己所需要的科研人员。教师可以将自己的课题目的、内容、所需要的各类人员和所需人员的素质要求在校内公布，然后学生以应聘的方式来"应聘"自己感兴趣的项目。教师在课题结束后根据学生的具体表现，给出中肯的评价、建议、相应的学分和补助。

（2）学校与企业或科研院所的合作研究项目。学校与企业和科研院所合作共同开发的课题，也可以面向全校优秀师生，以"招聘"的方式吸收优秀的创新人才参与课题研究，根据学生在科研项目中的具体表现增加学分。在这一过程中，既为科研争取到了优秀人才，也使学生在"应聘"和参与研究的过程中获得了社会经验，锻炼了科研能力。

3. 企业工程实践

企业工程实践主要有在企业进行生产实习、毕业实习、顶岗工作和挂职锻炼等形式，使学生在真实的企业环境、工程背景和生产氛围下，零距离地开展各种形式和内容的工程实习和实践活动，不仅使学生的工程实践能力得到极大的提高，工程创新能力得到培养，而且使学生熟悉企业先进的管理制度、运行模式和企业文化，大大缩短了毕业后到企业工作的适应期。必须强调的是，企业所拥有的各种资源优势，是校内工程训练中心所无法提供的，这正是工程科技人才培养过程特别强调企业学习重要性的原因所在。

4. 创新创业实践

创新竞赛实践主要是通过学科竞赛活动、创新创业训练项目、创新设计竞赛等课外活动的形式，使学生能够综合应用课内学习的知识，以及所具备的基本的工程实践能力和创新意识，在教师的指导下，在对未知工程技术领域探索的欲望和求胜心理的驱使下，充分发挥自己的想象空间，使学生的设计能力、创新能力、团队沟通和合作能力等得到全面培养。学生可以根据共同的研究兴趣，或者以参加创新竞赛为目标，自己组织科研团队，申请研究课题，申请实验室。参赛或科研所得的科研成果，可以作为学生的学分加分点。

创业实践主要是通过学生自己组建团队选择创业项目，学校建立创业指导中心，人员由学校的教师和企业的工作人员共同组成。配备专门的创业指导老师，帮助学生的创业项目进行可行性评估，并为其提供政策、法律、技术、资金等方面的咨询和指导。学校设立专门的创业基金鼓励学生进行创新创业，并为有志于自主创业的学生提供资金的支持。

5. 社会服务及社团活动实践

社会服务及社团活动实践主要是通过参加与所学工程专业相关的社会服务活动等形式，使学生一方面能够将自己所学的知识得到实际应用和检验，工程实践能力、创新能力和社会能力得到不同程度的锻炼和培养。另一方面能够了解和熟悉社会、培养学生的社会适应能力、增强对社会和国家的责任感，为日后进入社会做好准备。同时，了解社会对工程人才的要求、找到自身的不足、增强学生学习的目的性、明确学习的动机，为日后工程能力的培养和综合素质的提高指明方向。

社团活动实践是培养工程科技人才综合素质和领导力的重要途径。社团活动实践主要是通过学生社团、文体俱乐部以及由学校或学生自发组织的各种校内外交流活动，使学生在参与活动的设计筹备、组织管理、运行实施的过程中，不仅个人的特长和个性能够得到充分的发挥、自己的知识和能力得到很好的锻炼和提升，而且学生的自我管理、交流沟通、组织协调、团队合作等方面的能力得到充分的提高，全局意识和领导力也得到培养。

8.4.4　实践教学实施平台建设

有效的实践教学需要先进的实验室和工程实践基地作为支撑。高等教育大众化发展阶段，很多学校都扩大了招生规模，但是由于学校资金不足，对校内实践场地的建设和设备更新投入不足，不能满足创新型工程科技人才实践教学的需要。为解决这一困境，学校应主动寻求与企业合作，校企联盟共建创新型工程科技人才培养实践基地。

1. 建设开放性的实验室

建设开放性实验室，既向校内全体学生开放，又向社会企业开放。除了要加大资金投入、扩大实验室规模、更新实验设备，还应该切实提高实验室和设备的使用率。在保证实验教学计划的情况下，课余时间实验室可以对教师和学生开放。师生可以根据自己研究项目的需要，申请使用实验室，提出申请后由实验室管理人员统一协调安排实验室的使用。另外，还可以通过校企共建引资加大实验室设备引进投入，引进一些先进设备，这样实验室就可以向企业开放，供企业研发使用。这样既可以加强学校与企业的联系并吸引企业投资建设，又可以获得一些资金补充实验室建设。开放性实验室在运行管理上首先要采取有效措施，面向全校学生开放，均衡安排好学生的工程训练计划，充分发挥各种资源的作用，提高中心设备的利用率。其次要在充分发挥每一位专任教师在教学和指导方面的特长的基础上，给予他们足够的时间用于课程建设、教学研究、创新指导和中心建设。再次要针对不同学科专业的特点，开设具有针对性、多样性、综合性、挑战性和创新性的课程。最后要充分利用现代信息技术和多媒体手段替代部分重复性、破坏性和验证性的实体性操作，降低运行成本。

2. 建设综合性工程训练中心

综合性的工程训练中心既可以为学生的金工实习和电工电子实习等基础工程素质培养提供场地和设备，又可以为学生提供一些课程培训、团体咨询等协作沟通的技能培训、创新创业培训、职业培训等，为学生创新创业，顺利步入职场奠定基础。综合性的工程训练中心除了为校内师生服务，为学校提供实习和培训，还可以面向社会为企业员工培训，增加资金收入。综合性工程训练中心在以工程学科专业为主要服务对象的基础上，应该发展成为面向本校所有学科专业的实践性公共教育综合平台。这不仅有利于工程训练中心的功能定位的实现，尤其对工程学科专业学生在创新思维和创新能力培养、综合素质提升等方面具有重要的作用，而且对于其他学科专业学生更好地认识世界，扩大分析事物的视角，开阔解决本专业问题的途径等均具有十分积极的意义。

3. 建立企业工程实践教育中心

工程实践教育中心是高校依托企业建立的，为实施工程人才企业培养方案，由高校和企业深度合作开展工程人才培养的综合平台。工程实践教育中心的建设必须在高校与企业联合成立的校企合作委员会的指导下，由高校和企业合作共同完成。校企共同建设的内容包括：设置由校企双方相关部门主要领导担任中心负责人的组织机构和管理体系；筹措充足的建设和运行经费，争取国家和各级政府在政策和资金上的支持；探索建立工程实践教育中心可持续发展的管理模式和运行机制；制定工程实践教育中心的日常管理、教学运行、学生管理、安全保障等规章制度；建设由高校教师和企业专业技术人员、管理人员共同组成的中心指导教师队伍；提供满足工程实践教育需要的工程实践条件、工程实践内容和工程实践形式；遵照教育规律和工程人才成长规律，积极推动工程实践教育模式改革，构建有针对性的工程实践教育方案；在加强对学生的安全、保密、知识产权保护等教育的基础上，提供充分的安全保护设备，保护学生的身心健康与人身安全。围绕着工程科技人才培养的工程实践教育，校企在工程实践教育中心的建设中要共同制定工程实践教育的教学目标和培养方案，共同建设工程实践教育的课程体系和教学内容，共同组织实施工程实践教育的培养方案，共同评价工程实践教育的培养质量。

4. 建立创新创业园区

近些年兴起的大学科技园已成为我国高新技术的创新创业园区，它是工科院校培养创新型工程科技人才必备的重要场所。大学科技园是依托大学的知识、人才与创新环境，通过提供知识技术、基础设施、服务管理、金融支持和氛围环境，孕育科技企业，培养创新人才。它是创新资源集聚中心，依托高校知识创新优势，能够有效地集聚创新资源，通过集群对接加快科技成果转化，强化科技创新的溢出效应。集聚不仅包括科研机构，还包括教育培训、中介服务和配套服务等相关组织机构，最终成为创新创业资源的富集区域。它是创新孵化与溢出基地，大学科技园依托高校创新资源，为社会提供孵化成功的高技术企业，是技术创新的重要源头和二次创业的骨干力量。它是创新人才培养基地，高校科技园为高校教师和学生创造了面向市场、深入企业的学习和实践平台，师生创新创业潜能可以得到充分挖掘。大学科技园还要为大学的创业教育作贡献，培育广大在校学生的创新创业素质，同时也为企业研发和管理人员提供了更为便捷的高校智力资源，提升自身条件的环境氛围，为企业创新人才的培养提供便利。大学科技园为产、学、研、用相关主体提供了创新人才培养的良好氛围与平台，是实践型创新人才培养的基地。

依托大学科技园建立创新创业园区，学校可以建立创新创业教育的理论研究和交流中心，开展创新创业教育的理论研究，为创新创业教育的实施提供理论基础和方法指导。建立创新创业咨询中心，聘请企业家、专家和工程师传授创新创业经验和政策指导，配备专门的指导教师为学生的创业提供政策咨询、技术援助和创业帮助。建立创新创业基地管理中心，负责整个创新创业园区的管理工作，展示学校师生的创新成果，并与企业合作管理创新成果转化基地，为学生提供创业场地，将创新创业园区打造成全部由学生自己经营的校园科技市场。

8.5　教学体系运行保障系统

8.5.1　优化配置课程结构

我国高等教育课程体系的结构模式大体上分为两种：实质构成和形式构成。其中，实质构成是基础课与专业课、实践课程与理论课程的组合方式。形式构成是必修课程与选修课程、课内课程与课外课程的组合方式。优化课程结构实质上就是优化这四种课程要素的分配比例。在实施课程教学时，四种课程要素之间的比例存在着普遍的偏失。例如，在实质构成中，重专业课轻基础课，重理论轻实践。在形式构成中，重必修课程轻选修课程，重课内课程轻课外课程。因此，课程结构需要进一步优化以提升课程的实施成效。

1. 构建基础课程模块

科学设置基础课和专业课的分配比例，合理构建基础课程模块。高校要合理分配基础课程和专业课程的比例，在以专业课为主导的同时，也要加强基础课的教学，拓宽基础知识。公共基础知识要做到横向融合，突破专业和学科的局限，建立公共基础课程平台、学科基础课程平台、专业基础课程平台等相互关联且逐级递进的课程体系平台，为新型工业化发展培养宽口径的工程科技人才。

2. 构建实践课程模块

科学设置实践课与理论课的分配比例，整合实践课内容，合理构建实践课程模块。要在注重理论教育和实践教育的基础上，合理设置实践课和理论课的分配比例。我国的实践课程内容形式单一，结构松散且与理论课程联系不够紧密，这样的实践课程不能培养出合格的人才。因此，在课程结构优化的过程中，建立结构合理，且课程实验、课程设计、毕业设计、毕业实习、社会实践、科研实践等各环节相互联系的实践课程体系，促进实践课程向着综合化和科研化的方向发展，加大培养学生创新能力和动手操作能力的实践课程的比例，并通过发掘理论课程知识和实践课程知识的内部联系，密切二者之间的联系。

3. 构建选修课程模块

科学设置选修课程和必修课程的分配比例，合理构建选修课程模块。必修课是根据社会对人才规格和质量的基本要求设定的，传授学生必须掌握的知识和技能。选修课是发展学生的个性，根据学生兴趣设置的课程，学生可以根据自己的爱好和特长有选择地学习其中的课程。选修课和必修课的优化配置能够同时培养学生的共性和特性，激发学生的学习动力。高校一般通过增加选修课门类，建立为特定专业领域学生提供完整知识结构的专业选修课模块，引导学生按照自己的职业兴趣进行专业分流。

4. 构建课外课程模块

科学设置课内课程和课外课程的分配比例，合理构建课外课程模块。开设形式多样的课外活动课程，丰富学生的课余生活，有效调动学生学习的积极性和能动性，有意识地培养学生多方面的实践能力。课外课程是课程体系建设中不可忽视的组成部分，应得到足够的重视。各院校可根据自身办学特色和条件设施，合理构建一套课外课程模块，指导全校课外课程的教学实践。

8.5.2　科学设置课程评价体系

建立有效的课程评价体系也是高等工程教育教学体系构建中的重要一环。课程评价是根据课程设定的评价标准，运用定性和定量的方法系统地收集信息，通过将这些信息与评价标准进行对比，来对课程的实施情况做一个全面的价值评价，根据评价结果做出相应的调整。课程评价体系包括明确的评价标准与评价目的、评价方法、信息收集的方式、课程体系构建的方向等。课程评价体系能全面监控课程的实施过程，及时反馈课程实施结果，指导课程体系的构建，保证课程实施的质量。

1. 课程评价指导原则

科学性原则。课程评价体系的科学性原则表现在评价结果应该能够准确、客观、全面、真实地反映出评价对象的本质特征，为教学建设提供有效的鉴定意见。

导向性原则。课程评价体系不但可以指导课程建设，而且能够用来确认学生、社会的需要，以便确定教育目标与课程目标。

发展性原则。评价指标体系的标准既要符合高等工程教育教学体系的实际情况，又要坚持课程评价过程的高标准严要求，协调好现状和发展的关系，推动教学体系建设的不断发展。

通用性原则。课程评价体系普遍适用于评价基础课、专业课和专业基础课。因此，设计课程评价体系时，应尽可能地涵盖课程的共性，根据课程特色相应地拓宽课程评价指标，使课程评价指标能够全面地反映各门类课程。

2. 课程评价内容

课程评价内容囊括了 6 个评价指标，23 个评价要素。课程评价体系中具体的评价内容、评价要素和评价项目如表 8-1 所示。

表 8-1　课程建设评价指标参考方案

评价指标	评价要素	评价项目
教材与教学文件	教学大纲及培养目标	教学大纲内容和结构，与专业培养目标结合情况
	教材	教材建设规划及实施，自编或选用教材思想性、先进性和启发性
	教学资料	各种必需的学习指导书、习题集、手册、教学参考资料
	学期授课计划及教案	学期授课计划内容、格式规范及指导教学各环节情况，教案的目的性、信息量、作业、所列参考资料以及与学期授课计划相对应且与授课班级实际结合等情况
教学研究与改革	教研活动及学术活动	教学活动计划性和目的性，集体备课、公开教学活动、教学总结，参与省内外教研学术活动等情况
	课程体系改革	改革计划、措施、特色，人才培养取得的成效，文章发表情况
	教学方法手段改革	改革特点或特色，学生能力特别是创新能力培养，相关文章发表情况，课程教学必需的电教手段、教具、模型、挂图等配套情况，自行研制或引进的 CAI 课件、多媒体教学手段
考试考核	考核办法	考核办法的规范、科学、有效性，考核方法对学生素质教育和创新能力培养，检验实效性
	试卷（题）库建设	建立试卷（题）库，并通过校内审定和实践情况
	考核结果分析与反馈	阅卷公开、公正，期末考试结果综合性统计分析，并及时反馈于教学，期末考试成绩分布情况
教学实验	实验教学文件资料	实验大纲、指导书、报告等资料
	指导教师队伍	实验人员人数、结构，人员稳定性和指导实验情况
	实验设备	仪器、设备配套、先进性等情况，使用率及满足教学情况
	实验开出率与水平	按大纲要求实验开出率，综合性、设计性实验所占比例
	管理制度与考核	教学规章制度和考核办法完善情况，执行效果
	实验教学效果	实验室开放情况，学生实验报告质量，学生认为自己分析问题和解决问题及实验技能如何
实践教学	课程实习	实习文件资料、内容针对性、计划落实情况，实习效果
	课程设计	文件资料、课题更新、课题水平、指导教师工作责任心、设计质量、考核办法
教学效果	课题组教学质量评价	课题组全体教师年度综合评价
	评课组随堂听课评价	评课组对课程组教师打出的平均分
	学生评价	学生对课堂教学内容的反映、课堂讲授、辅导答疑、作业批改等教学环节情况，创新能力和实践能力培养的重视程度
	后续课教师评价	后续课程教师认为学生对所学知识的概念、内容掌握程度
	获奖情况	获教学成果奖励、与教学有关的奖励或表彰

3. 课程评价过程

（1）确定评价内容和评价标准。根据课程目标和课程特点设定相应课程的评价内容和评价标准，评价标准一般都以精准而简单的量化术语书写出来。各工科院校可根据以上课程建设评价指标参考方案中的课程项目，结合本校的实际情况，按照确定的不同评价标准设定不同的评价等级。

（2）收集、整理和分析课程评价资料。课程评价资料主要包括学生、教师、教材等几方面的资料。学生的资料主要包括学生成绩、学习态度、对课程实施过程的意见、奖励、成果等。教师的资料包括课程安排、教学方法等。教材的资料主要包括教材的难易度、实施计划等。收集资料的方式包括考试、观察、批阅学生作业、座谈、访谈和问卷调查等。这些资料一般分为数据型资料和非数据型资料，数据型资料可以借助计算机和多媒体技术中的专门数据分析软件进行整理、分析和统计。非数据型资料的整理和分析则要运用定性法。

（3）解释评价结果。通过整理和分析课程评价资料，对评价指标体系规定的内容和要素进行指标评定，整理出分项结论，填写评分评议表，并总结出综合的评价结论。在解释评价结果的过程中要完成的任务包括：评价课程本身具备的内部效度和课程实施成果，整理课程评价过程中发现的问题并进行理性分析，解释问题出现的原因并提出解决方案，规划未来教学改革和发展的方向等。

（4）撰写评价报告。在全面分析课程评价资料和解释评价结果的基础上，将评价的结果以书面报告的形式记录下来。课程评价报告主要包括评价的内容、方法、目的、过程和结论等部分。评价结论包括课程实践效果结论、预期效果结论、各项结论的解释、课程改革和发展建议等。评价报告要求撰写格式标准规范、内容完整且重点突出、文字简洁易懂。

有效的课程评价体系能够帮助我们及时准确地掌握高等工程教育教学体系的实施情况，并指导教学体系的进一步改革和完善。

8.5.3　强化政策保障体系

构建创新型工程科技人才培养保障体系是为了保障创新型工程科技人才体系各方面工作的顺利实施，它主要包括政策保障、服务保障和校园文化建设。

1. 政策保障

学校参照国家有关高等教育改革的文件精神和指导意见，制定推进创新型人才培养方案和规划，明确创新型工程科技人才的培养目标，创新型工程科技人才培养体系的实施原则和相应的要求与措施。邀请企业和行业专家，参与创新型工程科技人才培养体系构建和实施的整个过程，在专业建设、培养规格制定、课程体系构建、实践教学方案实施，以及师资建设和评价体系等几个方面，要听取专家意见，对创新型工程科技人才培养过程中的问题及时作出调整。制定鼓励学生创新创业的政策，并设立专门的创新基金，为有志于自己创业和有良好前景的创新项目给予资金支持。同时，学校还要积极利用政府的政策，为学生争取到更多的创新实践机会，提供资金、场地、技术指导等方面的政策优惠，保证学生创新创业实践顺利开展。

2. 服务保障

(1) 为学生提供更多的信息服务。加强创新和实践专门网站的建设，利用现代化的网络技术手段收集、整理全国各种创新竞赛、创新讲座、培训和实习信息，及时通过网络在全校内实现信息共享。

(2) 为学生提供咨询和中介服务。就学生在创新和实践过程中所涉及的法律法规和政府相关政策、科研立项等提供咨询服务，并在必要时为学生提供担保服务。

(3) 为学生提供技术服务。学校充分发挥人才优势和技术优势，为学生在创新和实践活动过程中遇到的技术问题提供指导。尤其是学校教师的科研成果和发明、技术专利，要优先提供给有志于进行创业实践的学生。

3. 校园文化建设

校园文化是隐性课程的一部分，高等工科院校在精神文化建设中要凸显创新教育理念，把培养创新精神和实践能力转变为每一个成员的理念。在体制文化建设上要重点体现为创新型工程科技人才培养创造条件，在行为文化建设过程中突出培养全校师生的创新精神和实践能力。校园浓厚的人文气息和学术氛围是感染和激励学生创新的潜在动力。通过各种形式的组织活动、媒体宣传，使校园文化呈现一种积极向上、崇尚创新和实践的格调，使学生在潜移默化中陶冶心灵情操，提升文化品位，提高综合素质。

参 考 文 献

艾红. 2014. 黑龙江省高等教育教学改革项目——自动化工程人才校企协同培养的教学与实践研究报告 [R]. 哈尔滨：哈尔滨理工大学

崔颖. 2009. 高校课程体系的构建研究 [J]. 高教探索，(3)：88-90

崔玉祥，刘颖楠，石华敏，等. 2013. 创新型工程科技人才培养规格探析 [J]. 中国高教研究，(5)：51-53

杜爽. 2010. 产学研合作教育在应用型本科院校的探索与实践——以宁波工程学院为例 [J]. 宁波工程学院学报，22 (4)：17-19

方鹏. 2008. 创新型工程科技人才培养研究 [J]. 理工高教研究，(3)：24-26

和学新. 2005. 课程评价若干理论问题探讨 [J]. 天津市教科院学报 (3)：26-29

李海林. 2008. 大学生综合素质评价体系与评价方法研究 [D]. 北京. 中国石油大学

李善波，张金城，姚玉蓉. 2005. 高等工程教育的课程体系改革初探 [J]. 中国大学教学，
　　(2)：28-29

刘颖楠. 2012. 产学研合作创新型工程科技人才培养体系构建研究 [D]. 哈尔滨：哈尔滨
　　理工大学

曲殿彬. 2009. 论高等学校创业教育体系的构建 [J]. 东北师大学报：哲学社会科学版，
　　(3)：29-31

曲孝民. 2010. 建设结构科学合理的"双师型"教师队伍探析 [J]. 辽宁高职学报，(4)：25-
　　28

孙健. 2012. 论"卓越计划"实施背景下高等工程教育课程体系设计 [J]. 高等理科教育，
　　(1)：42-45

田逸. 2007. 美国大学生工程实践能力培养及其对我国的启示 [D]. 长沙：湖南师范大学

吴翠花，李慧. 2011. 高等工程教育课程体系研究 [J]. 经济师，(12)：138-139

闫哲，艾红. 2014. 自动化专业实践性教学环节改革研究 [J]. 大学教育：127-128

杨文彬，何汉武. 2013. 工科院校校企联合培养应用型本科人才的探索 [J]. 江苏高教，
　　(2)：65-68

叶奕芳. 2011. 新型工业化背景下高等工程教育课程体系研究 [D]. 哈尔滨：哈尔滨理工
　　大学

第9章　高等工程教育产学研合作人才培养体制与机制构建

高等工程教育产学研合作体系的运作，要从政府、高校、企业三方，理清各自在工程科技人才培养中的职责，构建以政府为主导、高校为主体、企业参与的高等工程教育产学研合作人才培养的体制与机制。包括社会观念引领、法律制度制约、组织机构支撑、投资体系建设、中介机构完善等五个方面协同运行，以确保高等工程教育产学研合作体系有效实施。

9.1　高等工程教育产学研合作人才培养体制构建

产学研合作从外延上看是体制上和功能上的合作。体制上的合作，是指在一定政策法规的规范下，企业、高校或科研院所间的相互合作。功能上的合作是指把人才培养、科学研究、技术创新或产品开发等社会功能与获得经济利益的功能结合起来而实现产学研各方互利共赢，建构完善的合作体制，才能确保合作整体功能的发挥。

9.1.1　树立产学研合作协同育人的理念导向

1. 高等学校主体理念

高等院校人才培养的首要社会职能决定了它是产学研合作人才培养的主体，这就需要高校首先抛弃传统关门封闭的办学思想，主动跨出校门走向社会经济建设的主战场，寻求产学研合作机会，通过人才培养、科学研究为社会服务。

（1）利益共同体的理念。如今的高等教育不再是过去精英教育的象牙塔，只培养少数科技学术型人才的教育。高等工程教育更要注重培养社会大量需求的创新型工程科技人才。产学研合作是培养创新型工程科技人才，提高教育质量的重要途径。工程所具有的实践性、经济性、综合性和创新性，决定了实施工程教育必须要有实践的过程，所培养的人才必须有实践能力、综合能力、创新能力，并能为社会带来经济效益。这些目标的实现，只靠学校关门办学是无法实现的。学校要树立人才培养利益共同体的理念，以学校为主体全社会共同培养人才，做到人才培养靠社会，人才服务为社会。

（2）文化包容的理念。长期以来，大学与企业间存在的文化差异被人们认为是制约产学研合作成功进行的一个内在因素。大学所追求的是一种学术上的探索，重视基础研究和科技创新。企业所追求的是一种利益上的获取，强调将科技成果转化成有市场竞争力的产品。大学的科研人员要做的是前沿性研究，所体现出的成果是在学术界有影响力的论文。而企业要研究的是有实际应用价值的新技术，并且能够转化为实际生产力。长期以来，受高校封闭办学观念的影响，致使人们认为高校是神圣的科研与教学的场所，经济的介入会影响高校追求真知的氛围，这种文化的差异与矛盾影响校企产学研合作培养人才的深化发展。当今随着经济社会的发展，产学研合作已成为高等教育与社会经济发展的必然。从知识运行的角度看，"学"以传承知识，"研"以创新知识，"产"以应用知识。"产"依存于掌握知识的人才和创新的技术，即依存于"学"和"研"；"研"依存于掌握知识的人才和来自生产的项目，即依存于"学"和"产"；"学"依存于社会生活与生产，即依存于"产"。从中可以看出，抓住校企文化追求的共同利益链，产、学、研便必然联系在一起。

（3）准确定位、服务社会的理念。工科院校作为高等教育重要组成部分，直接为创新型国家建设、行业企业和地方经济发展服务。但是高等教育大众化发展阶段，很多院校脱离行业企业，对自身角色认识模糊。受经济利益驱动而盲目攀比升格成风，本科院校向重点大学看齐，专科院校向本科院校看齐，职业学院努力去掉"职业"二字，与市场经济发展脱节，逐渐背离了其本身存在的意义。这样所培养出来的毕业生，很难适应工业企业的用人要求，致使企业招不到人、毕业生找不到工作的矛盾凸显。美国加州州立大学（CSU）的校长曾说，"我们不是 UC（加州大学），我们是面向应用的"。香港理工大学也一直坚持面向应用，针对工业企业人才市场需要培养工程科技人才。面向应用、面向行业企业及地方经济是高等工程教育的主流，把直接为企业培养创新型工程科技人才视为光荣历史使命。所以，工科院校要找准自身定位、认清自身价值、发挥自身优势与企业进行合作，既为企业解决技术上的难题，又能够使学校培养出具有创新与工程实践能力的优秀毕业生。

2. 行业企业资源共享理念

（1）大工程、大协作的理念。企业应该转变观念，把参与人才培养和发展教育当做企业应该承担的社会责任，在人才培养机制中变被动为主动。我国工程教育培育出了一代又一代的优秀企业家，所以企业在接受高等学校输送人才服务的同时，也要把国家教育事业发展看作自己的事情。教育是国家的大事，科教兴国，匹夫有责。企业应该把与学校联合培养人才当做己任，把技术创新与产品开发市场作为学校人才培养的"工厂"，形成校企产学研联合参与的大项目、大工程、大人才战略联盟。

（2）人才资源共享的理念。企业在校企合作中所得到的良好效益体现在：企业在产学研合作联合培养的过程中，可以得到合作高校优秀毕业生的优先选择权，还可以正式招聘在企业参与过实践培训的学生，既减少企业新进人员的培训时间和培训成本，也提高了招聘的成功率。与学校合作，企业可以按照自己的需要，通过订单培养、集中培训或委托培养来获得所需的对口的高技能人才。在合作中，企业可以依托学校资源，在员工培训、技能提升、科技成果转化等方面降低成本。从国家制定的优惠政策中受益，并且与学校的合作可以提升企业在社会上的声誉。

3. 政府政策导向与服务理念

（1）大人才观。21 世纪的竞争归根结底是人才的竞争，人才创造未来，创新引领世界。高等工程教育培养出的创新型工程科技人才更是参与国际竞争的主力军。国内外研究表明，从事研究开发人员的总量与国内生产总值（GDP）呈正相关的关系。换而言之，研究开发人员是支撑 GDP 增长的关键要素之一。图 9-1 是美国 1980～2005 年研发人员总量与 GDP 增长的关系图。从图中可以看出，研发人员的总量与 GDP 的增长呈正相关。

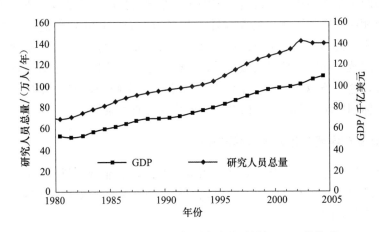

图 9-1　美国 1981～2005 年研究人员总量与 GDP 的关系

这种规律不仅在发达国家存在，在我国依然存在。以我国软件产业为例，2000 年我国意识到软件人才培养的重要性，2001 年首批招生，经过 4 年的本科教育后，毕业生进入软件产业市场，2005 年我国软件产业的产值增长近 10 倍，如图 9-2 所示。

（2）人才培养是全社会共同责任的理念。大人才观背景下，必须树立起人才培养为社会，社会共同参与人才培养的意识。人才培养不再只是高等院校的责

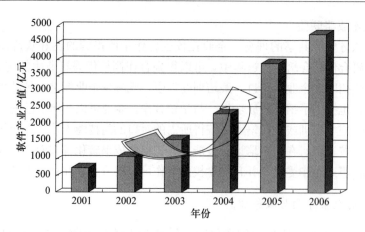

图 9-2　我国 2001~2006 年软件产业产值

任，政府、企业、科研院所都要积极参与到人才培养中。政府要加大宣传，呼吁社会担负起人才培养的责任，并明确各自在人才培养中的义务与责任，让人才在社会的大背景下成长，最后服务于社会。

（3）政策环境是创造者的理念。政府参与产学研合作的主要职能是为产学研合作创造政策条件和环境。目前我国关于产学研合作的法律法规并不完善，政府应制定出相应的法律法规，切实保障合作各方的合法权益，营造一个企业、高校、科研机构共同参与产学研合作的氛围。政府要下放权力，为产学研合作各方创造宽松的政策环境。我国的教育系统、产业系统在管理体制上有着过于庞大的行政体系，这些条条框框给产学研合作带来了一定制约，需要政府出台相关政策，完善体制机制，创造产学研合作协同育人的有利条件。

9.1.2　建立产学研合作人才培养政策法规

高等工程教育产学研合作的开展因为涉及高校、企业、科研院所多方参与，各方所追求的利益又不尽一致，所以急需相应的政策与法规来明确各方的权利与义务，规范各方的行为。

1. 政策激励

（1）面向企业的优惠政策。制定面向企业的优惠政策主要是为了加大企业参与产学研合作人才培养的动力。完善税收优惠政策。例如，企业与高校或科研机构合作创新所产生的费用，按一定的比例加计，用于人才培养的费用，全额加计，可抵扣应纳增值税额。企业为了产学研合作人才培养而建立的开发机构、实验室，从国外购置的科研设备，可免征进口关税和进口环节增值税。按照企业录用实习生的数量，适当免交教育税等。给予适当的资金扶持，对于建立工程教育产学研合作实践中心的企业，政府要给予占建设成本一定比例的资助。对于企业用于产学研合作人才培养的经费贷款，政府要放宽贷款要求和限度。另外，企业可支付实习生的基本薪资，而免缴社会保险费。按我国劳动法规定，企业要为员工缴纳一定比例的社会保险费，所以招聘实习生降低了企业的人力成本。

（2）面向高校的财政性资助政策。政府制定面向企业的优惠政策，的确能在一定程度上提高企业的积极性，但是不应该成为政策指导的主要方向。因为比起企业参与人才培养的费用，这些优惠带来的利益并不是很大。而且高校永远是产学研合作培养人才的主力，制定面向高校的财政性资助政策显得更为重要。

（3）建立合作教育基金。高校想要实施产学研合作人才培养的项目，可通过申请得到基金的支持，但所得款项必须用于产学研人才培养。用政策激发高校的积极性，让高校教师走出校门主动寻求与企业的合作，真正发挥产学研合作培养人才的主力军作用。

2. 法规保障

我国对于产学研合作人才培养的法规建设，仍停留在明确其法律地位，对其实施给予原则性规定上。《中华人民共和国教育法》、《中华人民共和国高等教育法》以及一系列教育法规中，都给予了产学研合作人才培养高度的法律重视，但在处理人才培养相关问题时缺乏可操作性。出于对合作双方权利与义务的考虑，可以制定以下几方面的法规。

（1）学生在企业实习的法规。学生在企业实习的法规内容应包括：明确学生实习管理的组织机构，规定教育管理部门、劳动和社会保障部门共同管理学生实习的事务，学校校长是学生实习工作的直接责任人。规定企业、学校和学生本人应签订的实习协议内容，除各方基本信息外还应包括实习时间、工作内容、报酬和意外伤害保险。规定实习场所必须对学生的身心健康无害。规定实习时间、劳动强度、实习待遇和实习考核。明确实习指导教师及其职责，明确实习学生安全生产责任和义务。规定学生在企业实习期间，必须遵守企业规章制度等。

（2）保护企业商业机密的法规。高校与企业进行产学研合作，无论是技术创新还是人才培养，都会涉及技术的共享。制定关于保护企业商业机密的法规，对产学研合作起到很好的保障作用。

（3）保护知识产权的法规。产学研合作人才培养中产生的知识产权归属和利益分配问题是牵动合作全局的现实问题，尤其需要法律制度的保障。我国应该加快建设产学研合作的知识产权创造体系，提升知识产权的创造、运用、保护和管理的能力。以《专利法》与《著作权法》为产学研合作知识产权法规的基础，建立专门的法律政策来明确合作各方对知识产权的所有和使用权益。

9.1.3　设置产学研合作人才培养组织机构

为保证产学研合作人才培养的顺利开展，各级政府、高校、企业都要设置专门的产学研合作人才培养管理机构。对于产学研合作人才培养管理机构的设置应分层级，基本思路如图 9-3 所示，箭头方向表示管理面向的对象。

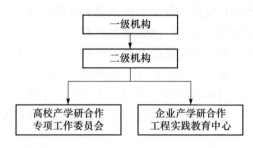

图 9-3　产学研合作人才培养机构设置框架图

1. 政府设立产学研合作人才培养管理机构

（1）一级机构。政府组织教育部门、科技部门等成立专门的产学研合作管理部门。

产学研合作人才培养管理一级机构的主要职能：研究产学研合作人才培养的开展规律和存在的问题，为制定相关法律法规和优惠政策提供理论依据和指导；负责产学研合作人才培养重要政策措施的制定与决策，重要问题的解决，领导产学研合作人才培养的实施工作。

产学研合作管理一级机构的直接管理对象：各省级产学研合作人才培养管理机构。

（2）二级机构。各省级政府组织，省教育厅牵头成立省级产学研合作人才培养管理机构。

产学研合作人才培养管理二级机构的主要职责：管理本省内的产学研合作人才培养事务，组织高校、企业的产学研合作管理机构，指导高校和企业建立联合培养基地和学生实习基地；制定和实施推动高校与企业开展产学研合作的政策与管理制度；监督指导高校与企业合理有序地进行产学研合作人才培养。

产学研合作管理二级机构的直接管理对象：各高校产学研合作人才培养工作委员会和参与合作企业设立的工程实践教育中心。

2. 高校设立产学研合作人才培养工作委员会

产学研合作人才培养工作委员会是学校设立的专门负责校企合作人才培养的管理机构，管理校内产学研合作人才培养事项及与企业签订合作协议的组织机构。机构人员由各专业教学负责人组成。

机构的主要职责：根据各专业的不同需求，主动加强与行业企业的联系，将企业引导到校企合作中，负责与企业进行产学研合作事项的洽谈，签订合作协议，并负责监督校企合作项目的实施进度。安排学生到企业进行实践实习，并负责协调处理校企合作中出现的各种问题，建立和完善校企合作办学机制。

学校产学研合作管理机构的设置可以借鉴产学研合作教育的成功典范——滑铁卢大学。滑铁卢大学设有专业的合作教育与职业服务中心，拥有员工 100 余名，拥有独立的办公楼，内设 100 个可进行单独面试的小房间，40 个可进行电话或网上交谈的房间，还有可容纳 100 人进行能力展示的报告厅。其提供的专业服务有：收集劳动力市场和劳动人口的统计数据；保持并发展与现有合作企业的联系，开展新的产学研合作教育项目。尽力满足学生的需要，为学生寻求满意的工作；提醒学生在工作学期（学校每学年有三个学期，其中有一个学期为工作学期）的注意事项，指导学生进行前期准备工作，组织关于职业发展的研讨会。在工作学期开始时负责学生的安置工作，并进行阶段性的检查。在工作学期中为学生提供安全和法律方面的咨询服务。为每个学生建立工作学期的成绩档案，并分析合作企业对学生的成绩评价。为学生创业提供市场、财务和法律等相关的咨询服务。

3. 企业建立工程实践教育中心

企业建立产学研合作负责部门，管理企业与学校产学研合作事项。此部门的主要职责有：汇总企业各部门的技术创新需求，积极寻找合适的产学研合作伙伴，与合作伙伴洽谈合作事项并签订协议。工程实践教育中心作为企业产学研合作负责部门的实体，专门负责合作人才培养的事务。工程实践教育中心的主要职责是：安排学生到企业实习的有关事项，提供实习、实训的场所和设备，为学生实践提供便利；选派优秀工程师与高校共同制定培养目标和课程设置；帮助人事部门组织员工进高校培训的相关事宜；负责高校来企业招聘兼职教师的相关事宜；对实习学生进行评价，具有推荐优秀实习生毕业后留职的权力。

9.1.4　建立产学研合作人才培养投资体制

高等工程教育产学研合作人才培养需要有资金支持，为保证校企产学研合作人才培养的实现，就要建立以政府政策引导性投入为牵动，加大高校与企业基础性投入，吸收民间资本的多元化投资体制。

1. 政府政策引导性投入

教育作为公益性事业，其主要经费来源于政府。教育投入是支持一个国家长远发展的基础性投资，更是一种战略性投资，是保证教育事业开展的物质基础。各级政府在加大教育投入的同时，增加高等工程教育产学研合作的专项资金投入。首先，政府以资金投入方向为杠杆，制订支持产学研合作人才培养的计划。在实行各类科技项目推广计划时，优先支持产学研合作人才培养的项目。其次，设立专项基金或贷款，以低利息、低门槛为原则为产学研合作人才培养项目提供贷款。最后，各级政府通过区域政策引导投资方向，加大产学研合作人才培养的支持力度。

2. 企业需求激励性投入

企业与高校、科研院所的性质与分工不同，企业要在产学研合作人才培养中增加效益，再把校企产学研合作创造的利润投入人才培养，以保证产学研合作教育资金的供给。要用经济手段鼓励企业加大产学研合作投资，首先依法让企业享受到参与人才培养所能享受到的优惠政策。其次高校努力提高人才培养质量，培养企业真正需要的人才，使企业感受到用于人才培养的投资能真正得到回报，从而继续加大投资，形成一个良性循环机制。

3. 高校资金与技术资源基础性投入

高校作为产学研合作人才培养的主体，应该加大对人才培养的投入。高校的投入包括两方面：首先是资金上的投入。高校应将教育经费真正地投入人才培养中，为人才培养建设实践基地、配备实验设备、聘请校外导师等，做到专款专用。其次是人才、技术资源上的投入。人才与技术资源是高校具有的战略性资源，高校以技术入股的形式参与产学研合作项目的开发，以获得经济利益继续投入人才培养中，形成一个良性循环，既提高了人才培养质量，又获得了经济利益。

4. 社会民间资本资助性投入

社会团体和民间投入应该成为教育投入的重要组成部分。我国政府应充分调动全社会支持教育事业的积极性，扩大民间资本进入教育投入的渠道。完善社会团体与个人捐赠制度，鼓励爱国人士为教育事业添砖加瓦，发展产学研合作人才培养的风险投资产业。我国目前的民间风险投资产业仍处于起步阶段，所以在建立产学研风险投资的起步阶段，政府要先拿出一部分资金组建风险投资基金，然后逐渐吸纳民间资本进入基金，形成以政府资金拉动民间资本，两者风险共担的格局。建立风险投资公司，对风险资本进行运作，并制定相应的制度规范管理这些风险投资公司。

9.1.5　完善产学研合作中介服务体系

中介机构在产学研合作中起着桥梁作用，是产学研合作中一个不可忽视的重要主体。建立和完善中介服务体系，为产学研合作提供优质的服务，对促进产学研合作人才培养有重要作用。目前，我国的产学研中介体系正处于形成之中，政府需要采取一系列政策措施建立完善校企产学研合作中介服务机构。

1. 完善中介服务机构的法律制度

制定相关政策法规规范管理中介机构，保障中介机构合法权益。对中介机构实行制度化管理，有助于产学研合作人才培养的顺利开展。首先要统一制定中介机构的标准，对获得资格认定的中介机构实行动态管理，定期进行复查，以提高中介机构的技术水准和服务质量。其次要根据实际情况，制定优惠政策和保护措施，对非营利性的中介机构给予经费的支持，对营利性的中介机构给予政策和税收上的优惠。鼓励科技人员创办中介机构，规范和推动我国产学研合作中介机构的建设。

2. 设立专业中介机构

我国可以借鉴日本"协调者"制度，由各省级政府负责，选出省内各高校、科研机构及积极开展合作的企业中的代表，建立一个非营利性的中介机构，为产学研合作提供专业的中介服务。日本产学研的"协调者"制度，是中介机构建设的一个范例。"协调者"制度的运行机制是日本文部省从日本各大学中选聘 1 名（产学研合作业务量大的大学可选 2 名）教授成为专业化协调人才，并以"协调者"的身份配置在相关大学的产学研合作机构内，负责本校的产学研合作业务。这些"协调者"具有跨学科的专业知识、较强的沟通能力和丰富的社会阅历，熟悉学校学术创新前沿情况，了解市场需求和相关法律政策。他们所承担的业务贯穿整个产学研合作过程，包括大学学术创新情况调查、市场与企业需求分析、教职工产学研合作意识的启发与培养、产学研合作合同签订、本校知识财产的管理等。

3. 加强民间中介机构自身建设

中介机构必须要加强自身建设，完善自身服务功能，提高服务质量。中介机构的服务功能除提供信息外，还应包括对产学研合作各方的能力与信誉进行登记，提供科技咨询服务，提供人才培养服务等。中介机构在着眼于与客户建立长期合作关系的基础上，更要加强对专业人员的培训与管理，使自身跟上产学研合作发展的步伐。在加强中介机构自身建设的基础上，根据实际情况对中介机构实行归类合并。扩大中介机构的规模，建立大型的中介集团，引导中介服务成为一门产业，走产业化发展的道路。中介集团的建立将为产学研合作提供从资金、技术到人才的全方位服务。

9.2　高等工程教育产学研合作人才培养机制构建

高等工程教育产学研合作人才培养体制的有效实现需要配套的机制使其运行，以达到预期效果。保证高等工程教育产学研合作人才培养体制良好运行，就要从动力机制、选择机制、运行机制、激励机制等几个方面构建高等工程教育产学研合作人才培养的长效机制。

9.2.1　动力机制

动力机制是促使产学研各方为了共同培养人才走到一起进行合作的推动要素。在市场经济的环境下，校企合作双方的利益是维系校企合作的纽带和驱动合作深入的动力。建立校企深度合作协同培养工程科技人才的机制，要从分析校企双方的合作动机或利益需求着手，在此基础上提出校企合作的组织构架、制度保证、政策激励、经费保障，以及校企合作的运行管理机制。

1. 高校动力机制

高校作为产学研合作共同培养人才的主体，其参与合作的动力是最为强劲的。

（1）政策推动力。为了发展我国的工程教育，国家出台了一系列政策，《国家中长期教育改革和发展规划纲要（2010—2020 年)》、《国家中长期人才发展规划纲要（2010—2020 年)》及《中共中央关于制定国民经济和社会发展第十二个五年规划的建议》中，都指出要通过产学研合作，培养高层次的人才和创新团队。国家这些宏观政策的出台直接推动产学研合作教育。

（2）使命推动力。当今世界是靠科技立足的世界，科技推动经济和国防事业的发展。我们需要诺贝尔奖来证明自己的实力，需要改变国内以劳动力为主要资源的产业结构，科技的发展需要人才，人才的培养需要教育。培养具有创新能力的高科技人才是时代对我国高等教育的要求，也是对全社会的要求，产学研合作成为培养具有创新能力人才的优良途径。高校要承担起这个时代使命，努力寻求与企业的合作，培养出适应创新型国家建设需要的工程科技人才。

（3）需求推动力。实施产学研合作教育是遵循教育规律，合理利用教育环境和资源，在现有环境下提高人才培养质量和办学水平的理性选择。学生需要的知识和技术不是都能在课堂中获得的，创新能力和实践能力的培养离不开真刀实枪的实践环境。任何一所高校都无法提供足够的场所和设备供学生进行实践，所以与企业进行合作，利用企业的场所和设备来培养学生的实践能力，是现代科技人才培养的必经之路。

（4）利益推动力。高校作为公益性的单位，主要以政府的拨款作为经费来源。学校用于日常运作的开支巨大，导致现在很多高校出现了贷款的现象。产学研合作可为高校带来科研经费收入，提高高校的科研和经济实力。技术成果成功转化后，高校还将得到可观的资金回报，可以大大增加学校经费，改善办学条件。

2. 企业动力机制

企业参与产学研合作技术创新的动力来源于产品市场的需求，但是其参与人才培养的主要动力，应该源于对人才的需求。从国内外形式看，工程师短缺已成为共同的难题。目前，发达国家的工程专业生源逐年下降，据统计全球有近40%的雇主面临找不到合适人才的难题。我国企业也同样面临着这一问题，企业参与人才培养，培养自己需要的人才，解决用人难的问题，成为其参与产学研合作人才培养最大的动力。

9.2.2　选择机制

选择机制是指在进行产学研合作共同培养人才时，高校会从自身人才培养目标和特色出发，选择适合自身定位的合作对象和合作模式。

1. 合作对象的选择

高校在对合作对象进行选择时，除要考虑企业的发展规模与诚信外，主要应从自身定位出发。重点院校（由教育部或省部共建的高水平大学及由省、市、自治区管辖的重点大学）在科技人才、科技成果、资金、生源等方面拥有的独特优势，是一般院校所不及的。这些院校侧重基础研究和高技术应用研究，追求的是高、精、尖的技术。在选择合作对象时会选择一些国有大中型企业和科研院所，通过联合培养的人才主要留在企业和科研院所。

地方院校（由省、市、自治区管辖的一般本科院校和高职高专院校）具有立足地方、面向地方、服务地方的特性，其在参与产学研合作共同培养人才时，重点放在应用型科技人才方面，更应该选择地方科技中小型企业。与这些企业合作不仅可以推动地方经济的发展，更重要的是，可以培养出适合地方经济所需要的对口人才，提高学校毕业生的就业率和社会的认可度，从而促进学校自身的健康发展。

2. 合作模式的选择

高校与企业合作培养人才，主要可以分为以下四种模式。

（1）校企合作定向培养人才。这种培养模式是有关行业或单位委托高校进行统一招生或办班，规定学生必修科目，实习期间到委托单位进行实践训练，毕业之后到委托单位参加工作。这种模式适合一些较为艰苦行业或特殊行业的单位实施，通过委托教育，让学生掌握行业所需要的特殊技能。

（2）共建研究生培养基地。随着科技的进步，各行业或地区对工程科技人才的需求日益剧增。有关部门或地区联合高校建立研究生培养基地，共同培养研究生，服务于地方。这种模式适合于经济增长较快、高端人才相对紧缺的地区，适用于快速、大规模培养研究生，毕业后留在地方工作的情况。

（3）高校接受企业委托培养在职人才。企业员工在企业任职多年后，在实际工程中积累了实践经验，为了提高员工学历和对新技术的利用，企业委托合作高校对员工进行在职培训。这是企业利用高校的教师与教学设备和场所，对员工进行增值培训的一种形式。这种人才培养模式适合于有完善培训体系与人才战略眼光的企业选用。

（4）建立博士后工作站。博士后建站单位与企业共同建立博士后培养站点，充分发挥建站单位研究条件好、技术能力强，以及企业项目紧密联系实际、资金雄厚的优势，既为国家造就了高端人才，又为企业带来了经济利益。这种模式适合于资金实力与科技实力都很强的公司选用。

9.2.3　运行机制

运行机制是在产学研合作人才培养中，合作各方真正进行合作而形成的相互关系与作用，属于内部机制，也是机制体系中的核心部分。产学研合作共同培养人才的运行机制内容可以概括为四个共同：校企联合共同制定培养目标；校企联合共同建设课程体系；校企联合共同实施培养过程；校企联合共同评价培养质量。四者的关系是一个循环体系，培养目标的制定为建立课程体系和教学内容提供依据。课程体系的建设，为培养过程的实施提供了行动指南。培养过程的实施成果，交给由双方共建的评价体系进行有效的评价，反馈回来的评价信息将作为调整培养目标的重要依据，并由此开始新循环。校企联合培养人才机制四要素结构如图9-4所示。高校的产学研合作人才培养专项工作委员与企业的工程实践教育中心是合作的实施者，共同协调管理合作的运行。

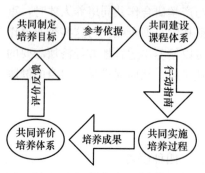

图9-4　产学研合作人才培养
运行机制四要素结构图

1. 校企联合共同制定培养目标

高等工程教育存在的一个严重问题，即高校培养出来的毕业生在质量上无法满足企业的要求。我国作为高等工程教育大国，每年培养出大批的工科毕业生，而企业却经常招聘不到所需的人才。造成这一错位现象的原因是企业的技术和设备在不断地更新与进步，高校制定的培养目标却不能及时作出相应的调整，其独自制定的培养目标不能适应企业所需人才的规格。如果培养目标的制定有了企业的参与，企业提出想要什么样的人才，高校有的放矢地培养，那就不会再出现毕业生就业难、企业招人难的矛盾了。此外，高校和企业的合作关系要有长远性和稳定性，如果这种合作关系只是暂时的、可随意终止的，那么共同制定培养目标反而会变成一件费时费力又无效的工作。

组成高校产学研合作人才培养工作委员会的各学科带头人要深入调查企业的需求，组织校内教师与企业兼职教师共同制定各专业的培养目标方案。再交由企业工程实践教育中心，由企业组织工程师对培养目标的方案提出修改建议。高校根据反馈意见再作出相应修改后，确定各专业人才培养目标。

2. 校企联合共同建设课程体系

根据培养目标，高校与企业共同建设课程体系和教学内容。企业的产品研发、生产、销售、售后服务，各个环节需要的人才类型，需要人才掌握的技能都不尽相同，共同建设课程体系和教学内容的目的就是要把企业的需求反映到其中。在以往的课程设置中，高校往往仅是了解给予学生更多实践机会的重要性，但考虑到学生实验实习场所有限、学校经费的短缺、指导教师的缺乏等原因而将实践课程缩减，或者只是流于形式。校企联合共同建设课程体系和教学内容能从根本上改变这种局面。高校派出有经验的教师与企业的工程师一起就学生应学习的基础知识、专业技能进行讨论，将课程设置的必要性和可行性具体地体现到教学大纲中。经过双方的协商探讨后建设的课程体系和教学内容必然是双方都认可并乐于接受的，这为以后双方在人才培养过程中协同育人奠定了基础。共同设置的课程分为高校内部的理论课程和企业的工程实训。学生在掌握了一定的基础知识后，去企业或工程实践教育中心实习一年，对理论知识进行实践检验，从而破解了毕业后不能适应工作岗位的难题。

3. 校企联合共同实施培养过程

培养过程的实施更需要高校和企业共同执行与监督。人才培养离不开教师，而当前的工程教育在师资方面存在严重的问题。博士毕业生直接进入高校教授基础课、专业课的现象很常见，然而一个缺乏实践经验的老师并不能对学生的动手能力的培养起到积极作用。培养创新型工程科技人才，需要建设一支具有一定工程经验的高水平专兼职教师队伍，双导师制必将成为工程教育教师队伍构成主流。校企联合培养中，学生在学校学习专业知识的阶段主要由学校教师对其进行指导，企业工程师作为兼职教师到学校为学生讲解特定的课程并开设相关讲座，为他们步入企业实习做好准备。学生在企业进行实践学习的阶段主要由企业的导师对他们进行辅导。为了加强学校教师的实践教学能力，在聘请工程类学科教师时应看重其实践工作经历。学校可以分批次、分类别地选送青年教师到企业中的工程技术岗位上，经过一到两年的锻炼，积累工程实践经验。企业中有很多具有丰富工程实践经验的工程技术人才，可从中选择那些适合任教的技术人员和管理人员，负责专业课的教学指导任务，或作为高年级学生的专业导师，指导其毕业设计等。改革教师的聘任考核和培训制度，在聘任和考核工程类学科教师时，评价标准应侧重于工程项目的设计、专利的申请和产学研合作等方面的业绩，而淡化论文数量等理论研究方面成果。

此外，人才培养还需要场所及其配套的人力、物力。高校要谋求政府和企业的帮助，与企业共同建立高水准的校内外实践基地。在校内，建立设备水平达到或超过产业水平的高水准实践基地。学生可以在实践基地内进行技能培训、课题研究、实验、实习、仿真生产过程等实践训练，学校也可在此对企业员工进行培训。在校外，学校与企业共建工程实践教育中心，校内导师与企业技术人员一起完成学生的实践教育。

4. 校企联合共同评价培养质量

培养体系的评价作为人才培养质量的反馈，是对人才培养目标进行调整和优化的依据，在整个培养体系中起到重要的作用。通过分析学生参与联合培养前后在实践能力、项目能力上的变化，观察参与高校教师与学生、企业实践教师的态度与热情，调查企业技术人员对学生的满意度等，共同分析评价结果，从而对培养体系作出相应调整。

改变试卷考试单一的考核模式，根据课程类别的不同，可采用分析设计报告、现场操作实践、项目开发、答辩等多种考核方式，实现由原来侧重考查学生对知识点的掌握转变为着重考查学生的知识整合运用能力、工程实践能力和创新能力。注重对毕业生就业情况的回访，评价社会对毕业生的认可度。

推行资格认证与行业标准制度。建立与国际接轨的工程师认证体系，有利于确定工程教育的培养目标、人才培养质量标准和工科专业基本规范。建立行业标准保障人才培养直接面向行业产业。例如，在卓越工程师培养计划中，教育部联合行业部门制定卓越计划培养标准。此标准分为通用标准和行业专业标准，其中通用标准规定各类工程型人才培养应达到的基本要求；行业专业标准依据通用标准的要求制定，规定行业领域内具体专业的工程型人才培养应达到的基本要求。这些标准的建立将能够对工程教育质量评价提供基本的依据。

9.2.4　激励机制

激励机制是指管理者依据法律法规及人才培养的价值取向和文化环境等，对管理对象的行为从物质、精神等方面进行激发和鼓励以使其继续发展的机制。产学研合作培养人才的激励机制一旦形成，就会作用于这个合作系统，影响其发展。建立正向的激励机制，可助推产学研合作又好又快地发展。

1. 教师激励

首先要做好对校内教师的激励工作，激励要面向所有教师。激励要分为不同的层次，对不同层次的教师实施不同的激励，首先是通过调查了解每位教师的动力与压力，挖掘其潜力，设定可以达到的目标。其次是对校外导师的激励工作，虽然校外导师是从企业聘请的专为培养学生实践能力的兼职教师，对他们的激励也极为重要。学校和企业对他们施以物质和精神上的激励，能增加他们培养学生的热情。

做好教师的激励工作，改革教师评价制度是激励机制的关键。教师的评价制度早已成为高校分配制度改革的热点问题。我国高校教师评价导向引导教师重论文、科研奖励、纵向课题，而轻教学、实践。在对教师进行评价时，显现出唯学术化的倾向。发表的论文数量成为教师评价的一大指标，导致教师渐渐远离工程性强、周期较长而不适合发表理论文章的项目。工程教育的教师开始远离工程、远离实践，转而热衷于从事理论研究。改革教师评价制度，建立教学能力、实践能力、社会服务能力并重的高等工程教育教师评价制度。

2. 学生激励

对参与产学研合作培养的学生也要给予一定的激励。对积极参与企业实习的学生，企业除支付一定报酬外，还可以给予毕业优先录用的正面激励。对于参与校企产学合作培养计划的学生，政府、企业与学校均可给予适当的支持。在学生中表明政府、学校、企业支持产学研合作的态度，为学生积极参与产学研合作人才培养奠定基础。

3. 企业激励

企业参与产学研合作的最大目的是盈利，对企业进行激励可以提高企业的热情。激励举措可主要体现在：高校优秀人才优先输送，政府对企业优惠政策支持，将企业的利益落到实处。企业参与产学研合作的积极性主要来自于其能从合作高校中得到的人才和科技成果。高校要对企业的投入给予实实在在的回报，才能保证与企业的稳固合作。在签订产学研合作协议中，明确双方的利益分配问题。在合作过程中，学校为企业员工开展继续教育，高校教授与企业技术人员互聘交流等，增加双方的信任感，为产学研合作稳定高效的开展提供保障。

9.3　产学研合作人才培养体制机制实施

产学研合作教育理念如何才能转变为高等工程教育的具体实践，创新型工程科技人才培养体系如何才能在具体的教育实践中有效运行，是当前创新型工程科技人才培养的关键。

9.3.1　学校内部环境建设

1. 转变教育观念和明确培养目标

培养创新型工程科技人才是新兴工业化发展和创新型国家建设对高等工程教育提出的时代要求，也是我国高等工程教育寻求自身发展的必然选择。对学校内部而言，首先就要转变传统的知识教育理念，以培养工程科技人才的创新能力和工程实践能力为主要内容，培养工程科技人才的综合素质。其次要将培养学生的创新能力和工程实践能力的目标融入学校整体工作当中，落实到学校教育的各个环节中，而不是单纯地靠开设几门创新课程和实践课程来实施创新型工程科技人才培养，不让素质教育流于形式。此外，培养创新型的工程科技人才还要转变学生传统被动接受教育的思想，让学生清醒地认识到当今社会对工程科技人才的要求，增强竞争意识，主动加强自身能力建设。

2. 主动寻求与企业和产业界的合作机会

近年来，国家出台了一些支持鼓励高校与企业开展产学研合作教育的政策，但是从现实情况来看，高校和产业界之间真正的合作，还有更深层次的问题需要研究和探索。这其中不乏企业的问题，但也存在学校自身认识的问题。我国传统的学校建设上，学校过分依赖政府的管理，并没从根本上主动寻求发展，因此长期淡化与产业界的联系。此外，在市场经济环境下，企业技术创新的竞争能力强于高校，高校科技创新成果和解决现实生产中问题的能力弱，没有过硬的优势资源吸引企业合作，也是其中重要的原因。

学校特色和教育质量是其发展的生命线。因此，学校在发展之初就应该明确自己的定位，在专业建设上不求面面俱到而求特色发展，结合地方经济和社会需求，形成自己的办学特色和优势专业。同时，学校作为实施产学研合作教育的主体，应该主动去寻求与企业和产业界的合作机会，聘请行业专家对专业建设建言献策，邀请企业工程师共同参与课程建设、人才培养方案的制订、实践体系建设等人才培养的工作。

3. 建立需求为导向的产学研合作长效机制

需求是推动一切改革的根本动力，对于合作双方，彼此需要互惠双赢才是保障长久合作的动力。对于用人单位，对优秀人才的需求是参与人才培养的内驱力。能够让合作企业优先选择优秀毕业生是满足企业需求、吸引企业积极参与人才培养的有效动力。首先，加强合作企业在学校内部的影响力，建立企业品牌，增加企业在学生中的吸引力。其次，赋予合作企业优先选择权，与学校有长期合作的企业可以在学校内优先选择优秀的毕业生，与之签订就业合同。再次，学校要规范毕业生就业协议的有效管理工作，提升学校和学生的就业诚信，减少毁约现象和离职率，保证企业能够真正招聘到优秀的毕业生。

4. 推进产学研合作教育组织建设

制度化的组织形式不仅是推行产学研合作教育的需要，也是创新型工程科技人才培养体系持续发展的需要。高校内要建立专门的产学研合作教育促进机构，由学校和企业双方共同组成。产学研合作教育促进机构的主要责任是及时掌握政府出台的有关产学研合作的各项政策和信息，并负责制定学校产学研合作的相关政策和推进措施。协调学校和企业双方的合作工作，与企业及时沟通交流，不断改进双方的合作工作。建立强有力的产学研合作教育研究小组，负责研究产学研合作教育的相关理论，负责全校的产学研合作工作的指导、督促、实施和评估。指导成立有利于师生创新创业教育活动的组织和社团，并以组织和社团为载体开展创新实践活动。定期举办关于创新、实践、创业活动交流会，邀请专家与学生分享创新创业经验，指导学生的具体实践活动，力争通过组织各种活动营造良好的校园氛围，鼓励大家创新创业，走向社会生产实践第一线。

9.3.2　社会外部环境建设

1. 发挥政府宏观调控职能促进产学研合作教育发展

为保证产学研合作教育的健康发展，各级政府需要设立专门的产学研合作教育组织管理协调机构，以推动和监督产学研合作教育工作的具体落实。其职责主要有以下三个方面：

（1）联合政府部门、高校和科研机构，开展关于产学研合作教育相关理论的研究与政策制定，提出切实可行的政策措施和管理方法，做到资金和政策的配套投入，提高整体投资效果，促进产学研合作教育的顺利开展。

（2）加强政策和信息服务。组织对市场人才需求和产业发展需求进行调研，对未来人才类型和专业的需求进行评估预测，为高校提供信息参考，引导人才培养目标定位和专业建设，同时经常向社会发布高校学科建设情况、人才市场信息、各行业就业率等信息，为学校发展、学生择校和用人单位招聘提供信息指导。

（3）联合经济、教育、科技等相关部门，协调产业界、高校和科研机构三方的利益，在资金投入和合作形式等具体问题上给予管理和协调，督促每一个产学研合作教育环节的落实工作。

以政策为导向推动产学研合作教育的开展，制定完善的产学研合作教育相关政策法规，创造产学研合作教育的实施环境。例如，政府可以制定专门的关于产学研合作教育的法律法规，健全产学研合作机构的规章制度，规定合作双方的权利和义务，保证合作双方有法可依、有章可循地行使自己的权利，履行自己的职责，保护自己的权益，使得产学研合作教育得以稳定持续发展。很多中小型企业自身需要面对生存压力，因此很多企业不愿接受高校的学生进入企业进行生产实习，担心扰乱企业的正常生产秩序，影响经济效益。同时，学生进入企业实习，企业要发给学生一定的薪水，很多企业不愿或缺乏实力这样做。同样，学校也要解决师生参加生产实习所需的必要经费，这些资金问题都需要政府的协调。为此，政府可以通过一些政策优惠，如减免税费等政策或者直接以资金补偿的方式，给予企业在资金上的扶持，以激励企业参与产学研合作教育，为学生提供实习岗位。另外，政府还可以通过设立专项的风险资金等项目，来减少企业的后顾之忧。由于企业和学校在科技成果上的价值取向存在不同，企业通过与学校和科研机构合作来获得技术支持，获得经济效益。学校和科研机构在科研成果上往往偏重于其学术价值，忽略了经济效益，导致企业不敢投资于学校和科研机构合作研究项目。政府设立专门的风险资金，帮助企业减少风险损失，就会激励企业积极地投入产学研合作教育中。

2. 企业转变观念积极参与产学研合作教育

产学研合作教育的发展仅靠外部压力是不能持久进行的，必须激发产学研合作双方的内在动力，才能真正达到合作双赢的目的。学校作为人才培养的主体已经意识到产学研合作教育的重要性，通过产学研合作教育不仅可以培养出更符合市场需要的人才，而且可以获得企业的资金支持，毕业生获得社会的认可又可以吸引更多优秀的生源，这是一个可持续发展的良性循环。对于企业来说，同样可以从中获利。企业通过产学研合作教育参与到人才培养工作中，有了一定的发言权，就可以引导人才培养方向，培养符合自己需要的人才，解决人才不对口的情况。同时，企业与学校和科研机构合作进行技术创新研究，相当于建立了一个强大的"智力资源库"，不仅可以解决在生产过程中遇到的问题，也可以优先享受到新的科技成果。另外，企业通过为在校学生提供实习机会，可以更快、更可靠地找到合适的雇员，降低企业对新进员工的岗前培训投入，缩短新员工入职后的适用期。

3. 营造良好社会氛围共同承担人才培养责任

教育是一项公共事业性的系统工程，它与其他社会子系统密切相关。高等工程教育承担着为社会经济发展和科技进步输送人才的任务，但是作为一项公共事业，人才培养不仅是高校的责任，而且是全社会的共同责任。在为产学研合作教育提供法律保障的同时，更应该加大媒体舆论的宣传，让每一个公民都意识到参与教育事业、共担人才培养的责任。大力宣传培养工程科技人才创新精神和实践能力的教育理念，营造整体的创新环境，为创新型人才培养提供文化保障，为产学研合作教育的健康发展建言献策，贡献力量。

参 考 文 献

邓秋实，张静雅，崔玉祥. 2013. 破解校企合作体制机制壁垒的探析 [C]. 第三届高等教育理工类课程教育研讨会，哈尔滨：135-138

都昌满. 2010. 高校学生实习：问题分析与解决途径 [J]. 高等工程教育研究，(5)：144-149

刘琳娜，张彦通. 2011. 加强校企合作，保障高等工程继续鉴于的实效性 [J]. 高等工程教育，(3)：93-96

潘懋元. 2008. 产学研合作教育的几个理论问题 [J]. 中国大学教学，(3)：15-16

熊惠平. 2010. 两手并用、三方联动、八环齐抓——高技能人才动态调动机制的构建 [J]. 高等工程教育研究，(2)：66-69

王伯庆，门垚. 2010. 我国工程类毕业生就业现状调查分析 [J]. 高等工程教育研究，(3)：47-51

姚锐. 2010. 新千年美国高等教育国际化动向及其政策背景 [J]. 高等工程教育研究，(1)：112-116

查建中. 2010. 研究型大学必须改革本科教育以培养大批创新人才——兼谈"创新国家"的人力资源建设 [J]. 高等工程教育研究，(3)：14-25

中国工程院"创新人才"项目组. 2010. 走向创新——创新型工程科技人才培养研究 [J]. 高等工程教育研究，(1)：1-19

朱超云. 2012. 高等工程教育产学研合作人才培养体制与机制研究 [D]. 哈尔滨：哈尔滨理工大学

第 10 章　高等工程教育教师培养体系构建

高等工程教育的本质要求和根本使命是培养创新型工程科技人才。高等工程教育教师是实现高等工程教育培养目标最重要的资源，高等工程教育教师培养是提高高等工程教育质量的最关键环节。按照高等工程教育人才培养目标，确立由多维知识结构、工程实践能力、创新意识与创新能力、社会责任感、社会适应能力、道德品质和身心素质等组成的高等工程教育教师的特征规格；构建以校企产学研合作教育为主要培养途径，由高等工程教育教师遴选、专业知识培养、教学基本功训练、工程实践能力培养等四个方面组成的高等工程教育教师培养体系。

10.1　高等工程教育教师的特征规格

根据我国高等工程教育教师培养的发展趋势和我国工业化发展的实际要求，高等工程教育教师除了必须具备大学教师的基本素质外，还应具备基本的行业企业工程师拥有的专业素质。"大学教师＋工程师＝工程教育教师"的模式应该作为对高等工程教育教师的总体要求。具体而言，高等工程教育教师的特征规格核心素质包括扎实的专业基础知识、突出的工程实践能力、敏锐的改革创新意识。拓展素质包括社会适应能力、道德品质、身心素质。

10.1.1　多维知识结构

工程问题的创新性解决往往交织着科技、经济、环境、实用、文化等多种复杂因素，高等工程教育教师的知识结构应为"T"形结构，精通专业知识的同时具有宽广的多学科交叉知识结构。

1. 专业知识

高等工程教育的知识结构主要由自然科学知识和工程科学知识构成，专业知识主要由基础知识、专业基础和专业技术三个方面构成。

(1) 基础知识。教师应掌握扎实的自然科学知识，包括数学、物理、化学、生物、天文、地理和地质、力学、应用科学等基础学科的知识。

(2) 专业基础。教师应掌握本专业学科及相关学科所必需的物理、化学基础及一定的系统论、方法论知识、工程基础知识、工程科学原理、应用技术理论等专业技术知识。具体包括新材料、新工艺、新技术、新设备、先进制造系统、相关技术标准、行业规范与法律条文等。

（3）专业技术。教师应掌握本专业领域的工程技术和整个工程项目所涉及的技术，并了解其标准、政策和相关法律法规，掌握现代科学技术前沿知识。具体包括科技创新中的原创知识、集成创新的知识、产品创新设计的知识和市场开发与管理的相关知识等。另外，教师还应了解与本专业领域相关的战略性新兴交叉学科知识。

2. 人文社会科学知识

人文社会科学知识包括文史、哲学、经济学、管理学、市场营销、法律学、环境保护等。

（1）文史知识。包括中国传统文化和历史、世界文化、工程文化知识。教师具备深厚的文化素养不仅能提高自身人文素质和情商，还能够拓展思维方式，学会从多角度看待问题，同时多学科知识的多维交叉更有利于发现创新点，获得创造性的成果。

（2）哲学知识。包括马克思、列宁、毛泽东思想的基本观点和方法、自然辩证法、科学方法论的主要观点和方法等。这将有利于教师在科研、教学过程中选择科学的方向和方法。

（3）管理学知识。包括项目管理、人事管理、企业管理等方面的知识。

3. 工具性知识

工具性知识是帮助人们解决现实生活中或者专业领域内实际问题的知识。在高等工程教育领域中，外语和计算机知识是教师进行教学、科研所必需的最基本的工具性知识，能够帮助教师捕捉到国内外专业研究的最新成果。

英语是国际通用语言，教师首先应掌握英语知识，除此之外，还应熟悉一门其他国家的语言知识。应具有扎实的语言基础，掌握良好的语言学习方法，具有较强的听、说、读、写、译能力，能够进行顺畅的沟通交流。教师还应熟悉各类计算机应用软件、至少一种高级语言，同时掌握计算机网络的基本知识，具有使用和管理计算机的能力。

4. 教育科学理论知识

高等工程教育教师的特性要求教师应具备教育学、教育心理学等知识。

（1）教育学知识。高等教育学知识包括教育思想、教育理念、教学方法、教学手段、教学组织形式等。教师应树立以学生为中心、创新为核心的教育理念，充分挖掘学生的潜能，引导学生学习方式由被动向主动转变，激发学生创新意识和创新精神。教师应采用研究性的教学方法，通过案例教学、情景教学或解决策略教学法，将工程实际问题与理论学习结合，既注重知识传授，又注重动手能力的培养。教师不仅应掌握经典的教学手段，如课堂演示、课后实验，还应掌握现代化的教学手段，如录像、多媒体、模拟教学、远程教育、网上教育等电化教学手段。教师应能够根据教学内容的难易程度和每个大学生的情况，有选择地采用个别教学、班级授课、分组教学、现场教学组织形式，有效地从事教学活动，使学生更好地理解所学知识。

（2）教育心理学知识。教师应掌握大学生心理学，大学生身心发展的特点和个性、品德形成的一般规律以及如何根据这些特点和规律教育学生。

（3）教学相关知识。教师应具有结合企业的生产实际自己动手制作实验教具的知识；编写实训教材和指导书的知识；建立与实践教学各个环节相适应的课程体系知识。

5. 教学实践知识

教师的实践性知识即通常所说的教学经验，是指教师为实现特定的教学目的所必备的掌控课堂节奏等一系列相关知识。教师在实践教学过程中应掌握和预测学生在实践过程中遇到的问题，并对学生的心理和思想状态进行分析，最后能够确定自己在不同的教学情境中应做出的反应。教师还要注重学科教学法知识。教师根据学科的特点，运用特殊的教学方法和手段，对具体内容进行设计和实施。其中，教学经验丰富的教师对学生实践中可能遇到的难点会做初步预测，在真正实践过程中将难点分散，在学生实际操过程中进行详解，指导学生完成来自企业的工程项目，提高学生的实践能力。

10.1.2 工程实践能力

工程实践能力包括理论应用能力、设计操作能力、专业运用能力和工程综合能力四个方面。

1. 理论应用能力

根据高等工程教育实践性和创新性强的特点，教师要能够理解专业基本概念、基本理论，并能有效运用于实践。具有针对实际工程问题进行有效探索和实验，通过知识的具体应用，使专业知识变为专业技能的能力。

2. 设计操作能力

教师应利用现代的工程设计理念和先进的工程设计方法及技术手段，结合所学专业知识，对获取的信息和资源进行分析和解释。独立主持和承担复杂工程项目设计实施，按照市场需要开发新产品。同时，教师应熟悉本专业领域新的工艺设备材料、先进制造系统和工程技术，能够熟练操作本专业领域的基础设备。

3. 专业运用能力

教师应熟悉工程现场的运作方式和管理模式，了解先进工程设备和技术的使用，掌握应对实际工程问题的有效方式，积累丰富的解决工程问题的经验，同时与工业企业保持密切的合作关系。教师牢固地掌握工程概念、工程常识和工程原理，熟悉用工程思维的方法思考和分析各种工程问题，学会选择在工程实践中行之有效的方法解决实际工程问题。

4. 工程综合能力

完成一个现代技术研究、工业产品设计或工程项目时，要综合考虑多方面因素，不能仅从工程技术角度来考虑，还应从该技术对经济、社会、环境、法律和政策等方面造成的影响来考虑。教师应能够处理好工业产品或项目与社会环境、生态平衡保持和谐、可持续发展的关系，使其达到技术与实际的完美结合。

10.1.3　创新意识与创新能力

高等工程教育教师的创新能力主要由知识创新能力、技术创新能力、教学创新能力等几个方面组成。

1. 知识创新能力

知识创新能力是指运用科学研究（基础研究和应用研究）的方法对基础科学、技术应用与开发科学进行创新并取得优秀的技术创新成果的过程。教师的知识结构具有复合性和学科交叉性，通过强烈的创新意识、创新内驱力、科学的价值观、优秀的创新品质和个性，以及新颖独特的创造性思维，在原有知识的基础上创造新的理论知识。

2. 技术创新能力

教师要具备技术创新能力，首先应具备创新意识。善思、善问、勤奋、坚韧，勇于探索，对创新活动有热情、有信心，勇往直前。其次应具备创新思维。有一定的抽象思维、形象思维和逻辑思维能力，善于进行独创，发现新问题、研究新情况、提出新观点。

3. 教学创新能力

教学创新能力突出了教学过程中的实效性、求异性和新颖性。具体是指教师在教学过程中，制定新的教学目标和教学方案，运用新的教学观念、教学方法，如案例教学法、情景教学法等，把教学与工程科技成果结合起来，引导学生自觉注重把理论问题与现场实际相结合，加深对工程科学的理解和运用。

10.1.4 工程教育教学能力

教师的工程教育教学能力主要体现在工程教育理念、工程教育研究能力、工程教学学术水平、工程实践教学能力等四个方面。

1. 工程教育理念

工程教育理念即树立以学生为中心的教育思想，充分发挥学生的主观能动性，引导学生从继承性学习走向探究发现式学习；要树立以创新为核心的教育思想，把培养和提升学生的创新能力和工程实践能力作为工程科技人才培养的重要内容。

2. 工程教育研究能力

工程教育研究能力是指既要善于发现、研究和解决工程教育中出现的理论和实际问题；又要善于分析比较、学习和借鉴国内外同类型高校在工程教育方面先进的教育思想、教学理念、教学手段和教学方式；还能根据工程教育的发展趋势，预见性地提出工程教育的改革思路和具体措施。

3. 工程教学学术水平

工程教学学术水平反映在能将高深的工程原理、工程技术和工程科学理论融入教学中，通过教学内容的组织、教学方法的选择和教学手段的采用，使学生不仅深刻理解和掌握知识，而且能够运用和创新知识；要善于采用各种研究性教学方法，通过问题、案例或项目将工程实际与理论学习密切结合起来，使学生在知识、能力和素质方面都得到提高。

4. 工程实践教学能力

工程实践教学能力即能够通过各种验证性、设计性和综合性实验教学，提高学生的实际动手能力。通过运用工程原理和工程技术发现、分析和解决工程实际问题，训练学生的工程实践能力，组织学生参加并指导学生完成源于企业的工程项目的研究，培养学生的工程研究能力。具有娴熟的教学组织和管理能力，善于根据课程和教学内容以及学生的具体情况，采用有效的组织形式和管理手段开展教学活动，使学生在教与学的过程中取得理想的学习效果。

10.1.5　社会责任感与敬业精神

1. 社会责任感

社会责任感包括工作与专业态度，高等工程教育教师应具备现代工程意识，人与自然和谐共处的环境意识和良好的安全和服务意识，树立可持续发展的大工程观，良好的工程安全、环境、职业健康等现代工程意识和伦理道德。需要教师具有坚定的政治信仰，诚信守法，脚踏实地，勇于承担责任和风险。教师要有为国家、社会和人民服务的意识，遵守社会公德和职业道德，并将其作为自己应尽的责任。教师要具备强烈的开拓意识、敢于冒险的创新精神、主动从事科技创新的意识和开阔的视野。

2. 敬业精神和职业道德

敬业精神和职业道德体现着教师完成工程科技人才培养任务的意志、信念和行为准则，主要反映在四个方面：一是强烈的事业心和责任感。即积极投身于工程教育工作，将教书育人作为崇高事业，将完成好工程科技人才培养作为神圣使命。二是严谨求实的科学态度和精益求精的工作作风。即对待工程教育工作一丝不苟、尽职尽责、求真务实，将提高工程科技人才培养水平和质量作为教学工作目标。三是勇于探索的治学精神和追求卓越的创新意识。即乐于奉献、不安于现状、善于批判性思维，关注经济社会的发展及适应其对工程教育的新要求，努力寻求教育教学思想和方式的转变和突破，积极开展人才培养模式的改革和创新。四是为人师表的行为举止和言传身教的育人风范。即有健康的心理素质、高尚的人格品位、宽阔的心胸气量和坚定的理想信念，要成为学生道德品质修养的榜样、精神文明的典范和举手投足的楷模。

3. 思想品质与身心素质

高等工程教育教师的特性决定了其既应以优秀的思想品德潜移默化地熏陶感染学生，又要具备健康的身心素质以保障教育教学工作的顺利开展。高等工程教育教师应将教书育人看作一项伟大的事业，增强教书育人的责任感和使命感，积极投身于高等工程教育的实际工作中。在教书育人时应遵循教育规律，根据学生的不同情况进行教学。同时，高等工程教育教师应对他们的行为、品德进行多方教育，以自己的人格魅力和学识魅力影响学生，尊重学生人格，关爱学生，对学生严慈相济，做学生的良师益友，引导学生朝着正确的方向健康成长。

高等工程教育教师应具有健全的体魄、旺盛的精力、健康的心理素质、高尚的精神风貌和良好的情感素质，具有积极向上、乐观、大度、灵活、坦荡的胸怀，具有较强的意志力，具有攻坚克难的耐力，具有"止于至善"的卓越追求和承受挫折的能力，在竞争中保持良好心态。

10.1.6 社会适应能力

社会适应能力是指高等工程教育教师所应具备的适应工作岗位和社会环境的能力，包括以下五个方面。

1. 终身学习能力

教师的终身学习不仅包括学习、更新本学科的专业知识，而且包括补充相关学科的"边缘知识"。教师应具有主动学习的意识，勤学、多思、善问的学习品质，善于运用学习策略的能力，利用网络、书籍以及在与他人交流中学习知识技术的能力。

2. 职业规划意识

教师应对自己的能力、性格、职业倾向进行全面的了解，科学做好职业规划，准确定位自己，并在此基础上，对自己的职业生涯有长远规划。教师有了长远的规划，在从事教学、科研过程中，目标性、方向性更加明确，有利于教师自身素质的不断提高。

3. 团队协作精神

团队协作精神是指建立在团队基础之上，每一个教学团队里的团队成员都发挥个体最大优势，共同合作，实现目标。每一个教学团队里的成员都应该意识到团队协作的重要性，在不断增强个人能力的同时培养与其他团队成员协调沟通的能力，既要维持团队凝聚力，又要保持自己独立的思维能力。在高等工程教育教师的教学过程中，单靠一个人的力量是远远不够的，需要一个强大的教师合作团队共同合作，研讨最新的教学方法、教学内容、教学组织形式等，以确保学生的能力和素质得到提高。

4. 时间管理能力

一个人不可能只做一件事情，这就需要对整体工作进行具体规划，分清问题的主次和轻重缓急，合理分配工作时间，提高工作效率。高等工程教育教师时间管理能力是指其在实际工作中管理教与学时间的能力，即在高质量完成教学工作的同时又能够保证充足的时间进行提高学习，不断吸取前沿知识。

5. 表达和沟通能力

教师不仅应具备广博的专业知识，还要能够科学育人。这就要求教师要具有优美的教学语言能力、清晰流畅的表达和沟通能力。教学语言能力即教师的语言精准规范，富有严谨性；语调抑扬顿挫，富有感染力；逻辑思维清晰，富有条理性；答疑深入浅出，富有启发性。清晰流畅的表达既是教师保持团队有效沟通的必要条件，也是表现自我、展示研究成果的必备条件。教师应掌握准确表达自己的语言技巧、基本的写作技巧、有效沟通的技巧。具体包括口头表达和书面表达能力。口头表达能力是指高等工程教育教师准确清晰地传授知识的能力和实践操作中演示讲解的能力。书面表达能力主要指高等工程教育教师科研论文、教研论文的写作能力。

10.2　高等工程教育教师培养的基本途径

高水平的教师队伍是提高高等工程教育质量，培养创新型工程科技人才的关键。高等工程教育教师培训的基本途径就是通过校企合作建设一支"双师型"结构的教师队伍，为学校和企业的工程技术人员提供互动交流培训的平台，企业为教师提供工程实践的平台，让教师真正接触工程实践，并参与企业的技术研发和改造，既提高自身的科研能力和工程实践能力，又为企业的技术创新提供支持。

10.2.1　高等工程教育教师的遴选与聘任

工科教师队伍建设直接关系到工程科技人才培养质量，因此应该将工程教育教师规格要求作为教师遴选聘任基本条件和教师在职培养目标要求。

1. 遴选聘任原则

（1）科学性。高校应建立校内专职教师与企业兼职教师相结合的高水平的高等工程教育师资队伍。高等工程教育教师的遴选标准具体包括对高等工程教育教师知识、能力和素质结构、教师队伍结构、教师职称结构和教师人才储备结构等方面。同时，要科学合理地设置专兼职教师的数量比例结构。

（2）开放性。高校在遴选高等工程教育教师时，应面向国内外的企业、行业、社会和科研单位的优秀高级工程技术人员、工程师和高层管理人员。通过现场招聘会和人才招聘网络平台上发布招聘信息等方式，多方了解人才信息、主动联系、见面洽谈，最终遴选符合标准的国内外高等工程教育教师。

2. 遴选聘任形式

（1）专职与兼职结合。校内专职教师面向国内知名高校和科研院所大力引进工程实践能力突出的博士、高级技术人员和高层管理人员。包括具有工程背景且从企业博士后工作站出站的博士后、具有至少二年企业工作经验的国内外著名高校的工程专业博士、拥有工程师专业资格证的人员、具有海外工程经历的工程博士或工科留学人员、具有卓越工程能力的企业高级工程技术人员和高层管理人员。

企业兼职教师实行聘任制。高校应取得其所在企业的支持，聘请企业工程领域、社会和行业领域有成就和影响力的专家和高层管理人员，特别是具有博士学位或具有副高以上专业技术职称的专家，邀请他们参与人才培养全过程，参加高校学生的专业课程教学、毕业设计、企业实践训练等。他们的聘期可根据培养人才的学制制定。

（2）长期与短期结合。对于校内专职教师而言，若符合遴选标准，高校应与其签订长期聘用合同。对于校外兼职教师而言，高校应根据其在企业、行业的工作需要，确定其在高校任教的时间。

针对兼职教师流动性强的特点，高校应储备更多数量的专职教师，以备不时之需。储备的教师应主要针对希望进入高校教师队伍的不具备高级专业技术职务的应届优秀博士生。对于这些优秀博士生，高校应先纳入师资博士后科研工作站进行培养，经过两年研究工作，出站考核合格，并经双向选择后才能正式聘为教师。

3. 遴选聘任标准

高等工科院校在遴选中青年教师时，一方面应注重其教学基本功和品德素质，另一方面要注重其工程实践经验和工程能力。

（1）专职教师遴选。总体要求：具有高尚的道德情操、严谨的治学风范和健全的人格魅力，懂得高等教育教学的基本规律，具有较高的科学研究水平和学术造诣，具有很强的工程设计能力和工程研发能力。一般应具有硕士以上学位，取得国家规定的高校教师资格证，具有行业任职资格证；应具有至少一年以上的企业、设计院、研究所的工作实践经历。

（2）兼职教师遴选。总体要求：具有相关专业资格证书、丰富的实践经验、较强的工程能力、较好的语言表达和交流沟通能力、懂得教育科学。企业授课教师：具有扎实的理论知识和教育教学能力，在专业相关的企业工作五年以上、具备基本的技术表达能力，有过授课或讲座报告的经历，经验丰富且有中级以上职称的技术和管理骨干。企业实习指导教师应以生产一线工程能力强且承担过工程产品或技术生产、开发、设计和创新工作的高级工程师为主。企业毕业设计指导教师要责任心强、工程经验丰富，具有扎实的理论知识和教育教学能力、较为深厚宽广的工程实践背景，具有大学本科以上学历的高级工程师或企业中高层领导。

4. 试用期及考核

在上岗之前，高校应对遴选出的专职教师进行知识、能力和素质等各方面的再次全面评估，结合他们将要承担的教学工作，制订出具体的培养计划并予以落实。

根据每位专职教师的具体情况，要求其岗前接受至少一年半的培训。该岗前培训和锻炼总体按 1＋0.5 模式推行，即在一年内担任 3 位本专业教授的助教、参加教师培训活动，半年到工厂、企业或大型工地进行工程实践。参加的岗前培训课程包括师德教育、成才教育、教学基本规范、现代教育技术、图书资料使用、说课与备课、教师礼仪等。通过岗前培训的考核或测试，才能担任专业课程的主讲教师。

高校应充分了解已遴选出的企业兼职教师的具体情况，并对其进行评价。例如，教学基本功是否具备、专业理论知识是否系统、所具备的专业技术水平等。经考查合格后，高校才能与其签订长期或短期的聘任合同，并颁发聘书。同时，聘书中写明该教师应当履行的权利和义务、工作范围和工资待遇等具体事项。最后要为教师建立个人工作档案。

10.2.2　构建"双师型"教师队伍

"双师型"对教师的理论知识水平和工程实践背景都提出了较高的要求，"双师型"的教师应该是持双证上岗，即教师从业资格证和工程领域的从业资格证书，且要有至少三到五年的工程领域工作背景。

1. 专职教师

专职教师是校内具有扎实的基础理论和专业知识以及丰富的教学实践经验，同时又具备很强的科研能力的教师，他们是培养创新型工程科技人才教师队伍的中坚力量。专职教师主要是帮助学生建构理论知识，传授学习和创新的方法，引导学生完善自己的人格。专职教师中的部分教师可以担任学科专业带头人，负责本专业人才培养方案的制订、专业建设、课程规划，参与校内外实习内容的设计、基地建设，承担着本专业核心课程的教学和实践的实施。

针对学生的工程实践能力培养，还要设立专门的校内实训指导教师，指导学生完成校内工程训练。这部分教师来源于企业，具有多年的行业经历和教育经验，具备娴熟的相关专业岗位技能，熟悉校内模拟实习、实训平台的使用和操作。这类教师专门负责校内实习、实训基地的建设和维护，配合理论教师完成校内实习、实训课程的指导工作。

2. 兼职教师

兼职教师不在学校教师编制之内，他们依托理论研究或以工程领域里的出色表现而被聘为学校的兼职教师。这部分教师大部分来自企业的一线岗位，在企业或科研院所中是从事本专业一线岗位的专家和工程技术人员。这类兼职教师接受过相关专业的正规教育或训练，具有丰富的相关专业的岗位实践经验和资质，具备良好的职业素质和娴熟的岗位技能，能够独立完成主干专业课程实训任务的设计和实践指导。其中，优秀的兼职教师可以成为专业指导人员，参与并指导技能型人才培养方案的设计。

在兼职教师队伍中，企业实习导师是引导学生工程实践和岗位实习的主导力量。这部分教师是学生在企业的实习指导教师，企业指派内部技术骨干和各部门优秀人才担任学生的企业实习指导教师，他们具有娴熟的专业技能和丰富的岗位经验，同时具备良好的职业素养和职业操守。学生根据自己的实习需要和职业兴趣选择相关岗位的实习导师，企业实习导师主要负责学生在企业实习期间的指导工作，选择实习内容和方式，使学生了解相关岗位，获得岗位技能，为他们的职业规划提供指导意见，培养职业素养，评估他们的实习表现，实习结束后要给出学生的实习成绩以及评估意见和建议。

兼职教师的来源主要有三个：一是来源于企业和生产一线的技术骨干，他们具有丰富的实践经验指导学生的实践实习，提高学生的岗位实践能力和创新能力；二是来源于各行业的专家，他们既具备深厚的理论基础又有多年的行业实践背景，能够给予学生在理论学习和工程实践两方面的指导；三是来源于各工科院校的退休教授，丰富的教学经验、严谨的治学态度和对教育事业的热爱是他们从事兼职教师的最大优势和动力。

10.2.3　校企合作协同培养教师

1. 学校培训

学校培训的目的是帮助教师更新教育理念、掌握专业理论知识、提高教育教学能力、改进教学方法。

（1）开展校际联合培训项目。主要针对工科院校中有志于毕业后从事教师工作的硕士以上研究生提供的培训项目。工科院校的教师一部分来自非师范学校，缺乏专业的教学技能训练，开设此培训项目的目的是为将来从事教师工作的研究生提供真实的教育实习机会，让他参与到学校教学和管理过程中，体会教师的角色和职责，了解教学的艺术和教学管理方式，在与学生接触的过程中体验新型的师生关系和教学环境。

　　项目的实施需要各学校间打破壁垒，共同合作为有志于从事教育事业的学生提供一个真实的教学实践机会。各学校自愿参与培训项目，打破学校层次的区别，本科学校也可以到专科学校学习实践。打破学校类型的限制，工科学校也可以到综合性大学学习实践。打破参与方式的限制，可以以学校的名义参与，也可以学院为单位。参与其中的学校越多越好，可以尽可能多地提供不同的实习环境，让他们有机会了解到不同层次和不同校园文化背景下的教师工作职能和工作方式，真实经历教学及其管理过程。

　　（2）设立高等工程教育教学讲坛。开设教学讲坛的目的是提升教师的教学能力和教学水平。教学讲坛可以有两种组织形式：一种是由学院或学术委员会组织的专业领域教师间的研讨会，聘请行业领域的专家出席，与教师一起探讨本学科领域的发展趋势和最新的科研成果，并且帮助教师解决一些在专业教学中所遇到的学术或技术上的问题。另一种是由学校或校际间联合组织的教学讲坛，聘请教育专家做客，与大家共同探讨最新的教育理念，同时就教师在教学过程中所关心的问题提供咨询服务，并为教师提供具体的教学策略和方法，指导教师更有效地开展教学工作。

　　（3）建立企业工程师进校讲学制度。学校与企业合作，定期聘请企业的高级工程师带着项目走进学校，所选项目可以是已经成功实施的工程项目，也可以是正在进行的工程项目。企业工程师以实际工程项目为例，就项目实施过程中所遇到问题和解决的方法与教师进行研讨，帮助教师了解实际工程项目的运作。企业工程师也可以就当前正在进行的工程项目在实施过程中所遇到的难题与教师沟通交流，共同探讨解决的办法。在这个过程中既丰富了教师对工程项目的了解，也可以帮助企业解决一些实际问题。

　　2. 企业培训

　　（1）顶岗实习。一般安排在学校寒暑假期间，教师走入企业和工厂的生产一线，根据所教专业领域，在相应的岗位进行至少为期一个月的实习，时间长短可以视学校的假期时间而定。企业为教师指派一名指导人员，帮助教师熟悉岗位和业务。对教师实行与企业员工相同的管理标准，目的是给予教师最真实的实践体验。教师以顶岗实习的方式，参与到实际工作领域，在实践中践行自己的教学内容，检测所教内容的实用价值，并将自己在实践过程中遇到的问题和感悟作为案例，丰富自己的教学内容。

　　（2）联合申报科研项目。根据国家经济建设和地方区域经济发展的需要，学校和企业联合申报国家和省市科技攻关课题，学校和企业双方携手走入经济社会主战场。工科院校教师和企业技术人员在分析企业生产需求的基础上，对实际存在的工程问题进行研究，然后确定合作意向后，由教师完成课题的申报工作，再由教师和企业技术人员共同完成课题的研究工作。在这个过程中，既帮助企业解决了技术问题，又提升了教师的科研水平和工程实践能力。

（3）共建博士后科研工作站。这也是教师继续教育的一种形式，学校的博士后流动站和企业博士后工作站合作，以科研项目的形式联合培养博士后。培养对象主要是学校的新进博士，他们理论基础好，但是工程实践能力薄弱。博士后科研工作站的研究项目主要是针对企业需求立项，科研经费以企业为主，通过博士后科研工作站的工作，既可以提升企业的技术实力，为其解决实际工程问题，又能提高教师的实践和科研能力。

10.3　高等工程教育教师培养体系构架

基于高等工程教育教师特征规格的分析，构建以校企产学研合作为主要培养途径，由专业知识和工程设计能力培养、工程教育实践能力培养、工程教育教学基本功培养、科学研究与技术创新能力培养等四个方面组成的高等工程教育教师培养体系。

10.3.1　专业知识和工程设计能力培养

1. 培养场所及目标

工程设计开发能力培养的主要场所为企业设计研发部门，包括产品设计中心（所）、产品开发部、设计院（所）等，对于高校院系设立的具有专业资质的设计院（所），也可以作为教师能力培养的场所。教师通过参加其他教师承接的源于企业的设计开发项目，在经验丰富的教师的指导下，培养工程设计开发能力。通过直接参加企业实际工程项目或产品的设计和开发，从产品性能的改进、产品功能的完善、产品的换代升级到新产品的研发等由局部到整体、由简单到复杂的过程，逐步培养和提升教师的工程设计开发能力，积累工程设计与产品开发的经验。

2. 校本培养

在"教师发展中心"、"教师培训中心"开设的高等工程教育教师培训课程中，应开设有关科技创新、集成创新、产品创新设计和市场开发与管理的相关课程和创新思维、创新方法等课程。通过讲座、研讨会的方式，培训教师的创新意识和创新能力。高校院系下设的具有为企业设计开发项目专业资质的设计院也可以承担教师能力培养的职能。新教师在经验丰富的老教师的带领下，参与设计任务，在实践中提升工程设计开发能力。学校组织各院系建立技术创新联盟，共同组建多个学术交流团队，并指定负责人，以兴趣为基础，组织教师参加定期举行学术沙龙、交流讨论。促使教师参与了解各学科领域最新发展趋势，启迪教师的创新思维。高等工程教育教师每学期阅读两本以上自己感兴趣的人文社会科学类书籍，并写出相应的读书笔记，如世界历史、美学艺术、世界文学、名著鉴赏等。对于教师到图书馆查阅资料的次数予以硬性要求。高等工程教育教师积极开展双语教学。教师每学期必须旁听 5 节以上的专业知识面宽、教学经验丰富、英文水平较好的教授所讲的课。教师应先随堂听课，然后根据主讲教授的教案讲授其中部分章节，最后由主讲教授进行评价和指导。高等工程教育教师多运用现代技术手段，开展计算机教学。高等工程教育教师每年至少要做出两项小发明，并指导学生做出一项小发明。

3. 校外培养

教师到企业生产一线部门直接参与项目和产品的设计开发工作，从而积累工程实践经验，提高工程设计开发能力。教师到具有专业技术研究部门的企业和研究院联合成立的专业技术研究机构或者独立的科研院所中，参与行业精尖技术的研发，了解行业技术最新动态，同时训练技术创新能力。教师除了到本研究领域所在的基地实践外，还应到其他相关学科领域所在的基地观摩学习，参加其中的跨学科和交叉学科项目研究。

10.3.2　工程教育实践能力培养

1. 培养场所及目标

高等工程教育教师实践能力培养的主要场所在企业现场一线，包括生产制造、运行维护、维修服务等部门。校内培养场所包括高校自身的实验室，高校与科研院所或企业联办的校内工厂或公司等；校外培养场所包括层次较高的高等工科院校，高校与科研院所或与企业联办的校外开发中心或联合实验室，国内外校企联合培养基地、科研院所和设计院等。

指导教师由企业现场一线经验丰富的工程师担任，采取顶岗锻炼，到不同的部门定期轮岗，一个部门的工作熟悉后再到下一个部门的培养方式，使教师由浅到深、由感性到理性，逐步了解、熟悉和掌握这些部门的工作流程，以及发现问题的途径、处理问题的方式和解决问题的手段，从而培养和提高教师发现、分析和解决企业实际问题的能力。时间安排上应该以全脱产的方式全职到企业工作。培养教师具备强烈的创新意识和创新思维，较强的理论应用实践能力、设计操作能力、专业运用能力和工程综合能力。

2. 校本培养

教师除了每学年完成学校规定的教学工作量外，还必须利用自身专业优势，加入校内实践基地的建设，完成一定的实验室和校内工厂或公司的工作量。面向行业和企业聘请国内外企业高级技术人员、大型企业及创新型民营企业高管、海外学者进校任兼职教师或客座教授。

教师在校内实训基地的实践锻炼可以在不影响企业生产的情况下进行，比进入企业实践更加方便。教师可以不受特定时间限制，反复多次随时进行实践。这样做不仅为高校节约资金，而且可以解决企业无法满足的实训项目，为教师创造更丰富的工程实践的机会和继续学习的条件。

3. 校外培养

高校应分期分批选送高等工程教育教师到师范院校或者开设有"工程教育学"专业的院校进修学习，提高教师实践教学能力和教学创新能力。组织教师到企业行业进行再教育。对于高校内已经具有两年以上企业工作经历的教师，每年应派出若干名，以挂职、兼职或当顾问的形式到企业、行业进行为期半年的工程实践培训；对于缺乏企业工作经历或企业工作经历不足一年的教师，将采取刚性形式，每年派出若干名教师，安排到企业进行为期一到二年的全职顶岗锻炼和兼职、挂职实践。对于理论基础好、实践经验相对欠缺的博士，将其脱产送入企业博士后科研工作站做师资博士后，进行为期两年的训练。教师在企业真实的工程环境中，由经验丰富、工程能力强的工程师指导，深入生产第一线的设计开发、生产制造、运行维护、维修服务等岗位锻炼，深入了解企业工作流程和最新的生产技术、工艺、设备情况，参与企业科技开发、技术改造和实际工程项目或研发项目，开展应用型研究。既可以向经验丰富的工程技术人员学习解决专业教学中遇到的问题，又能够为企业开发项目，促进科研成果转化，提高教师解决实际问题的能力。组织教师到国外进行"回炉"或"镀金"。每年选派具有发展潜力的青年骨干教师到国外知名科研院所或跨国企业考察和培训，学习国外高等工程教育改革、产学研合作教育等方面的成功经验和模式。

10.3.3 工程教育教学基本功培养

1. 培养场所及目标

工程教育教学基本功的主要培养平台为校内教学团队，在团队内有经验的教师的指导下，通过教学研究、教学观摩、经验交流，以及承担具体的教学任务等方式提高教师的工程教育教学能力。在校外主要通过到国内外高校进修学习、参加教师培训和教学研讨会等方式学习和借鉴先进的教育教学理念、教育模式和教学方法。

教师工程教学基本功的培养重点应该放在更新教育教学理念、重视实践教学、整合重组课程体系、更新教学内容、采取研究性教学方式等方面，使教师具备扎实的教育科学理论知识和实践教学知识，较强的教学创新能力、终身学习能力、职业规划意识、团队协作精神、时间管理能力和表达沟通能力，有高尚的社会责任感、育人责任感和良好的身心素质。

2. 校本培养

高校内部应成立由专兼职教师组成的高等工程教育教学团队。团队内教师在有经验的教师带领、帮助和指导下，观摩老教师的课堂教学和教案，互相交流教学心得，研讨教学内容和方法，多次试讲不同章节的课程，取长补短，专职教师的工程能力和兼职教师的教学能力都能得到提高。老教师应从教学方法是否利用案例教学法、情境教学法、研究性教学法等，教学内容是否密切联系工程实际问题，是否熟练运用计算机或者进行双语教学等方面，对新教师进行评价和指导。

高校内成立教师发展中心或教学研究中心。主要任务是以教师的师德素养为培养基础，以实践教学所需的新型教学模式、方法、内容的推介为工作重心，以教育科学理论创新能力的提高为目标，以教育理论专题讲座、学术报告会、课题研究、课程研习班、分散听课、课程示范、教学个性问题咨询等形式，体现实用性、分享性、体验性的特点，促进专兼职教师之间的交流与互补，使其树立科学的教育教学观。对于兼职教师而言，培训时间应较灵活，长期、中期、短期相结合，要让他们了解高校相关的管理制度，配合学校的各项工作。对于教师发展中心和教学研究中心的管理，初期应以学术、研究、交流经验为主导，尽量少地进行行政指导检查，资金上可能需要少量的支持；当中心逐渐发展需要进行教师的检查、考核和建立奖惩机制后，行政部门对中心给予政策指导，但依然以发展中心为主导。

教师发展中心的培养过程应：首先，由学术专家、老教师与教育理论研究者共同研究讨论不同专业有效教学模式、学生培养模式和培养目标。然后，开展讲座、竞赛和试讲等活动。最后，考查学生素质与课堂实际教学质量，从过程和结果两个方面考核教师的培养情况并将结果备案，以促进高校教师教育理论与教学手段的不断提高。

3. 校外培养

（1）组织教师到本区域或者其他区域内更高层次的高校进修学习，通过借鉴国内外其他高校先进的教育教学理念、教学方法、教学手段和教学组织形式等，提高教师的教学基本功。

（2）鼓励高等工程教育教师到工科专业较强且有工程教育学系（或在一级学科教育学之下设立二级学科，如工程教育学高等教育学、教育技术学、课程与教学论等）的高等工科院校或高等师范院校接受培训，学习教育科学理论知识和实践教学知识，不断提高自身的教育教学能力、教学理论和教学技术水平，培养团队协作精神和职业规划意识，把握好教与学的时间分配问题，锻炼表达和沟通能力，强化高等工程教育教师的师范性。

（3）国外培养。结合学术打假制度，把具备创造性潜能的中青年教师送到国外著名大学交流学习，了解其他国家的先进经验，再结合自身实际进行创新教学和科研。

（4）校企联合培养。教师通过前往所从事专业相近的行业企业单位进行实践性学习，得到学科发展的最新动向、企业行业的最新技术成果、社会对人才的需求信息等，及时对自己的教学内容、教学方法、教学手段等方面进行改革，调整和充实实践教育教学的内容。对有条件的教师，应鼓励他们直接与科研和生产部门相结合，多出科研成果，以科研促教学。

10.3.4　科学研究与技术创新能力培养

1. 培养场所及目标

科学研究与技术创新能力的主要培养场所为技术密集型企业、高新技术企业、行业领域的龙头骨干企业和国有大型企业内单独设立的技术研发部门、高校与企业和研究院所合作设立的研究开发机构，以及独立的工程技术研究院所。教师通过参加这些机构对已有技术的改造、新技术的研发、技术成果的转化和技术专利的获取等技术前沿性的工作，训练和培养工程技术创新能力，了解和熟悉行业领域工程技术的新成果和发展方向。

2. 校本培养

科学研究与技术创新能力的校本培养主要是高校内的国家及省市重点学科实验室、高校的工程研究中心和一些国有大型企业设在学校的研发部门。主要研究现代科学技术在大型复杂工程活动中的应用，学习大工程现象中的系统规律和系统方法，研究人工事物的复杂性问题，掌握一般交叉科学规律在具体工程对象上的应用和创新，在特定工程对象限定下不同学科的理论和方法的综合问题等。教师通过参与这些问题的研究，掌握工程科学的特征和规律，形成正确的工程观，培养和提高将科学技术成果应用于工程问题，通过工程问题的解决促进科学技术发展的能力。

3. 校外培养

培养和提高教师的科学研究与技术创新能力在校外的主要场所是企业,尤其是参与卓越计划实施的重点企业,如设立了国家级工程实践教育中心的企业。一方面是因为只有企业才拥有真实的工程环境和先进的装备技术,这是提高教师工程能力的基础;另一方面是因为只有企业拥有的氛围和企业先进的文化才能形成提高教师工程能力最好的环境。高校内的各种工程训练中心和实践基地,应该作为教师工程能力培养的辅助场所。教师工程能力的培养最好结合实际工程项目进行,通过参与具体的工程项目研究并承担其中一部分任务,教师能够实实在在地培养和提高工程能力。每一位接受培养的教师需要专门配备经验丰富、工程能力强的指导教师,这些导师应以企业高级工程师为主,这样才能提高培养质量,达到预期效果。由于不同工程能力是互相关联的,教师各项工程能力的培养不必截然分开,可以在企业全职顶岗挂职的过程中同时进行。

10.4　高等工程教育教师培养体系的运行与实施

高等工程教育教师培养是一项系统工程,要建设一支高水平的高等工程教育教师队伍,需要国家制定政策引导高校和行业企业通力合作、大力协同,建立行之有效的制度体系和长效的运行机制。

10.4.1　高等工程教育教师培养的制度保障

工程教育教师队伍建设必须建立一系列的制度政策,确保能够满足工程科技人才培养的要求。这些制度政策包括教育教师培训组织机构、专职教师到企业顶岗挂职、专职教师的评聘与考核、兼职教师的聘任与管理、"工程型"教师职务系列的设立、教学团队的建设等方面。

1. 建立高等工程教育教师培训组织机构

(1)成立高等工程教育教师资格评定组织。教师资格是国家对专门从事教育教学工作人员的基本要求,是公民获得教师职位、从事教师工作的前提条件,应当由教育管理部门组织评定,按照高等工程教育教师应具备的教育教学能力和水平,制定相关条例和标准,按照一定程序进行评定。推动在高校从事高等工程教育的教师定期到企业以全职、挂职、兼职等形式参与实践;每两年培训一次教育教学技能,每四年培训一次业务专业知识;组织教师国际交流、访问等。

(2)设立教师培养指导委员会。教师培养指导委员会应由政府、行业企业、工科院校共同组成,按照行业分类成立专门的组织机构。主要负责定期召开校企协作会议，收集相关行业的最新动态和科技信息、科研项目，促成各方密切的沟通和交流；搭建与政府的合作桥梁，为学校引进高技术人才提供指导和帮助；筹划和组织教师的培训；指导和监督教师的培训。

2. 制定专职教师的聘任与考核标准

评聘与考核标准直接关系到教师的精力投入和努力方向。因此，需要国家教育部门建立按照专业性质评价高等教育的机制，在社会上形成对工程教育属性的理解和共识，引导高校制定满足工程教育需要的工科教师评价标准。高校要重新制定专职教师的评聘与考核标准，以满足工程教育教师队伍建设的要求。

（1）改变考核评价的内容和指标。要从过去的侧重考核以评价教师的理论研究成果和发表论文为主，逐步转向最终以教师在工程项目的设计、开发和研究，知识产权和发明专利，以及开展产学合作和技术服务等方面取得的成果为主要考核和评价指标，建立起满足工程科技人才培养要求的专职教师考核、聘任和评价标准。

（2）重视教师在教书育人方面的业绩考核。高校要坚持立德树人的人才培养理念，确立教书育人的中心地位，强化对教学的考核和对育人的要求，使专职教师在教书育人方面投入更多时间和精力。

（3）加强对教学团队的考核。教学团队对工程科技人才培养的重要性需要参与高校通过加强对教学团队的考核来体现。一方面要从过去单纯地考核教师个人，转向个人考核与团队考核并重，以此鼓励教师重视团队合作；另一方面要将教师在教学团队的贡献作为评价教师业绩的重要内容，以更好地发挥教学团队的作用。

（4）提高应用性研究成果的考核比例。为了引导教师重视工程技术的应用，重视企业横向项目的研究，重视解决工程实际问题，以提高专职教师的工程能力，高校应该加大对教师应用性研究成果的考核要求和权重。

（5）对教师聘任提出工程经历的要求。为了推进学校建立的专职教师到企业顶岗挂职的制度的实施，高校要对专职教师的聘任和晋升提出明确的工程经历要求。例如，可以要求工科教师晋升高级职称前应具备至少两年的工程经历。

3. 开设"工程型"教师职务系列

建设高等工程教育教师队伍最根本的制度保证是在现有的教师职务系列基础上专门设立"工程型"教师职务系列。为此，建议有教师职务终审权的高校开设适合本校的"工程型"教师职务系列，而没有教师职务终审权的高校通过所在省市的教育和人事主管部门开设适合本地区地方高校的"工程型"教师职务系列，建立起"工程型"助教、讲师、副教授、教授相应的职务标准，为建设一支专职教师队伍奠定重要基础。这样，一方面能够避免与其他教师系列在学历、能力、成果等方面具体要求上的区别，另一方面能够明确地把工程科技人才培养对专职教师的要求作为对"工程型"教师基本要求，建立起"工程型"教师职务系列评审标准。这种方式不仅能够把工程实践经历作为对"工程型"教师的一项基本要求，把握好年轻教师的准入关，而且能够对不同职务的专职教师提出不同程度的工程能力要求，把好现有教师的晋升关。更重要的是，"工程型"教师职务系列的开设能够建立一个符合工程学科本质、职务标准逐渐提高、引导专职教师职业发展、促进教师队伍建设的有效平台。

4. 建立专职教师到企业顶岗挂职的制度

高校要制定专职教师通过在企业顶岗挂职以取得工程经历的具体办法。对于没有工程经历的教师，学校要制定刚性的培训政策，安排他们到企业工作 1～2 年，参与企业实际工程项目或研发项目，以获得比较丰富的工程实践经历，提高工程实践能力。对于过去具有工程经历的教师，学校要制定到企业轮训的制度，有计划地定期安排他们到企业工作，以更新工程知识、掌握新的实践技能、丰富工程实践经验，并不断强化工程实践能力。教师到企业轮训的周期取决于工程专业的性质，一般而言，传统工程专业的周期可长些，而迅速发展的新兴工程专业的周期则要短得多。教师到企业顶岗工作的岗位或挂职的岗位可以由高校与合作企业联合设立，也可以通过教师与企业的联系来确定。国家制定优先支持青年骨干教师出国到跨国公司研修的政策。

5. 制定兼职教师的聘任和管理办法

高校要制定聘请企业高水平工程师和高层管理人员担任兼职教师的专门条例和管理办法，包括兼职教师的聘任职务、任职条件、岗位职责、聘任周期、工作评价、日常管理，以及学校提供的资源和工作条件等规定。主要目的：一是聘请称职且时间投入有保证的企业专家；二是能够最大限度地发挥兼职教师的作用。

（1）兼职教师的聘任。高校要高度重视兼职教师聘任制度的建立和薪酬政策的制定，以建立一支稳定的兼职教师队伍，更好地发挥他们在工程科技人才培养上的重要作用。兼职教师一般都是企业的骨干，对他们的聘任应该与所在企业进行协商，征得企业的认可和支持，以利于更好地履行所担负的培养职责。兼职教师应该实行聘任制，建议聘期与对应的人才培养层次的学制相一致，即担任本科、硕士和博士层次培养任务的兼职教师的聘期分别是 4 年、2～3 年和 3～4 年。

（2）兼职教师的薪酬。兼职教师在人才培养方面做出的工作不应该是义务的，而应该得到相应的报酬。高校在制定兼职教师的薪酬政策时，一方面不要与兼职教师所在企业的相关政策相冲突，另一方面在薪酬标准上要与兼职教师的职称、经历、在人才培养中的贡献，以及行业企业的背景相一致，同时要与校内相同层次专职教师的薪酬水平保持平衡。

（3）兼职教师的职责。兼职教师的主要优势决定着他们与专职教师在工程科技人才培养上的分工与合作。在培养方案的制定和实施上，专职教师和兼职教师既有合作又有分工。在合作上，他们共同制定各层次工程科技人才的培养目标、培养标准和培养计划，共同设计课程体系和教学内容，最终一起评价培养质量。在分工上，他们分别负责校内培养计划和企业培养计划的制订，分别负责校内学习阶段和企业学习阶段学生的培养和考核。在教学工作上，专职教师主要承担专业基础课和理论性强的专业课的教学任务；兼职教师主要承担实践性强的专业课的教学任务，以及开设工程专题报告。在指导学生上，校内专职教师和企业兼职教师分别担任校内导师和企业导师，构成培养工程科技人才特有的"双导师"制度，联合确定本科毕业设计题目或研究生学位论文选题，联合指导本科毕业设计或研究生学位论文。此外，对于具有高深工程专业造诣的高水平专家，还可以聘请他们对校内专职教师进行业务培训和技术指导。

6. 建立保障教学团队建设的制度

教学团队是工程科技人才培养的重要教师组织形式，参与高校要建立起支持和促进教学团队建设的保障制度，以建立起若干个结构合理、各具优势、配合默契、团结协作、效果显著的教学团队。第一，要有吸引和鼓励教师参加教学团队的政策措施；第二，要提供支持和保证教学团队运作的资源和经费；第三，要制定教学团队内部管理和运行的规章制度；第四，要赋予教学团队必要的权力、责任和利益，如对团队成员进行评价的权力和培养团队成员的责任等；第五，学校职能部门和相关院系要为教学团队的日常运行和建设提供必要的服务。

10.4.2　高等工程教育教师培养的政策激励

工程科技人才培养需要在理念、模式和机制上突破和创新，这就需要高校突破长期形成的思维定势、改革多年不变的培养模式、调整平衡稳定的利益格局、并增加人力物力的投入。激活教学改革与创新的主体，激励教师重视和投入工程科技人才培养中。激励政策主要包括开展教育教学改革的研究、丰富工程实践经历、培养工程实践能力、提高教育教学能力、建设教学团队。

1. 鼓励教师开展教育教学改革的研究

制定鼓励教师围绕工程科技人才培养过程中的教育教学改革方面的问题开展研究的激励政策。学校在年度经费预算中拨出专项经费作为支持，通过院系教师申报、评审和立项的程序资助教师开展相关问题的研究。学校通过制定将获得地方、省部级和国家层面的教育教学改革研究项目等同于获得相同层次的纵向科研项目的奖励政策，鼓励教师申请各级政府的经费，进行相关问题的研究。提高对校内外教育教学改革研究项目在教师考核与评价中的权重，将教师发表的教育教学改革研究论文视为科研学术论文，能够有效提高教师对项目申请的重视和对教育教学改革研究的投入。

2. 鼓励教师到企业积累工程实践经历

制定行之有效的激励政策，支持和鼓励专职教师主动自觉地到企业挂职锻炼和顶岗工作。结合目前高校实行的岗位绩效工资制度，减少教师因到企业工作而降低绩效工资收入以及增加额外支出，充分调动教师到企业工作的积极性和主动性。高校可以从以下三个方面制定激励政策。

（1）将教师在企业挂职或顶岗期间的工作计入学校对教师的年度考核工作量，并支付相应的绩效工资和福利。

（2）支付教师往返企业的旅费，给予教师在企业顶岗或挂职期间相当于国内访问学者的待遇和补贴。

（3）根据合作企业所处地域和教师顶岗或挂职岗位的工作性质给予教师必要的岗位津贴等。

3. 激励教师重视并提高工程能力

从提高教师工程能力的角度出发，高校可以从以下两个方面制定相关的激励政策。

（1）激励专职教师重视和参与源于企业的工程项目和产学研合作项目。鼓励教师像对待纵向项目一样重视横向项目，尤其是企业工程项目和产学研合作项目，这对提高教师的工程能力十分重要。

（2）激励专职教师主动开展面向工程领域的社会服务。将社会服务作为教师考核的硬性要求，激励教师积极主动地进行社会服务。工程教育的性质决定着专职教师必须把服务行业企业作为自身的一项重要使命，这不仅能够使教师更加了解行业企业的实际，以利于明确人才培养目标和要求、选择和更新教学内容，而且能够使教师在社会服务过程中，不断地提高解决各种复杂工程问题的能力。

4. 激励教师提高教育教学能力

工程科技人才培养要求专职教师具有卓越的工程教育教学能力。高校在目前实行的岗位绩效工资制度中，通过对高校能够自主决定的本单位绩效工资的分配形式和办法的调整或重新设计，制定有效的引导和激励教师重视和提高教育教学能力的绩效工资政策，主要可以包括以下几个方面。

（1）将教师在开展教育教学研究、提高工程实践教学能力、整合重组课程体系、重新组织教学内容、提高研究性教学能力、建设教学团队等方面的工作作为教师的柔性工作。

（2）通过科学的测算和广泛征求意见，按照教师柔性工作在时间和精力的投入量确定教师柔性工作的绩效奖励。

（3）通过整合重组，对于创新工程科技人才培养方案的课程，按照新开课的激励制度制定教师的课程薪酬。

（4）提高采用研究性教学方法组织学生进行研究性学习的教学工作的单位课时绩效薪酬标准，同时包括将真实的工程实际案例、工程实践问题和工程研究项目引入理论教学的课程。

（5）按照教师的教学效果和评价质量确定教师刚性教学工作的绩效工资，这部分应该与传统教学工作的绩效工资有明显的差距。

通过以上对教师绩效工资分配措施和方案的调整和改革，激励教师提高教育教学能力。

5. 大力支持教学团队建设

团队合作不仅是现代社会各种工程活动的需要，也是工程教育的需要，但是目前高校对教师的各种激励政策基本都落在对教师个人教学业绩的激励上，而较少考虑对教学团队的激励。因此，高校需要重视和制定鼓励和支持教学团队建设的激励政策。这一政策的激励重点应该放在以下两个方面。

（1）教师对教学团队建设的贡献由学校或院系层面对整个教学团队进行考核评价，并确定给予该教学团队的总绩效奖励量。

（2）在教学团队内部对教师个人进行业绩贡献的考核评价，并按照教师对团队建设的绩效贡献分配整个团队获得的绩效奖励。制定好该政策的关键在于处理好与高校原有的个人业绩激励政策的关系，过多地关注个人激励容易使团队成员只重视自己的工作和任务的完成，而轻视教师彼此之间的合作；过于弱化个人激励也容易使少数教师"搭车"或"充数"。因此，可以采用分级考核评价和分层绩效激励的办法来处理这种关系。为此，还需要建立科学、公平、可行的分别针对教学团队和教师个人的考核评价指标体系和实施办法，才能够发挥好激励政策在支持教学团队建设中的重要作用。

10.4.3　高等工程教育教学团队的培育

教学团队是根据工程教育各种教学任务的需要，以提升教学效果和人才培养质量为根本目标，由若干名知识、能力和经验互补，彼此分工明确，相互密切配合的教师组成的群体。教学团队中的每位教师在知识结构、教学能力、科研水平和工程经历等方面优势互补。教学团队为教师之间提供了相互学习、取长补短、共同提高的平台，更为教师提供分工合作、协同育人的平台。

1. 明确教学团队的主要任务

工程教育教学团队建设的核心目标是整体提高从事工科教育教师的教学能力和水平，提高工程教育教学质量，以满足工程科技人才培养的需要。围绕这一核心目标，工程教育教学团队的主要任务是创新教育思想和教育教学理念，开展课程体系和教学内容的改革，进行教学研讨和教学经验交流，推进教学组织形式和教学方式的创新，促进各种教育教学资源的整合和开发，加强教师整体教育教学能力的培养和提高。

(1) 创新教育思想和教学理念。工程教育教学团队需要按照经济社会的发展对工程科技人才的要求发展和创新教育思想和教学理念。目前要注重以下五点：一是要树立以创新为核心的教育思想；二是在整个教育教学过程中，要树立以教师为主导、以学生为主体的教学观，以学生为中心组织教育教学活动；三是教师在教育教学过程中，既要"教书"，更要"育人"，要注重学生的全面发展；四是在注重学生共性培养的基础上，也要重视学生个性化的培养，以适应社会对多样化人才的需要；五是要充分认识到实践教学是提高人才培养质量的重要途径，只有通过实践教学，才能使所学的知识得以巩固和内化升华。

(2) 开展课程体系和教学内容改革。工程教育教学团队应该在课程体系和教学内容改革方面发挥重要的作用。这一方面是由于课程体系涉及一系列课程的改革，要由承担这些课程教学任务的教师共同完成；另一方面是由于课程体系中的课程和教学内容可以不受学科专业领域的局限，更需要相关学科专业教师的参与。教学团队开展课程体系和教学内容改革时，要在分析课程体系价值取向的基础上，研究课程体系结构，对课程体系进行优化和重组，对教学内容进行更新。

(3) 进行教学研讨和教学经验交流。教学研讨和教学经验交流是工程教育教学团队日常工作的主要内容，既要研究和讨论当前教学改革和教学活动中出现的主要问题，又要从发展的视野，超前研究和分析未来可能出现的教学问题；既要总结和推广成功的教学经验，也要分析和吸取失败的教学教训。教学研讨的主要目的是引导和指导日后的教学实践，教学经验交流的主要作用在于提高教学团队整体的教学水平和质量。

(4) 创新教学组织形式和教学方式。工程教育的教学组织形式和教学方式直接关系到工程科技人才培养的质量，教学团队要根据不同类型工程科技人才培养的需要，选择或创新教学组织形式和教学方式，以在规定的学制和教学课时内最有效地达到培养效果。适用于工程教育的教育教学方式有合作式学习、互动式学习、参与式学习、自主式学习、情景式学习和服务性学习等。高校大力推行研究性教学方式，由此组织学生开展基于问题的探究式学习、基于案例的讨论式学习和基于项目的参与式学习。

（5）整合和开发各种教育教学资源。用于工程教育的教育教学资源包括纸质和电子版教材、网络教育教学环境、实验教学基地、校外实践教学中心、专业文献数据库等，这些都是工程科技人才培养所必需的重要资源，对于培养学生的学习能力、专业能力、社会能力和综合素质十分重要。这些资源的整合和开发需要紧密依靠教学团队的整体力量，甚至借助教学团队的力量与校外企业和组织共同进行开发建设。例如，国家级或省级工程实践教育中心的建设就应该以教学团队的教师为骨干，联系校外企业共同进行规划、设计、建设、使用和管理。

（6）培养和提高教师整体教学能力。提高从事工程教育教学的教师的整体教学能力是教学团队的根本任务之一，也是提高工程教育质量的关键。在教学团队中无论是老教师、中年教师，还是青年教师，都需要借助教学团队这个平台相互学习、互相帮助、取长补短，实现教学能力的普遍提高。鉴于当前工程教育教师的产生途径，在教学团队中要充分发挥老教师的作用，尤其重视对青年教师教学能力的培养和提高。

2. 配置教学团队的组织构架

教学团队的类型可以分为学科教学团队、专业教学团队、系列课程教学团队和单一课程教学团队等。在工程科技人才培养中，教学团队应主要按照课程模块来组织建设，同时辅以某门课程的教学团队。

（1）称职的教学团队带头人。在整个教学团队建设过程中起核心作用的是团队带头人，为此，教学团队组织建设的关键是遴选出一位在业务能力、个人素质和管理水平三个方面称职的团队带头人。在业务能力上要求教学水平高、工程能力强、专业造诣深，在本学科专业具有影响力；在个人素质上要求学风严谨求实、工作精益求精、为人包容厚德，在教师中具有凝聚力；在管理水平上要求具有良好的组织管理能力、协调沟通能力和团结合作能力。

（2）合理的教学团队构成。合理的组织结构决定着组织的效能和作用的发挥，合理的教学团队的构成应该重点考虑成员之间的优势互补和教学团队的可持续发展。成员之间的优势互补表现在团队成员要由知识结构、专业水平、教学能力、工程经历和个性特点各具优势，在团队组织中能够彰显出彼此之间的互补性的教师组成。因此，要综合考虑团队成员的学历、经历、职称、年龄、特长、兴趣等方面因素，使团队成员中既有教学实践经验丰富、教学效果优秀的教学名师，又有理论功底扎实、工程领域研究成果丰硕的研究骨干，还有产学合作成果显著、工程实践背景坚实的实践型教师，同时包括善于学习探索、勇于开拓创新的青年学者。教学团队的可持续发展体现在教师队伍的长期建设上，通过老教师的传帮带、中年教师的承上启下和青年教师的迅速成长，培养出一代又一代的教学骨干和教学名师。因此，教学团队的构成还要考虑老、中、青教师的搭配组合，形成有利于中年教师发展和青年教师成长的机制。成员的优势互补和合理搭配将有利于成员之间的分工、交流、合作与互助，实现共同提高，从而发挥教学团队整体的最佳效用。

（3）适当的教学团队规模。教学团队规模要以有利于团队沟通与合作，提高团队工作效率，从而高效地完成教学团队的主要任务为依据。一方面，团队规模不是越大越好，否则将影响团队个人和整体的效率；另一方面，团队规模必须保持最低限度，否则将影响团队作用的发挥。同时，由于少于四人的团队不容易发挥团队应有的作用，一般而言，建议教学团队的规模应以 4～9 人为宜。以按照课程模块组织教学团队为例，团队规模的下限应为模块中的课程门数，而团队规模的上限应为模块中课程门数的 1.5～2 倍。事实上，具体到某一个教学团队的规模，应根据教学团队主要任务的难易程度来确定，可以采取在确定一定规模的基础上，再根据实际情况逐渐增大的方式找到最合适的规模。

（4）共同的教学团队目标。教学团队不是一个行政组织，缺乏行政约束力，为了使团队成员能够齐心协力地完成教学团队的各项任务，在组织建设时就必须制定一个能够把大家凝聚到一处的共同目标。这个共同目标得以发挥作用的前提是它必须是全体团队成员的共识，因此需要在团队成员个人目标的基础上形成，从而体现团队成员共同的愿望和追求，形成成员个人和团队整体共同发展的机制。教学团队共同目标的作用体现在两个方面：一是具有凝聚力，能够使团队成员忽略个体的差异，对教学团队产生一种归属感和认同感，志同道合地聚集到一起，目标一致地努力工作；二是具有合作力，能够使团队成员为了实现共同目标而自觉自愿、积极努力地相互合作、密切配合，从而高效地开展工作，不断提高教学团队的工作绩效。

参 考 文 献

艾红. 2013. 校企协同高等工程教育教师培养体系构建 ［C］. 第三届高等教育理工类课程教育研讨会，哈尔滨：125-128

丁三青，张阳. 2007. 三位一体的工科教师培养体系研究 ［J］. 高等工程教育研究，（6）：26-30

李霞. 2012. CDIO 理念下的高等院校工科教师培养 ［J］. 语文学刊·外语教育教学，（8）：143-145

林健. 2012. 胜任卓越工程师培养的工科教师队伍建设 ［J］. 高等工程教育研究，（1）：1-14

栾玉广. 2000. 科技创新的艺术 [M]. 北京：科学出版社

王爱侠，张燕，刘钰. 2012. 基于"卓越计划"下的工程教育教师队伍建设研究 [J]. 实验技术与管理，29（5）：31-34

王涛，王爱国，刘美. 2011. 工程教育理念下实践教学体系建设的思考 [J]. 广东石油化工学院学报，21（5）：29-32

王艳娜，李锦华. 2011. 工程院校青年教师工程实践能力培养研究 [J]. 中国科技信息，23（13）：250-251

王媛. 2005. 论理工科大学教师的知识结构 [J]. 北京机械工业学院学报，（4）：86-89

徐浩. 2011. 高等工程教育教师培养体系研究 [D]. 哈尔滨：哈尔滨理工大学

Harris C H，et al. 2006. 工程伦理概念和案例 [M]. 3 版. 丛杭青，等译. 北京：北京理工大学出版社

第11章　工程科技人才培养质量评价体系构建

高等工程教育人才培养质量评价需要社会人才市场的检验，又需要构建教学质量保障、监控和评价体系。人才培养质量是在人才培养过程中逐渐形成的，工程科技人才培养始于市场调研、专业设置、招生，止于毕业答辩、离校就业。在专业设置之前，需要对服务面向地区或行业企业对人才的需求进行充分的调研，以确定人才培养类型、培养目标和培养标准。人才培养标准确定后，与之相应的人才培养质量标准就应该开始影响人才培养过程的各个环节，人才培养质量评价管理贯穿于人才培养全过程。

11.1　构建工程科技人才培养质量评价体系的基本原则

科学的人才培养质量评价体系，不仅能使高校的管理更加规范化、科学化，同时能体现以学生为本的理念，进而促进教育质量的提升。要培养创新型工程科技人才，必须超越目前以掌握知识点为本的评价体系，形成以能力提升为适应新型工业化发展需求的评价体系，并使之渗入整个培养过程。评价体系的建立，要做到三个结合：一是将主观评价与客观评价结合；二是将过程评价与结果评价结合；三是将学校评价、企业评价与社会评价结合。

11.1.1　科学性原则

科学性原则是指工程科技人才培养质量评价体系的评价指标选择以及评价实施过程都要符合实际。必须要强调其系统性，要以整体目标的优化为准绳，协调系统中各子系统之间的相互关系，精心设计各层次及其模块指标，使系统完整、平衡，操作性强、可控性强。科学合理的评价指标是保证评价结果准确有效的基础和前提。对高等工程教育质量的评价不能再沿用过去定性评价的方法，而应建立以量化评价为主、定性与定量结合的评价方法，这样才能避免评价过于受到个人主观因素的影响，增强评价的公平性。以量化评价为主的评价指标体系，能使评价更具客观性，这是构建评价指标体系的科学性原则之一。只有在科学性原则指导下建立的评价体系，才更能真实反映高等工程教育的人才培养质量，有效推进高等工程教育改革，切实促进学生各方面能力的综合提升。

11.1.2　可行性原则

可行性原则是质量保障体系能否在高校发挥作用的前提。可行性原则是指质量评价体系的构建必须符合高校的实际情况，包括师生、员工在思想认识上接受，现有教育教学条件许可，拟采用的质量管理方式和手段可行等。因此，在具体构建工程科技人才培养质量评价体系时，要着重做好三方面的工作。

（1）充分提高广大师生员工对构建质量评价体系重要性的认识，使他们在主观上能够接受并支持这种教育教学质量管理方式。

（2）认真分析高校现行的教育教学资源和条件，使构建的质量评价体系能够得到这些资源条件的有力支撑。

（3）充分考虑高校现行的管理模式，尤其是广大师生、员工接受和习惯的有效的教育教学管理方式和方法，使质量评价体系中的质量管理方法在学校中能够得到有效推行。

11.1.3 可操作性原则

可操作性原则是质量评价体系在工程人才培养过程能否发挥效能的需要。可操作性原则是指在可行性原则基础上，质量评价体系能够在高校全员、全过程和全方位地实施和运行，并取得实质性的成效。具体而言，可操作性体现在三个方面。

（1）任务可分解，即质量评价体系各个环节的目标任务能够首先分解到相关的部处院系，然后落实到教职员工个人。

（2）工作可开展，即分解后的工作可以由部处院系组织实施完成或由教职员工个人单独完成。

（3）结果可检查，即部处院系和教职员工个人的工作结果可以按照其在教育教学质量评价方面担负的责任要求进行检查。

11.1.4 可持续性原则

可持续性原则是质量评价体系在工程人才培养上能否发挥根本作用的本质要求。可持续性原则是指从长远的角度考虑，质量评价体系必须能够成为工程教育教学管理及教学改革所遵循的准则，长期不断地持续运行而不是短期评价之后就终止了。能够达到可持续性原则要求的质量评价体系要具备以下三个方面的条件。

（1）教职员工能够积极主动地参与质量评价活动，而无须仅依靠行政手段推行。

（2）质量评价体系具有动态适应性，能够随着内外部因素的变化而进行相应的调整，以达到最佳的质量评价效果。

（3）质量评价体系的实施运行成本必须低，不能因过高的人力、物力和财力的投入而中断。

11.1.5 主体多元性原则

工程科技人才培养质量评价主体的多元性体现在质量评价主体的多层面、客观性、社会性、主动性等特征上。工程科技人才培养质量受到多方面因素的影响，不同主体对质量有着不同的认识和追求，对质量问题的全面分析需要从多角度进行，质量的改进可以采用多种方法，通过不同的渠道，质量的评价更是需要培养过程中相关人员的积极参与。因此，人才培养质量的保障需要主体的多元化，从而形成有机、互补、高效的质量评价体系。工程科技人才培养质量评价的主体应该由校内外七个方面构成，即校内主体包括校院教学督导专家、校院两级教学管理人员、教师及同行专家、学生等。校外主体包括企业用人单位人员和校外专家。人才需求的多样性和高校各自的特点使得不同高校有着不同的人才培养定位，从而形成了满足社会需求的完整的工程科技人才培养结构和体系，也就构成了培养质量标准的多样化，即多层次、多类型和多规格。

11.2 工程科技人才培养质量评价体系构成要素

工程科技人才培养要以社会需求为导向，工程科技人才培养质量评价体系要适应评价主体的多元性，以及对高等工程教育质量的实时监控和持续改进。工程科技人才培养质量评价体系所构成的系统工程，需要全员参与，全过程、全方位协同运行。

11.2.1 人才培养定位

人才培养定位是影响人才培养质量的首要因素。从社会对人才的需求角度看，各行各业对工程人才在层次、类型、规格等方面均有着各自不同的要求，而且随着经济社会的发展，这些不同的要求也在不断地发生变化，形成了行业和社会对工程人才需求的多样性和发展性。因此，能否满足用人单位的要求是衡量人才培养质量的关键指标。在我国承担着高等工程教育主要任务的工科院校具有学校类型不同、学校的服务面向不同和学校的行业背景不同三个显著特点。因此，高校必须根据本校特色进行人才培养的顶层设计，在工程科技人才培养上选择最适合自己的定位，充分发挥本校的人才培养优势，按照服务面向对人才的需求，密切与相关行业企业合作，确定培养层次、类型和目标。

人才培养定位要通过相应的人才培养标准来具体展现。这就说明衡量工程科技人才培养质量的标准不是唯一的，不同类型高校的培养质量标准是不同的，相同类型高校的人才培养质量标准中，既应该有反映这类高校人才培养上共同的质量要求，也应该有体现各个高校人才培养特色的质量要求。

11.2.2　专业培养方案

专业培养方案是实现工程科技人才培养质量标准的实施方案。在专业培养方案中，工程科技人才培养质量是通过学校培养标准的具体落实来达到的，具体通过以下四个环节。

（1）将质量标准细化到知识能力大纲，以便与具体的课程和其他教学环节相关联。

（2）根据知识能力大纲对整个专业的课程体系进行改革重组，使得知识能力大纲中的各要素成为课程或课程模块的目标。

（3）根据实现课程目标的需要，对课程教学内容进行调整和更新，制定出每门课程的教学大纲。

（4）针对课程教学内容和教学环节，进行教学组织形式和教学方法的改革，以有效地完成教学任务、实现课程目标。工程科技人才专业培养方案中还要专门制定安排学生到企业学习的企业培养方案，以及工程科技人才培养国际化的培养方案与有效实施。

11.2.3　课程体系改革

课程体系是工程科技人才培养质量标准得以实现的桥梁。满足工程科技人才培养需要的课程体系具有四个方面的价值：满足工程科技人才培养目标的价值要求；体现学科专业领域整体的继承和发展价值；反映高校人才培养的特色价值；体现学生主体发展的最终价值。工程科技人才培养的课程体系应该采用模块化的结构，以突破学科专业领域的界限，灵活地设计和构建具有不同作用的课程模块，满足学生的全面发展和个性发展的需要。在课程体系的改革中，要注重知识结构的系统性和知识点布局的全面性，处理好必修课与选修课的关系，注重实践课程模块的建设，将能力的培养贯穿于整个课程体系，重视课外学习的扩展与补充作用。

11.2.4　教学方法改革

教学方法是工程科技人才培养质量标准得以实现的方式。不同的教学组织形式和教学方式对学生知识学习、能力培养和素质养成将产生截然不同的效果。以往的接受式教学方法忽略了学生的主体地位，忽视了学生的个性需求，课堂上教师与学生之间缺乏互动和沟通，学生难以积极主动地参与教学活动，而往往成为知识的被动接受者和机械应用者，造成实践能力不足、创新精神缺乏、团队意识淡化等。为了更好地实现工程科技人才培养学校质量标准的要求，工程科技人才培养过程要大力推行研究型学习方法，即基于问题的探究式学习、基于案例的讨论式学习和基于项目的参与式学习，以实现学生知识的获取、应用和创新，工程能力的培养和提高，社会能力的锻炼和拓展，以及综合素质的养成和提升。

11.2.5　行业企业合作

与行业企业的密切合作是培养高质量工程科技人才的有效途径。企业在工程科技人才培养上的重要作用主要表现在其具备高校所没有的条件，即能够准确把握经济社会对工程人才的需求，拥有最先进的生产设备和制造技术，拥有一批经验丰富的工程技术人员，能够提供真实的工程实践和创新环境。高校与行业的合作关系：一是在工程科技人才通用标准的指导下，在行业组织制定的行业标准的基础上，制定本校相关行业领域和专业的学校标准；二是接受行业组织或协会对相关专业工程科技人才培养质量的监督和检查。高校与企业的合作主要通过建立在企业的工程实践教育中心进行，重点在于共同制定工程科技人才培养目标，共同建设课程体系和教学内容，共同实施培养过程，共同评价培养质量。

11.2.6　教师队伍建设

教师队伍的整体素质直接关系到工程科技人才培养的质量。承担工程科技人才培养任务的工科教师应该达到教师基本教学能力和工程能力两方面的要求。教师基本教学能力要求包括广阔的知识面、丰富的工程实践经历、卓越的工程教育教学能力以及崇高的敬业精神和职业道德。整个教学团队的工程能力要求包括工程设计开发能力、工程技术创新能力和工程科学研究能力。然而，校内专职教师普遍存在的问题是缺乏工程实践经历，这一核心问题的根本性解决需要较长的时期。因此，聘请企业中具有丰富工程实践经历的工程技术人员和管理者担任兼职教师，建设一支具有一定工程实践经历的高水平专兼职工科教师队伍，是确保工程科技人才培养质量的一项重要而关键的工作。

11.2.7　学校内部管理

教学是学校的中心工作，人才培养是办学的根本任务。人才培养质量标准是高校内部管理的重点。在工程科技人才培养质量评价方面，高校内部管理工作主要是：建立全校性的工程科技人才培养质量标准体系；建立健全各种规章制度，规范工程科技人才培养的质量管理活动；开展学校质量文化建设，提高教职员工的质量意识；对工程科技人才培养过程中的教育教学活动进行质量监控；改进和提高工程科技人才培养过程中的教育教学质量。以上工作与高校内部管理的其他工作的显著区别在于它是一项全面而系统的管理工作，不仅需要学校领导的高度重视和引导，更需要校内各部门、各类人员在质量保障体系内的积极参与、沟通协调、通力合作和相互支持。

11.2.8　政策机制导向

政策机制的导向是保障工程科技人才培养质量的根本。工程科技人才培养质量能否达到质量标准的要求主要取决于教职员工，尤其是全体教师的高度重视和积极参与。这就需要高校在对本校情况进行充分调研和深入分析的基础上，制定和出台相应的政策措施，一方面在政策上引导教师对教书育人工作的重视，保质保量地做好教育教学工作；另一方面在考核和管理上强调对人才培养质量的要求，同时在职务晋升和绩效薪酬上以教育教学质量为主要依据，向在教书育人方面做出突出成绩的教职员工倾斜。这样，在学校政策措施的导向作用下，形成全体师生员工重视质量、讲究质量、追求质量的机制和氛围，从而卓有成效地实现工程科技人才培养质量标准的要求。

11.3　工程科技人才培养质量过程监控

工程科技人才培养的过程监控即围绕着如何确保预期的教育教学质量目标和质量标准的实现而开展的一系列工作，为了实现工程科技人才培养目标和培养标准，在培养过程中需要在大量的教育教学活动中选择关键环节，有效地进行质量监控。

11.3.1　选定质量监控点

为了实现工程科技人才培养目标和培养标准，高校在工程科技人才培养过程中需要做大量的工作，开展众多的教育教学活动，为能够有效地对这些工作过程和教育教学活动进行监控，需要选择关键过程和活动作为质量监控点。质量监控点的选择应该基于以下三个方面。

（1）选定的质量监控点在整个工程科技人才培养过程中是重要且不可或缺的教育教学活动。例如，专业培养方案中的核心课程或主干课程、重要的实践环节、本科生毕业设计等。

（2）选定的质量监控点的质量直接影响工程科技人才培养过程中其他教育教学活动的质量。例如，学生在工程基础能力训练的成效对其日后工程原理的掌握和工程能力的培养均具有直接的影响。

（3）选定的质量监控点的质量情况具有代表性，能够在一定程度上反映出其他相关教育教学活动的质量问题，以利于从总体上了解和掌握同类型教育教学活动的质量状况。

11.3.2　评价监控点质量

作为监控点的教育教学活动进入实施阶段时，需要采取行之有效的方法和措施对该教育教学活动的质量进行监督和评价，以了解和掌握其实际情况。在这个环节中，评价方法的选择是能否获得客观准确的质量信息的关键。为此，在方法选择上必须考虑以下几个方面因素。

（1）针对性，即评价方法适于监控点质量的评价，能够获得客观公正的质量信息，是行之有效的方法。

（2）可行性，即评价方法是容易操作、现实可行的，能够在监控点上推行实施。

（3）经济性，即评价方法不应耗费过多的人力、物力和财力，能够长期采用。

11.3.3　比较质量评价结果

评价结果与监控点既定的质量目标和质量标准进行对照和比较。对照和比较的结果无非是两种情况：一种是存在偏差，另一种是不存在偏差。对于不存在质量偏差的监控点，这一轮质量监控到此结束。对于存在质量偏差的监控点，如果偏差幅度在可接受范围之内，则只需要给监控点活动的实施者以必要的信息反馈，提醒其注意，这一轮质量监控也可就此结束。如果偏差幅度超过可接受范围，则应该引起监控点活动实施者和质量管理者的充分重视。

11.3.4　分析质量问题原因

对于不可接受的质量偏差，在采取措施纠正之前需要进行认真的分析，找到产生偏差的原因。一般而言，产生质量偏差的原因有以下三种。

（1）监控点活动实施者自身，如可能在活动的准备、组织、实施和考核上存在不足，也可能是实施者的教育教学能力还有待进一步提高。

（2）客观条件，如学生的基础水平、学生的学习能力、教育教学设备、先导课程或其他教育教学活动、教育教学环境等。

（3）管理方面，如教学规章制度、教育教学活动安排、质量评价方法、质量监控点的选择等。

11.3.5　纠正偏差改进质量

根据分析出的形成质量偏差的原因，确定其主体，并将质量问题的信息反馈给相应的主体，责成其纠正偏差、改进质量。具体而言，要根据质量问题的性质采取相应的措施。首先，对于能够及时纠正的问题，应该在发现问题后立即采取必要的措施，力求迅速地纠正偏差，使监控点活动的质量重新达标；其次，对于无法纠正的质量偏差，如在一项教育教学活动结束时才发现的质量问题，应尽可能采取一些补救措施，力求减少质量偏差造成的不良后果。但不论是上述何种问题，均需要进一步分析和挖掘出问题的根源，从根本上消除产生质量偏差的原因，杜绝偏差再次出现。对工程科技人才培养过程的监控还要重视环境等外界因素对质量的影响。例如，校园文化、社会对人才质量要求的变化、各级政府对教育的投入、社会对教育的支持等。

11.4　工程科技人才培养质量评价的方法和途径

工程科技人才培养质量监控与评价可以通过教学规范性检查、专家现场听课、阶段性检查、学生评教和教师学生座谈会等方法和途径实现。

11.4.1　教学规范性检查

各种教育教学规章制度和教育教学基本文件是开展教学工作和对教学工作进行监控的主要依据。教育教学规章制度规定了教育教学活动的基本程序、必要环节、具体要求和时间性。教育教学基本文件主要是指包含专业培养标准、课程体系和进度计划的专业培养方案，规定各门课程教学内容和教学方法的教学大纲，以及作为教学内容主要依据的教科书等。

教学规范性检查就是检查教师的教育教学行为是否符合学校教育教学规章制度，检查工程科技人才培养是否按照专业培养方案进行，检查教师教学是否按照教学进度计划、是否符合教学大纲要求，检查学生是否获得预期的学习效果等。例如，各级教学督导员检查教案、实习任务书、设计指导书、学生作业、考试题等均属于教学规范性检查。通过这些检查及时发现教师在教学和学生在学习上所存在的质量问题，从而迅速解决问题而保证教育教学质量，达到对教育教学质量过程监控的目的。

11.4.2　专家现场听课

听课制度是一种常用的教学质量监控方法，主要用于新教师上课、教师开新课，需要了解课堂实际教学情况，学生对课堂教学有意见等情形。目的在于通过现场听课，发现教学过程中存在的问题，与讲课教师共同分析问题，提出改进的意见，帮助讲课教师提高教学效果，起到对教育教学质量进行实时监控的作用。

专家现场听课主要有以下四种方式。

(1) 院、系、专业负责人和教学管理人员对课堂教学检查式的听课。

(2) 同一教研室、教学团队或专业内教师参加的研讨式听课。

（3）校、院、系教学督导组督导员参加的指导性或评价性听课。

（4）聘请校外教育专家和业内人士参加的指导性或咨询式听课。

除了以上四种旨在帮助讲课教师提升课堂教学质量的现场听课方式外，观摩教学（或称示范性听课）也是一种普通教师向高水平教师学习和借鉴教学经验和教学方法的学习式听课方式。这种听课方式要求听课教师在听课过程中，一方面要虚心向讲课教师学习，尽可能地吸收成功的教学经验和先进的教学方法。另一方面要密切结合自己的教学实际，找出自身在教学上存在的问题，努力改善自己的教学效果，达到对自身教育教学质量保障的目的。

11.4.3　阶段性检查

在教育教学过程的不同阶段开展对教师教育教学工作和教育教学效果的检查，其目的在于检查教师在不同阶段的教育教学工作是否到位，检验教师在不同阶段的教育教学效果是否达标，进而确定是否要在后续的教育教学过程中调整教育教学内容，改变教学组织形式，采用不同的教学方法，以保证教育教学质量。对教师教育教学工作进行阶段性检查一般可以设在开学、平时、期中和期末几个时间点。开学时主要检查教师对新学期所承担的教育教学工作的准备情况，是否达到规定的要求。在平时、期中和期末可以根据需要检查教师正在承担的教育教学工作的实际状况，以促使其处于良好的状态。对教师教育教学效果的检验可以在平时、期中和期末，主要通过考试或测验的方式检查学生的学习成绩，从而检验教师的教育教学效果。平时的测验和随堂考试是检验近期教师教育教学效果的有效方式，期中考试对于总结上半学期的教育教学经验以及更好地开展下半学期的工作起到承前启后的作用。从质量监控的角度，平时和期中的考试可视为诊断性考试，目的在于对之前的教育教学内容、形式和方法进行诊断，以确定是否存在问题和如何改进。期末考试主要用于检验在一门课程结束时学生的学习效果，可视为总结性考试，可以对教师的教育教学内容、形式、方法进行全面的分析和总结，并保证考试合格的学生达到课程或教学环节质量标准的要求。从激励学生投入学习的角度，平时的考试可视为过程性考试。加大过程性考试成绩在课程总成绩中的比例能够引导学生重视学习过程的投入，而不是在期末考试时孤注一掷，这对提高学习效果和教学质量无疑是十分有益的。

11.4.4　学生评教

学生评教是一项广泛采用的评价教师教学质量的措施。学生既是主动接受教师教育的对象，也是教育教学活动全过程的直接参与者，因此他们对教师教学状况的优劣拥有充分的发言权。学生评教对于帮助教师发现教学问题、提高学生学习效果和改进教育教学质量具有重要的作用。为了更有效地评价教师的教学质量，做好学生评教指标体系的设计是关键。以学生为中心的现代教育教学理念要求在教育教学过程中以学生为主体，因此学生评教指标体系不仅应该能够客观真实地反映教师的教学质量，而且应该关注能否激发学生的学习兴趣、能否调动学生的学习积极性、是否鼓励学生的参与、能否拓展学生的潜能、能否提高学生的专业能力等。

学生评教指标体系在反映教师和学生双方的共同关注点的基础上，要重视学生的关注点，要在教学实施、教学态度、教学能力水平、教学方法与手段等方面进行全方位的学生评教指标设计。教师重点关注教学效果，而学生还要关注教学实施、教学方法与手段。即教师注重教学的结果，而学生还要注重教学的过程。目前最有效的学生评教方式是在网上评教，学生网上评教的优点：一是学生能够在没有外界干扰的情况下，对教师教学能力和水平进行客观真实的评价，从而提高评教质量。二是评教活动不受时间、地点和场合的限制，能够提高学生的参与度。三是评教结果能够在网上直接分析处理，使教师可以及时地查询评教结果和学生对教师教学的反馈意见。由此可见，网上学生评教对于及时发现和解决教学问题、改革教学方法和提高教学质量有重要的作用。

11.4.5　座谈会

座谈会在教育教学质量监控中的积极作用：一是能够有针对性地对某一教育教学专题进行深入细致的讨论分析，找出教育教学中存在问题的根源和解决方法。二是能够就大家共同关心的教育教学质量问题广泛地征求意见和建议，不仅可以统一认识，而且有利于问题的解决。三是能够对当前教育教学活动的现状进行满意度调查，以利于及时掌握实际情况，加强动态管理。座谈会的类型可以根据参加的主体不同分为学生座谈会、教师座谈会、员工座谈会、用人单位座谈会和各类人员参加的综合座谈会等。开好座谈会并充分发挥其作用需要依次做好以下几方面的工作。

（1）确定座谈会主题，根据对当前工程科技人才培养质量保障的需要和现实情况选择合适的主题。

（2）选定参会人员，根据会议主题挑选最具有发言权的人员参加会议。

（3）鼓励会上畅所欲言，营造宽松的会议氛围，使参会人员思无不言、言无不尽、充分互动。

（4）做好会议的记录，完整准确地记录参会人员提出的各种意见和建议，尤其是改进教育教学质量的具体方法和措施。

（5）整理分析会议记录，对会议记录进行认真整理、仔细分析，归纳提炼出具有重要参考和借鉴价值的意见和建议。

（6）反馈意见，向相关部门和教师反馈座谈会后整理出的意见和建议。

（7）付诸行动，督促相关部门和教师行动起来，落实参会人员提出的意见和建议。

（8）通报结果，向参与人员反馈相关意见和建议的采纳和落实情况，以鼓励其继续关心和参与工程科技人才培养质量的监控工作。

11.5　工程科技人才培养教学质量评估

教学质量评估监控是学校进行教学管理的一个重要环节。教学质量监控系统通过对学校各个教学工作环节的运行情况进行动态评估，及时发现教学过程中存在的问题，及时反馈，及时调整，形成一个"评估—反馈—评估"的良性循环，以此来保证教学质量，提高工程科技人才的培养质量。

11.5.1　教学质量监控组织机构

对工程科技人才培养的教学质量进行评估，也就是对产学研合作教育的实施过程进行全面监控，由于涉及多方监控对象，工程科技人才培养的教学质量评估监控组织建设也应该多元化。

1. 校内教学管理及质量评估机构

学校相关职能部门，主要包括以教务处、教学质量评估中心为主的与工程科技人才培养工作密切相关的学校职能部门。以实现工程科技人才培养专业质量目标和专业质量标准为共同目标，协同运行监控与评价教学质量。

学校教学督导组，主要由校内教学效果好、教学管理经验丰富、责任心强的资深教授和管理干部组成。主要负责校院两级课程质量的评估、督查和指导。教学督导的主要责任在于对教师教学过程的督教、对学生学习过程的督学和对管理者教学管理的督管。教学督导制度的建立对于提高教学效果、推进教学改革、加强教学管理、保证教学质量有着重要的作用。

院系教学督导组，主要由工程科技人才培养院系内教学经验丰富、工作认真负责的教授组成。主要负责本院系各专业各门课程与其他教学环节的质量评估、督查和指导。教学督导员应该深入教育教学活动现场，主动参与各项教育教学活动的全过程，从根本上认识保证和提高教育教学质量的关键，从源头上避免质量问题的出现。

2. 产学研合作教育监控组织

由学校和企业各派人员建立产学研合作监控小组，主要负责对产学研合作教育的各个环节进行监督检查。产学研合作教育监控小组要明确产学研合作教育教学质量监控的目的，制定各环节的评估标准和实施细则。组织协调教学质量监控的实施，组织人员深入课堂和实践教学环节，对教师和学生进行考核评估，对产学研合作教育的开展情况进行检查。在评估监控的过程中，及时指出存在的问题并反馈给学校、教师和学生，以便及时改进，形成一个动态的"评估—反馈—评估"循环监控系统。

工程科技人才培养合作企业从社会和用人单位的角度参与工程科技人才培养质量评价工作，重点在组织实施工程科技人才企业培养方案，提供学生在企业学习阶段所需的教育教学资源，与合作院系密切配合，共同监控、评价和保障工程科技人才培养在企业学习阶段的质量。合作企业应该以专业质量目标为评价目标，以学校专业质量标准为评价标准，以工程科技人才培养的质量是否达到学校专业质量标准的要求为判断依据，全面审视和检查整个工程科技人才培养过程的各项工作，找出与学校专业质量标准要求存在差距的地方，明确需要改进和完善的环节。从微观层面，合作企业可以对每个教学环节的效果和质量进行评价，涉及教师教学能力和水平、教学活动安排、理论与实践的结合等方面。从宏观层面，合作企业可以从整体上对学生的知识、能力和素质进行评价，涉及人才培养模式、教师队伍建设、专业培养方案、企业培养方案、校企合作方式、工程实践教育中心建设、教育教学经费的投入、校企的支持政策等方面。

3. 第三方评估机构

聘请社会上专业咨询和评估公司，以第三方的视角对产学研合作教育的整体实施情况进行综合全面的评估。第三方评估机构以客观的事实数据为依据，对产学研合作教育各环节的开展进行评估，对企业和学校的合作关系，以及合作双方在合作中的表现进行评估，以一个客观公正的身份得出中肯的评估结果。

4. 用人单位

用人单位对毕业生的质量具有充分的发言权，他们能够从用户的角度客观深刻地对毕业生的质量问题进行评价并提出具体的意见和建议，他们对学生在知识、能力和素质上的要求和满意度应该成为衡量工程科技人才培养是否合格的质量标准，因此应该充分发挥用人单位的作用。从工程科技人才培养质量过程监控的角度，用人单位的作用要从以往的"事后"前移到"事前"和"事中"。用人单位在工程科技人才培养质量监控方面的重点应该在以下四个方面。

（1）知识的掌握、能力的培养和素质的养成。

（2）知识与能力的具体运用。

（3）理论与企业实践的结合。

（4）知识与现实社会的联系。

这样，一方面可以邀请用人单位参与工程科技人才培养规格的设计、参与学校专业质量目标和质量标准的制定，另一方面可以邀请用人单位定期或不定期地到学校参与主干课程的教学或主要教学环节的实施活动，对工程科技人才培养过程的质量进行评价、提出意见和建议。

11.5.2　教学质量评估系统

教学质量评估监控系统由教师考评系统和学生评价系统两个子系统构成，二者分别作为教学实施过程中的两个主体。

1. 教师考评系统

对教师的综合考评，既在一定程度上反映了学校教学质量，也是教师改进教学工作和职务晋升的依据。

（1）教师考评内容。对教师的综合考评一般包括三个方面：职业素质、教学过程、科研与教学学术水平，具体内容如表 11-1 所示。

表 11-1　教师考评内容

职业素质	教学过程	科研与教学学术水平
教师基本情况	教学进度的安排和实施情况	教学研究立项
思想道德与职业道德水平	教学内容的组织情况	科研立项
学科知识掌握水平	教学方法、课堂表达和组织能力	科研成果质量
师生关系	课外学生辅导程度和技巧	科研成果转化情况
语言表达与外语水平	学生作业布置和反馈	
计算机水平、教学设备和软件使用能力	学生实践课指导、毕业论文指导	
写作与表达能力	考试安排、试卷命题和批改质量	
自我学习的情况	教学改革与创新	
校外实践情况		

在对教师进行一般综合考评的基础上，要重点考核他们在教学学术、科学研究成果和工程实践教学上的成果。即在教学过程中教师所选教学内容和教学方法是否有利于培养学生的创新思维，是否有利于提高学生的综合素质。在科研中要考核教师所选课题是否有所创新，是否具有应用价值或理论价值，课题完成的质量是否达到验收标准，是否将科学研究成果融入教学中。实践教学的考评主要是评估教师工程实践能力，参与实践培训的情况，是否有效指导学生的实践学习，是否参与具体工程项目。

（2）考评手段。教师考评方法采用自评、学生评、同事间互评、专家测评相结合，通过听课、巡视、专项检查、座谈、问卷、网络反馈等多种途径收集信息，尽量做到客观公正。设定教师考评最低标准，在合格的基础上，根据教师在教学、科研或实践中的突出表现给予加分奖励，最后综合所有考评信息，对教师做出客观综合评价。

考核的目的是充分发挥每个教师的专长，调动教师的教学积极性。因此，在考核标准上要考虑到各学科的教学特点和教师的个人特色，有的教师擅长教学，有的教师在科研方面比较突出，那么在进行考评时就不能以统一的教学和科研成果来评判每一位教师，而要在每个教师所擅长的领域内给予充分的肯定和鼓励。同时，在考核方法和程序上要注意增加民主性和透明度，考核指标和办法要对全体教师公开，并且要根据教学情况和教师的建议及时对考核指标体系和方法进行改进。

2. 学生评估系统

对学生学业状况进行评估的目的是检验教学效果，了解学生的整体学习状况，在构建评价指标体系时，不仅要考核学生的学习成绩还要考查学生的综合能力。

（1）学生学业表现评估内容。工程科技人才综合素质的结构主要包括思想品德、专业素质、人文素养、身心健康等几个方面，因此，对于学生的学业考评主要从这几个方面入手，具体内容如表 11-2。

表 11-2　学生综合素质评价内容

思想品德	政治素养	政治理论知识、世界观、人生观、价值观
	思想道德素质	道德观、社会公德、社会公共服务活动、伦理道德
专业素质	专业理论知识	专业知识及相关理论知识的掌握情况
	专业能力	解决问题的能力、学习能力、科研能力、创新能力、实践能力
人文素养	理论知识	人文社科理论知识的掌握情况
	实践素养	社团活动、各类竞赛参与和获奖情况
身心健康	身体素质	健康的体魄、环境适应能力
	心理素质	积极的生活态度、正确的自我意识、协调与自控能力、健康的爱好和情趣、人际交往能力

工程科技人才的评价要在综合素质考评的基础上重点考评学生的创新能力和实践能力。综合学生在课堂内外的表现，重点考查学生参与科研项目的数量和质量，参与工程实践的表现，参与创新活动及所取得的成果，参与社会公共服务的表现。

（2）多种手段综合测评。学生最终的综合素质考评结果应该综合理论教学教师、实践指导教师、社团或社会活动指导教师和学生自己及同学间的评价意见。

多评价主体的参与可以减少因个人价值喜好所带来的偏颇，使评价更加全面客观。对学生综合素质的考评除了理论知识以考试的形式可以量化结果外，对于其他综合素质和能力的评价，需要评价主体的悉心观察，用描述性的语言给出总结性评价。

学生的综合素质评价的信息主要通过学生自评、教师评价、学生互评、校内实习指导教师评价和企业实习导师评价，各项活动负责人的评价意见等多种渠道获得。学生自评，以一个学期为时间段，每学期末学生对自己在这一学期内的学习和生活表现、取得的成绩和不足做书面总结，并附上自己参与活动和取得的成果证明以及指导教师的评价意见，以供学校考评参考。

11.5.3　教学质量评估信息管理系统

教学质量评估的信息收集和处理是教学质量评估监督体系的重要环节，直接关系到评估结果的可靠性。教学质量评估监控组织，应配备专业的信息收集统计人员，利用现代化网络办公系统，建立一套网上动态评估信息系统。由专门的技术人员进行开发和维护，对各个方面的反馈信息进行汇总、分析、比较，以及科学的加工处理。最终与评估专家共同完成评估报告，及时反馈给学校、教师和同学。

学校将所有的评价意见综合汇总以后，给出最终的评价结果，并将结果反馈给学生的负责教师，然后由负责教师写出总结性评价报告。报告内容不仅包括评比分数和等级，还应对学生这一学期的表现进行总结，对学生取得成绩给予充分的肯定和鼓励，同时指出学生存在的不足，并提出今后努力方向和指导意见。

11.5.4　教学质量评估监控反馈系统

教学质量评估监控反馈系统主要是指通过对学校毕业生的追踪调查，通过毕业生在工作岗位上的胜任力和自我评价，以及用人单位对毕业生的评价来监控学校的教学质量。

对毕业生的追踪调查可以通过建立健全校友会来完成。各地区的校友会以座谈、走访、问卷的方式对毕业生的工作和社会表现进行调查，并将最终的调查结果和对教学工作的建议反馈给学校。毕业生的质量信息主要来源于两个方面：一是毕业生通过自己在工作中的表现和遇到的问题，对自己的工作表现作出自评，并根据切身体会对学校教学工作中成功的做法和存在的问题给出评价，并提出改进建议。二是通过对用人单位的走访调查，由用人单位对毕业生的各方面表现作出综合评价，指出优点与不足。校友会根据两方面获得的反馈信息，形成评估报告反馈给学校以供参考。

参 考 文 献

艾红. 2013. "卓越计划"工程实践能力评价指标体系构建 [C]. 第三届高等教育理工类课程教育研讨会，哈尔滨：26-29

艾红. 2014. 卓越工程师实践教育质量评价体系构建 [J]. 黑龙江高教研究，(10)：61-63

李爱琴，肖云峰. 2011. 应用型"卓越工程师"的培养过程分析 [J]. 中国电力教育，(22)：23-26

林健. 2013. 卓越工程师培养——工程教育系统性改革研究 [M]. 北京：清华大学出版社

刘拓，屈波. 2012. 高校教学管理执行力评价体系构建 [J]. 高等工程教育研究，(4)：103-109

石华敏. 2011. 高等工程教育人才培养质量评价体系的构建研究 [D]. 哈尔滨：哈尔滨理工大学

韦青松. 2007. 大学生思想品德评价的困境与对策探讨 [D]. 上海：华东师范大学

朱高峰. 2011. 工程教育中的几个理念问题 [J]. 高等工程教育研究，(1)：3-8

后　　记

本书内容源自教育部人文社科专项任务项目（工程科技人才培养研究，12JDGC004）"适应新型工业化发展需要的工程科技人才培养体系研究"的研究成果。项目以我国新型工业化建设对工程科技人才的现实需求为逻辑起点，以探索创新型工程科技人才培养模式为主线，实现高等工程教育创新目标。经过前期的企业人才需求调研，结合学校工科人才培养过程的研究，形成了以大工程观为统领，以创新型工程科技人才培养目标制定、模式构建、课程体系改革、师资培养、教育评价等教育要素构成的校企合作、产学研结合的多维立体式高等工程教育培养体系，为工科专业实施"卓越工程师教育培养计划"、探索工程科技人才培养路径提供了理论与实践支撑。

"适应新型工业化发展需要的工程科技人才培养体系研究"项目，得到了中国工程院教育委员会及教育部社会科学司的资助。研究工作的有效开展，得益于高等教育学学科及相关工程学科的改革与创新，成就于高等工程教育创新学科方向团队的戮力同心和潜心研究。团队立足于工科大学创办高等教育学科的实际确立学科方向，发挥学校培养工程科技人才的优势和特色，将学科发展方向定位于高等工程教育及创新。安佰伟、李霞、袁云沛、叶奕芳、胡峰、刘颖楠、朱超云、徐浩、石华敏等研究生，沿着这一方向承前启后开展系统的基础研究。尽管目前只取得初步的认识和成果，仍感欣慰和自豪，团队师生将共同分享收获的果实。

在总结和凝练研究成果的基础上，我们拟定由基础篇、理论篇、实践篇组成的著作架构。全书共 11 章，其中第 1~5 章由崔玉祥撰写，第 6~11 章由艾红撰写，前后两部分经交流修改以及结构调整，最后由崔玉祥全篇统稿审定成书。

科学研究是在继承与发展的道路上前行的，在此书稿完成之际，谨对作出基础研究贡献的团队师生致以诚挚的谢意！对书中所引用文献的作者表示深深的感谢。科学出版社对本书的出版给予了大力支持。在此一并表示衷心的感谢！

作　者

2014 年 9 月